Histoire de la Nouvelle-Calédonie

En couverture :

« Tête kanake. Principale ornementation d'un bureau de style Louis XV réalisé à l'Île des Pins par le déporté Poupardin. La « table canaque » fut exposée à l'exposition de Nouméa de 1899. Acquise par maître Guiraud, elle entra ensuite dans la famille Hagen. Coll. Y. & C. Metzdorf »

Collection « Portes océanes »

—

Dirigée par F. Angleviel

—

Relecture par Nicole Furic et Bruno-François Moschetto

www.librairieharmattan.com
Harmattan1@wanadoo.fr
diffusion.harmattan@wanadoo.fr

ISBN : 2-7475-9883-7

EAN : 9782747598835

Frédéric Angleviel,
professeur des universités

Histoire de la Nouvelle-Calédonie

Nouvelles approches, nouveaux objets

Collection « Portes océanes »,
publiée avec le concours du
Groupe de Recherche en Histoire Océanienne Contemporaine

L'Harmattan
5-7 rue de l'École Polytechnique
75005 Paris
FRANCE

L'Harmattan Hongrie
Hargita u. 3
1026 Budapest
HONGRIE

L'Harmattan Italia
Via Bava, 37
10214 Torino
ITALIE

« Portes océanes »

Collection dirigée par Frédéric Angleviel
Professeur des universités en histoire

Cette nouvelle collection est dédiée à une meilleure connaissance de l'Océanie à partir de l'édition cohérente des articles épars de chercheurs reconnus ou la mise en perspective d'une thématique à travers les contributions les plus notables. Elle a aussi pour ambition de permettre la diffusion auprès du public francophone des principaux résultats de la recherche internationale, grâce à une politique concertée et progressive de traduction.

La collection « Portes océanes » a donc pour objectif de créer des ponts entre les différents acteurs de la recherche et de mettre à la disposition de tous des bouquets d'articles et de contributions, publications éparses méconnues et souvent épuisées. En effet, la recherche disposant désormais de très nombreuses possibilités d'édition, on constate souvent une fragmentation et une dissémination de la connaissance. Ces rééditions en cohérence se veulent donc un outil au service des sciences humaines et sociales appliquées aux milieux insulaires de l'aire Pacifique.

À paraître

Faessel Sonia : *Visions des îles : Tahiti*

Collectif : *Franconesia. Études anglophones*

Collectif : *Franconesia. Études italiennes*

IMOA : *Itinéraires croisés*

Laux Claire, Borello Céline & F. A. : *Histoires religieuses d'Océanie*

Introduction

« Ne quid falsi audeat, ne quid veri non audeat historia »
(L'Histoire doit ne rien dire de faux, ni ne rien taire de vrai)

Cicéron, *De oratore*.

« Quel est le moment le plus chaud de l'année ?

Les voix se mêlèrent.

« C'est en décembre, M'dame !

– C'est en janvier, M'dame !

– Vous vous trompez tous, mes enfants, l'été n'est ni en décembre, ni en janvier, mais va du 21 juin au 21 septembre. Les mois de juillet et d'août sont les plus chauds. Les mois de juillet... François se leva poliment et dit d'un air têtu : « Mais non, M'dame, en juillet, en août, il fait froid, papa dit que les bananes mûrissent mal à ce moment-là. Le soleil est moins fort. Alors c'est l'hiver.

– François, dit posément madame Bounignan... Ouvrez votre livre et lisez ! Vous trouverez ceci dans votre manuel de géographie. Quand je parle des saisons, je parle des saisons « vé-ri-ta-bles » et non du temps qu'il peut faire ici ! Décembre est le mois de la neige et juillet celui du soleil...

Les enfants écoutaient charmés, emportés dans un conte de fées, se représentant ce pays merveilleux – le vrai, le seul...

Et toujours, au fond d'eux-mêmes, demeurait ce lourd sentiment de honte, cette humiliation de n'appartenir point à ce monde dont on parlait dans tous les livres, le vrai : le Monde, enfin ! Aucun manuel ne mentionnait jamais la saison ou l'époque de la récolte du café, des ambreuvades ou de la vanille, mais tous parlaient de la « moisson blonde » ».

Jean Mariotti, *À bord de l'Incertaine*, 1942.

Nous tenons tout d'abord à remercier les éditions L'Harmattan pour l'opportunité qu'elles nous donnent de rééditer, grâce à la toute nouvelle collection *Portes océanes*, nos principaux articles et contributions concernant l'histoire chronologique de la Nouvelle-Calédonie.

En effet, sans être confidentiels, les actes des colloques, les revues spécialisées et les ouvrages collectifs restent méconnus du grand public et ne permettent pas autant que cela serait souhaitable la transmission des résultats de la recherche.

Travaillant depuis 1986 sur l'histoire de la Nouvelle-Calédonie, il nous a paru utile d'inaugurer cette collection par un ouvrage permettant de mieux comprendre cette histoire des antipodes, qui attend toujours la grande fresque historique nécessaire à sa pleine compréhension. Nous nous sommes tout d'abord intéressé à l'histoire religieuse de l'île de lumière, puis, dès les années 1990, à son histoire coloniale, dénommée aujourd'hui histoire d'Outre-Mer, avant d'étudier son historiographie[1] et ses sources[2] ainsi que son histoire immédiate. Dans ce volume, nous avons privilégié une approche chronologique et la mise en valeur des nouvelles perspectives et des nouveaux objets.

En effet, la nouvelle histoire nous a appris qu'il ne suffisait pas de présenter les faits historiques avec le plus grand souci d'objectivité possible, mais qu'il fallait repousser sans cesse les limites de la recherche historique en s'intéressant aux non-dits et aux oubliés de l'histoire, tout en les abordant d'une manière toujours renouvelée. C'est ainsi que nous aborderons la société kanake par le biais de son histoire agricole et alimentaire, avant d'avoir le difficile privilège d'aborder pour la première fois directement la question délicate de l'anthropophagie des temps anciens.

Étudier la période coloniale de la Nouvelle-Calédonie impose de prendre en compte les perceptions des « hommes et des femmes » qui sont venus à l'initiative de l'État français « en grand nombre aux XIXe

1. *Historiographie de la Nouvelle-Calédonie ou l'émergence tardive de deux écoles historiques antipodéennes*, Publibook, Paris, 2003, 360 p.
2. *Les fondements de l'histoire de la Nouvelle-Calédonie. Définition, périodisation, sources*, Centre de Documentation Pédagogique, Collection Université, Nouméa, 2004, 201 p.

et XXe siècles »[3]. Le « peuple d'origine » a donc été marginalisé et nous avons le devoir de mémoire, non seulement de présenter le « choc de la colonisation » et « de reconnaître les ombres de la période coloniale », mais aussi de présenter les « lumières » de la colonisation et l'existence des « victimes de l'histoire », c'est-à-dire les descendants des bagnards métropolitains ou maghrébins et des engagés océaniens, indiens ou asiatiques.

Avec la troisième partie consacrée à l'histoire contemporaine de la Nouvelle-Calédonie, notre propos devient beaucoup plus général, s'essayant à embrasser à partir de 1988 toutes les facettes de l'histoire politique de la Nouvelle-Calédonie. Nous avons étudié plus particulièrement les acteurs anti-indépendantistes, la majorité des travaux universitaires privilégiant les hommes et les partis indépendantistes, nébuleuse comportant aussi bien des nationalistes que des gestionnaires ou des progressistes. Nous espérons donc apporter quelques clés de compréhension dans le cadre d'une histoire du temps présent passionnante qui reste passionnée.

En effet, faire de l'histoire n'a jamais été chose aisée en Nouvelle-Calédonie et Christiane Terrier rappelait, dans l'introduction générale de sa thèse : « Jusqu'aux accords de Matignon (1988), l'histoire, située au cœur des enjeux politiques, avait mauvaise presse... Depuis les accords de Matignon, les esprits ont évolué dans le sens d'un intérêt et d'une ouverture toujours plus grande, mais l'interprétation de l'histoire reste un enjeu fondamental dans la mesure où elle infléchit directement notre appréhension du présent »[4].

Cet ouvrage a donc une double vocation : mettre à la disposition du public de nouvelles données qui étaient restées éparses ; participer à l'élaboration des outils historiques permettant de mieux comprendre le présent afin de bâtir « la communauté de destin » appelée de ses vœux par l'accord de Nouméa.

3. *Préambule de l'accord de Nouméa*, 5 mai 1998, articles 1 à 3.

4. Terrier Christiane : *La colonisation de peuplement libre en Nouvelle-Calédonie (1889-1909)*, thèse d'histoire, Université de la Nouvelle-Calédonie, Nouméa, 2000, 863 p.

La préhistoire calédonienne (-1100 à 1774)*

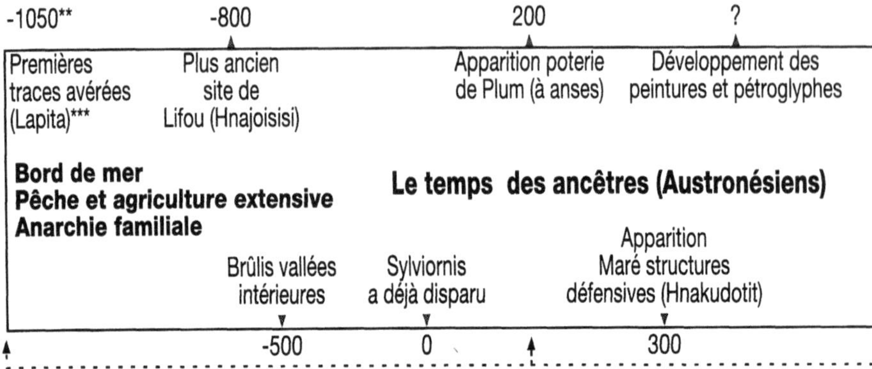

* Certains historiens refusent le terme de préhistoire. D'autres considèrent que la préhistoire laisse la place à la civilisation kanake pré-européenne vers l'an mille apr. J.-C.

** Le début du peuplement austronésien de la Nouvelle-Calédonie, anciennement estimé à environ 1400 ans av. J.-C., a été daté plus précisément sur les sites Lapita entre 1100 et 1000 ans av. J.-C. (C. Sand, 2001).

La protohistoire calédonienne (1774 à 1853)

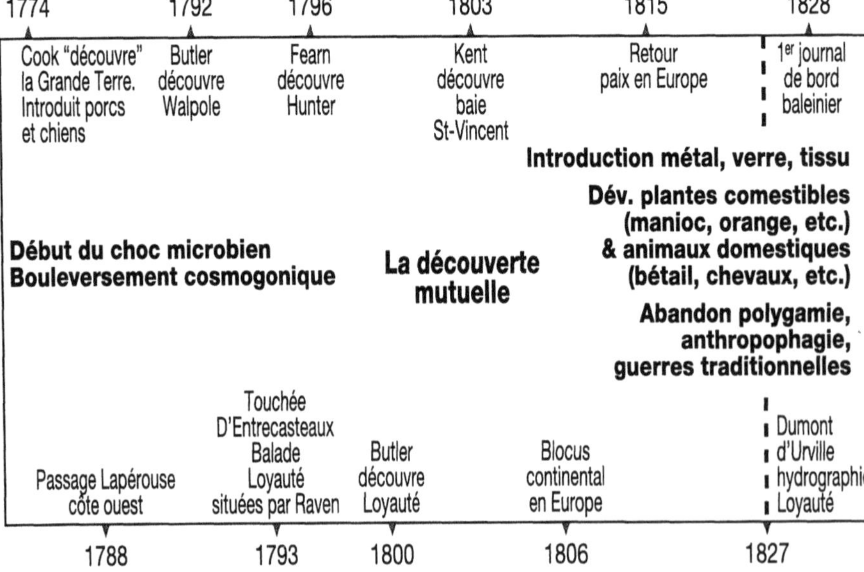

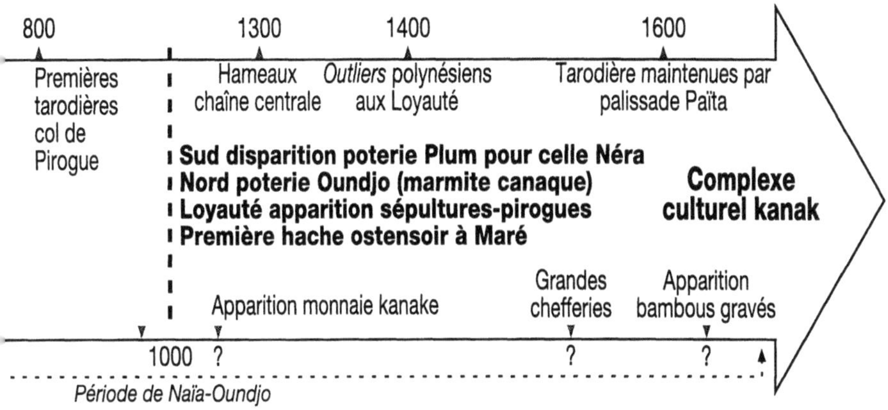

800

Premières tarodières col de Pirogue

1300

Hameaux chaîne centrale

1400

Outliers polynésiens aux Loyauté

1600

Tarodière maintenues par palissade Païta

Sud disparition poterie Plum pour celle Néra
Nord poterie Oundjo (marmite canaque)
Loyauté apparition sépultures-pirogues
Première hache ostensoir à Maré

Complexe culturel kanak

Apparition monnaie kanake

Grandes chefferies

Apparition bambous gravés

1000 ? ? ?

Période de Naïa-Oundjo

*** Toutes les informations ci-dessous ont fait l'objet de simplifications et d'abréviations afin de correspondre à l'esprit d'une frise chronologique. Nous publierons ultérieurement une chronologie détaillée de l'histoire de la Nouvelle-Calédonie.

1841 — Début rush du santal et épidémies 1er comptoir "permanent" île des Pins

1843 — Don premier fusil à Bouarate. Bouarate invité à Sydney. 1ers prêtres catholiques. Huile coco

1845 — *Rhin* dépose ovins et caprins à mission

1847 — Martyre du f. Marmoitton. Santalier Woodin découvre canal "Woodin"

1849 — Massacre équipage *Mary* (holothuries) Exploration Erskine HMS *Havannah* Evêque anglican Selwyn Loyauté

1851 — Paddon s'installe à l'île Nou. Réinstallation mariste Balade

1853 — *Phoque* 1er navire à vapeur. Comptoir santalier. Tibarama détruit

Les premiers contacts

1840 — 1ers teachers protestants 2e passage Dumont D'Urville

1842 — Massacres *Star* (île des Pins) & *Martha* (Maré) Bridget Beachcomber Lifou

1844 — Laferrière prise possession temporaire. 7 bagnards Norfolk dérivent Maré, 5 tués

1846 — *Seine* retire drapeau puis naufrage

1848 — 2e voyage "roi" Bouarate à Sydney. Installation maristes île des Pins Chef Naisseline devient protestant

1850 — Exploration évaluation de l'*Alcmène* Maristes et 63 néophytes se réfugient Futuna Bérard signale un métis à Vao

1852 — Santalier Oliver capture 2 chefs Nakéty

L'époque coloniale (1853-1945)

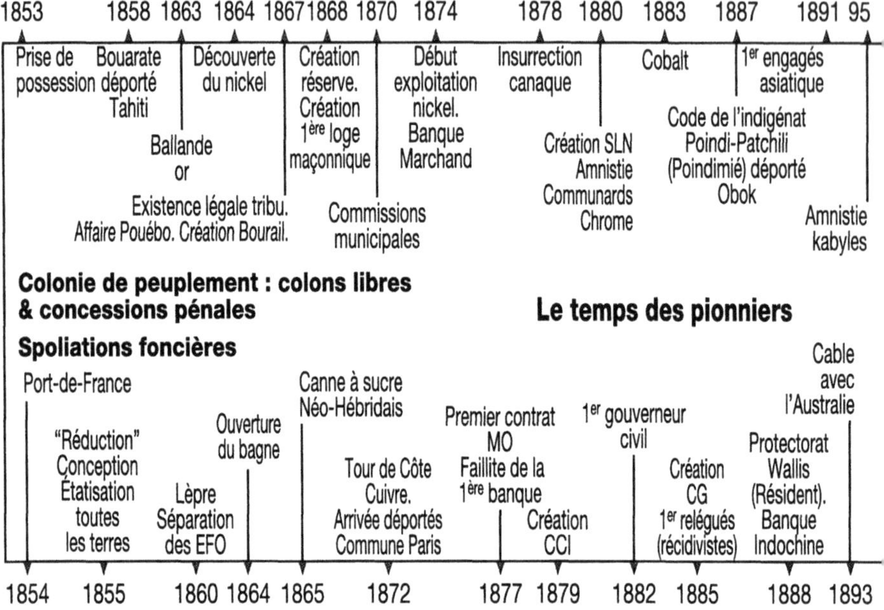

La période contemporaine (1946 à nos jours)

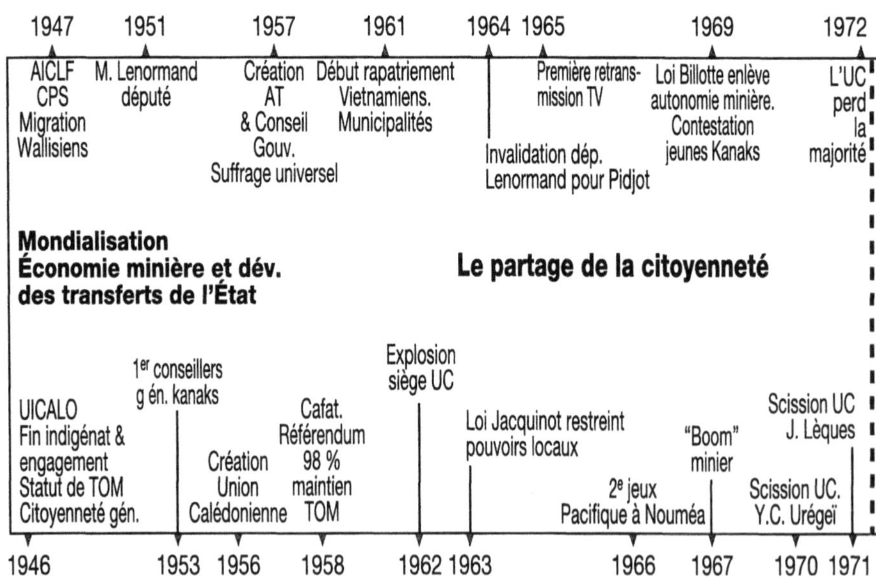

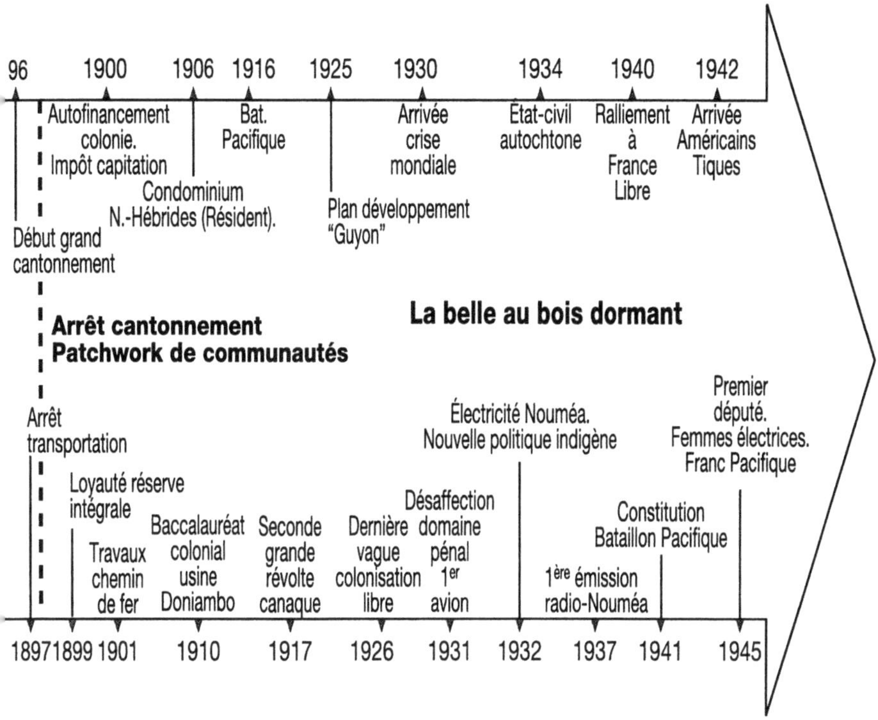

96 — Début grand cantonnement

1900 — Autofinancement colonie. Impôt capitation

1906 — Condominium N.-Hébrides (Résident).

1916 — Bat. Pacifique

1925 — Plan développement "Guyon"

1930 — Arrivée crise mondiale

1934 — État-civil autochtone

1940 — Ralliement à France Libre

1942 — Arrivée Américains Tiques

Arrêt cantonnement
Patchwork de communautés

La belle au bois dormant

1897 — Arrêt transportation

1899 — Loyauté réserve intégrale

1901 — Travaux chemin de fer

1910 — Baccalauréat colonial usine Doniambo

1917 — Seconde grande révolte canaque

1926 — Dernière vague colonisation libre

1931 — Désaffection domaine pénal 1er avion

1932 — Électricité Nouméa. Nouvelle politique indigène

1937 — 1ère émission radio-Nouméa

1941 — Constitution Bataillon Pacifique

1945 — Premier député. Femmes électrices. Franc Pacifique

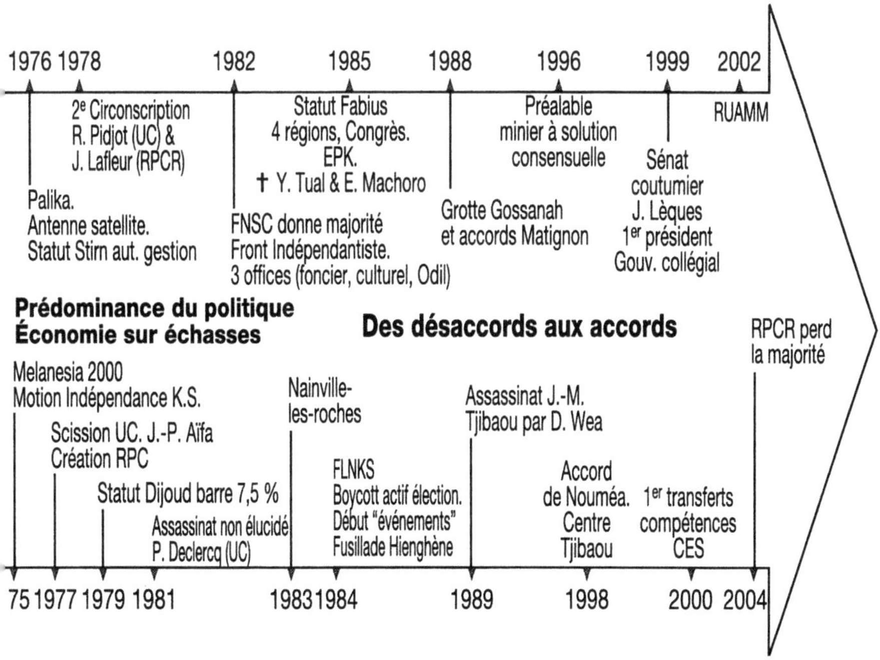

1976 — Palika. Antenne satellite. Statut Stirn aut. gestion

1978 — 2e Circonscription R. Pidjot (UC) & J. Lafleur (RPCR)

1982 — FNSC donne majorité Front Indépendantiste. 3 offices (foncier, culturel, Odil)

1985 — Statut Fabius 4 régions, Congrès. EPK. † Y. Tual & E. Machoro

1988 — Grotte Gossanah et accords Matignon

1996 — Préalable minier à solution consensuelle

1999 — Sénat coutumier J. Lèques 1er président Gouv. collégial

2002 — RUAMM

Prédominance du politique
Économie sur échasses

Des désaccords aux accords

75 — Melanesia 2000 Motion Indépendance K.S.

1977 — Scission UC. J.-P. Aïfa Création RPC

1979 — Statut Dijoud barre 7,5 %

1981 — Assassinat non élucidé P. Declercq (UC)

1983 — Nainville-les-roches

1984 — FLNKS Boycott actif élection. Début "événements" Fusillade Hienghène

1989 — Assassinat J.-M. Tjibaou par D. Wea

1998 — Accord de Nouméa. Centre Tjibaou

2000 — 1er transferts compétences CES

2004 — RPCR perd la majorité

PREMIÈRE PARTIE

Le temps d'avant

Hier,
l'agriculture kanake*

* « Hier, l'agriculture kanak » dans *Chroniques du pays kanake, tome 4*, Planète mémo, Nouméa, 1999, p. 58 à 68.

Aujourd'hui encore, l'igname et le taro sont le pain de la tribu. Mais quelles étaient les caractéristiques de l'agriculture canaque hier et quelles régressions ou améliorations ont touché cette polyculture vivrière multiséculaire ? La tradition orale nous rappelle, au détour des récits, des pratiques culturales aujourd'hui délaissées, telles que les grandes tarodières et parfois les chemins coutumiers par lesquels les nouvelles plantes sont arrivées au siècle dernier. Mais les Mélanésiens, vivant consubstantiellement cette agriculture, n'ont pas ressenti le besoin de mémoriser les évolutions culturales en cours, les dramatiques transformations agraires retenant toute leur attention. Cette reconstitution se fondera donc aussi sur les écrits européens, regard ambigu puisque selon sa faim de terres le nouvel arrivant dévalorisait ou admirait cette agriculture antique.

C'est ainsi qu'en 1935, Charles Jacques, dans son cours d'agriculture générale pour la Nouvelle-Calédonie, considérait que la chance agricole des Kanaks était de dépendre des tubercules pour leur subsistance : « Ces plantes sont grandes pourvoyeuses de nourriture et le paupérisme calédonien ne sera jamais dans une misère assez grande pour qu'il ne puisse au moins manger à sa faim avec les plus grandes facilités de produire en très peu de temps de quoi manger... Ceci explique d'ailleurs pourquoi les plantations vivrières des indigènes, grands consommateurs de ces plantes, à part la pomme de terre qu'ils n'apprécient pas, sont de si peu d'étendues et semblent comme noyées et perdues au milieu de la végétation désordonnée de la plupart des réserves aux terres incultes. Avec quelques planches d'ignames, quelques ares en patate et en manioc, des taros et des friandises comme les Ouaré, agrémentés de cannes à sucre et de bananes, l'indigène a de quoi vivre très largement tout en nourrissant ses animaux, cela avec le minimum d'occupation, à peine trois mois de travail tout compris sur l'année ». Quinze ans auparavant, Emma Hadfield considérait de même qu'en travaillant seulement deux à trois jours par semaine, les Loyaltiens pouvaient avoir en abondance de la nourriture toute l'année. Quant à M. Étesse, porteur d'un regard plus critique, il notait en 1910 : « Si l'on se rapporte aux immenses travaux d'adduction d'eau faits par les indigènes avant la découverte de cette île, on peut en conclure que les Canaques ne devaient pas être très paresseux. Ils le sont donc devenus, car dans les endroits où il reste encore des tribus l'importance des travaux a bien diminué ». Cette perception qu'avaient les premiers Européens d'un état de paresse repose aussi sur le fait que les hommes, après avoir défriché et planté les champs, laissaient l'entretien des plantations aux femmes.

Un paysage ponctué de tarodières irriguées

Pour créer ces tarodières, les Kanaks allaient chercher l'eau à des distances importantes, l'amenant à l'endroit voulu en lui faisant contourner, à flanc de coteau, un nombre assez considérable de collines. Chaque fois qu'il leur fallait traverser une gorge, ils employaient des bambous ou des troncs d'arbres creusés. Avec leurs pieux à fouir et leurs herminettes, ils établissaient la dérivation, puis ils créaient le lit du ruisseau en pétrissant la terre avec leurs pieds et en rejetant la boue qu'ils formaient sur le côté opposé à la colline. Pour conserver le niveau, ils se guidaient sur le courant de l'eau dans le ruisseau déjà établi. Lorsque la canalisation était arrivée au point où commençaient les cultures, les Kanaks faisaient descendre l'eau en zigzag le long du coteau. Celui-ci avait été travaillé au préalable par les femmes de telle façon qu'il présente des gradins assez larges où l'eau s'écoulait lentement. La maturité de la plante commençait lorsque les feuilles passaient du vert sombre au vert jaune. Les Kanaks arrêtaient alors le courant de l'eau, les gradins s'asséchant et la plante achevant sa maturation dans un sol presque sec. Il est à noter que les grandes tarodières connaissaient des périodes de repos. Leur mise en jachère correspondait selon les époques à une nécessité agricole ou bien au déplacement d'un clan entraîné par les guerres ou le décès d'un chef. C'est ainsi qu'en 1857, l'officier Émile Foucher nous apprend qu'il « fallut traverser des terrains couverts de hautes herbes où il y avait eu des plantations de taros de sorte que tous les sept ou huit pas, on tombait dans des fossés où l'on avait de l'eau jusqu'à la ceinture ».

Et Charles Lemire d'admirer ces réalisations en 1884 : « Les Canaques excellent dans les travaux d'irrigation. Les cultures de taros sont placées sur les flancs des montagnes. Ils prennent l'eau des sources, ou l'eau de pluie, au sommet, la font arriver, en profitant de la pente, dans des rigoles circulaires et superposées, avec dérivations de l'une dans l'autre. Ils arrivent ainsi à alimenter des bassins dans des endroits très élevés, et, lorsqu'ils peuvent se procurer des bambous, ils font de véritables conduites d'eau et pourraient créer des chutes d'eau assez puissantes ». Quant à Maurice Leenhardt, il rappelle en 1937 que « l'homme reste impuissant contre un adversaire subtil : le ver de terre. Aussi, ce dernier est-il investi là-bas d'une haute dignité ; il est totem [...]. On chante, en nettoyant les tarodières, l'histoire d'un ver long qui rossa le ver court pour avoir détourné l'eau de sa plantation ».

Petit à petit, les tarodières régressèrent au profit des cultures pluviales, les Indigènes ayant moins de bras, moins de terres et moins d'occasions d'utiliser en quelques jours de grandes quantités de tubercules, les pilou-pilou et autres grandes fêtes étant limités car contraires aux mœurs chrétiennes et vecteurs de rassemblement indésirables. Par ailleurs, la culture du taro ne donnant pas lieu, comme celle de l'igname, à de grandes cérémonies, elle pu évoluer plus librement. Les dernières grandes tarodières s'éteignirent après la Seconde Guerre mondiale, les jeunes Kanaks préférant aller travailler sur les mines ou en ville. Néanmoins, le Kanak semble toujours avoir considéré le taro comme son pain quotidien, les femmes enlevant les plantes à mesure des besoins familiaux. Par ailleurs, les jeunes feuilles servaient à faire un potage maigre apprécié. Aux îles Loyauté, l'absence de rivière limitait les possibilités, mais quelques tarodières trouvaient place dans les zones marécageuses d'Ouvéa. E. Hadfield constatait en 1920 que grâce à ces tarodières, les tribus avoisinantes avaient de la nourriture toute l'année : « *and one can rarely find such delicious taro as that grown in the swamps of Uvea* ».

L'igname roi

Autant le taro symbolise la femme, autant l'igname, base de la vie, est le symbole de l'homme. Aussi le pasteur Leenhardt, dans une analyse aujourd'hui discutée, considérait-il que « c'est de la substance ancestrale que l'igname est gonflée. Cela signifie que la substance ancestrale et la nourriture sont une seule et même chose. La nourriture, ce n'est pas le féculent cultivé, c'est la substance des ascendants recueillie vivante dans cette terre dont ils sont les maîtres et qu'ils fécondent [...]. Et c'est pourquoi, durant leurs repas, les gens de la Grande Terre ne parlent pas. Ils s'étonnent de l'attitude bruyante des Blancs attablés autour des mets ; la nourriture exige déférence ». De même à Maré, lorsque la provision d'ignames était épuisée, on disait *deko kaka*, c'est-à-dire : « Il n'y a plus de nourriture ». Plus récemment, Emmanuel Kasarhérou expliquait ce lien sacré entre l'homme, l'igname et la nature par le fait que ce tubercule se reproduit par bouturage, c'est-à-dire par clonage. Chaque année, l'agriculteur remet en terre une partie de la plante de l'année précédente, et ainsi de suite. Il n'y a donc pas à proprement parler de génération. « Chaque année voit le même individu se survivre à lui-même [...]. Le clan est pareil à l'igname, il est ce corps social qui, d'époque en époque, se survit à lui-même par bouturage ».

La préparation de la terre pour cette culture représentait un énorme travail, les hommes devant travailler avec de simples pieux à fouir. Ils traçaient des planches d'environ quatre à cinq mètres de largeur et ouvraient le sol de manière à rendre cette terre aussi meuble que possible. Puis ils creusaient des fossés le long de cette planche, rejetant la terre récupérée sur l'espace remué. Ils créaient ainsi un ados qui pouvait avoir près d'un mètre de hauteur au-dessus du niveau primitif du sol, limité de chaque côté par des fossés très profonds. En effet, l'igname redoute l'humidité excessive. M. Étesse note à ce propos en 1910 qu'à Poindimié, « Les indigènes cultivent l'igname aussi bien en plaine que sur les montagnes. Toutefois ceux de cette région préfèrent établir leurs cultures dans les régions sableuses qui avoisinent la mer, ces terres sont riches et présentent le très grand avantage d'être meubles ».

Les ignames pour la plantation étaient conservées par le chef. Coupées en rondelles, ces boutures étaient mises en terre, un petit piquet marquant leur emplacement. Lorsque l'igname poussait, elle s'enroulait autour de ce premier piquet qui est bientôt secondé par un tuteur de 1,5 à 2 mètres de hauteur. Cette manière de procéder en deux temps avait pour but d'éviter l'arrachement de la tige de l'igname en cas de coup de vent, celui-ci pouvant seulement casser la tige au point de rencontre des deux piquets. À côté des ignames, on plantait une espèce de salsifi (*niambi*) qu'il fallait râper et laisser tremper dans un creek durant quinze jours.

D'après O. Opigez, on le faisait ensuite bouillir et on pouvait conserver quelque temps cette bouillie nourrissante avant de s'en nourrir.

Une dizaine de variétés majeures existaient mais chaque tribu possédait son igname spécifique. Celle de l'île des Pins était ainsi renommée pour sa longueur qui dépassait souvent les deux mètres. Il fallait dix à dix-huit mois pour récolter les ignames, parfois plus pour certaines ignames réservées aux chefs : tubercules affectant la forme d'une main, tubercules particulièrement longs. Souvent, les Kanaks conservaient leurs ignames durant six à huit mois dans de petites cases-greniers, bien closes, bâties sur le champ-même ou derrière les cases familiales. Les tubercules y bénéficiaient d'une température constante et étaient dans l'obscurité, ce qui retardait leur germination.

L'igname étant entre autres le symbole de la vitalité des groupes, elle était au centre des réjouissances, et la fête des prémices donnait lieu à des *pilou-pilou* mémorables. J. Garnier assiste en 1863 à une telle fête dans la tribu de Houindo, entre Canala et Wagap : « C'était une vaste plaine que dominait un plateau. Au sommet de celui-ci étaient assis les chefs et les vieillards ; au bas se tenait la foule, devant laquelle s'élevait un amas considérable d'ignames, fruits de la récolte que nous allions fêter. Trente ou quarante jeunes gens, choisis parmi les plus beaux de la tribu, venaient en prendre chacun une charge, et tous ensemble remontaient au pas de course sur le plateau avec leurs fardeaux qu'ils déposaient aux pieds des chefs [...]. Les ignames apportées sur le plateau étaient divisées en tas inégaux, surmontés de cocos, de poissons, etc. Chacun d'eux formait la part réservée à un chef ou à une famille des assistants ; personne n'était oublié ».

O. Opigez complète le tableau en précisant que les Mélanésiens construisaient alors des abris temporaires dits cases de pilous, bâtis comme des habitations ordinaires, mais beaucoup plus grands et plus élevés. Les racines des herbes utilisées pour la toiture étaient placées vers l'extérieur, ce qui donnait aux toits des cases de pilou une apparence moussue. Et E. Hadfield d'écrire en 1920 que, lors des fêtes à Lifou, les plus gros ignames étaient empaquetées dans des sparteries en feuilles de cocotier, aucun sujet n'étant autorisé à les ouvrir. Tout le monde saivait donc qu'elles étaient réservées aux chefs. Et M. Leenhardt de considérer : « il y a toujours de l'onction dans les gestes qui concernent l'igname ».

Brûlis et polyculture

Traditionnellement, l'usage du feu permettait de nettoyer grossièrement un futur champ ou de faire réapparaître d'anciennes terres de culture. Cette pratique, ruineuse pour l'environnement naturel, aboutissait entre autres au recul des forêts primaires et à l'accroîssement des zones de savanes à niaoulis, sans doute moins oppressantes pour une humanité vivant au pied des grandes forêts sombres de la chaîne. Le P. Rougeyron décrit en 1846 comment les hommes s'y prenaient : « Ils vont, dans l'après-midi, lorsque le soleil est bien ardent et qu'il y a un bon vent, mettre le feu à ces herbes. En très peu de temps on ne voit que la terre nue recouverte de cendres qui leur servent d'engrais ; puis, quelques jours après [...] ils se rendent en grand nombre au champ désigné ; les uns arrachent avec leur bâton les mauvaises herbes ; les autres creusent un fossé ; ceux-ci cassent les touffes de terre, tandis que ceux-là rejettent les mauvaises herbes ».

Dans les champs proches du village affectés à la polyculture, on trouve les inévitables taros, mais aussi des bananiers, des cannes à sucre, des cocotiers, des pois kanaks, des arbres à pain, des calebasses et, petit à petit, les plantes introduites par les Occidentaux : tabac, manioc, patates douces, haricots, maïs, et autres légumineuses en petites quantités. À Lifou, si l'on en croit E. Hadfield, une fois les plantations réalisées, les Kanaks visitaient rarement leurs jardins, ne les arrosaient jamais, et le désherbaient seulement deux fois durant la saison. De même, elle remarque que les Lifou possèdent souvent des champs à quelques kilomètres de leurs cases alors qu'ils auraient largement la place de tous les regrouper auprès de leur lieu d'habitation. Interrogés, ils lui répondirent qu'ainsi ils évitaient de consommer trop rapidement leurs récoltes ou de se laisser aller à les distribuer inconsidérément. Une partie de ces récoltes sert au troc, et le P. Goubin écrit en 1882 qu'à Lifou « Il y a marché, tous les jours du matin au soir devant la porte du père. On vient vendre des courges, des patates-douces, de l'igname, canne à sucre, bananes, coco etc. On paye généralement en tabac à moins qu'on ne vous demande une pipe, du fil, des hameçons, de l'étoffe, etc. ».

On trouvait aussi autour des cases des plantes ornementales ou industrielles. Enfin, les Kanaks utilisaient d'une manière intensive les produits de la savane (paille, peau de niaouli, tubercules sauvages) ou de la forêt (bois omniprésent tant dans les constructions que dans l'outillage ou l'armement, fruits et baies comestibles, graines et noix tinctoriales, écorces servant à fabriquer le tapa). C'est ainsi que Jules Garnier note en 1864 qu'à la baie du Sud. « Une espèce de route a été tracée par les Kanaks le long du Néoutcho. Elle pénètre assez avant dans la forêt qui couvre la montagne et conduit à la région des kaoris ou pins colonnaires : elle sert surtout à faire descendre jusqu'à la baie les kaoris destinés par les Indigènes à être transformés en pirogues ». Octave Opigez note en 1886 que les Kanaks détruisent un certain nombre de cocotiers et d'arbres à pain à la mort d'un notable. « La mort d'un grand chef est souvent pour une tribu la cause d'une espèce de disette par suite des arbres détruits et du grand pilou qui est donné à cette occasion ».

Superstitions et pratiques magiques

Leur bien-être dépendant de la récolte annuelle, les Kanaks ont développé au fils des siècles observations, dictons et pratiques magiques pour obtenir les bonnes grâces de Mère Nature. Le père Fonbonne décrit ainsi en 1853, près de Balade, un autel destiné à favoriser les récoltes : « Au milieu de cette clairière, qui formait comme un temple mystérieux, était l'autel du sacrifice, ou plutôt des offrandes ; sur quatre pieux, plantés à hauteur d'appui, reposait horizontalement une claie en bois, formant un carré long d'environ six pieds sur huit à dix. Ce treillis était chargé de fruits de toutes les espèces, de taros, d'ignames, de cannes à sucre, etc., et tout autour étaient pendus aux branches d'arbres, par des nœuds de lianes, de beaux poissons, des tortues et des oiseaux ».

La christianisation fit disparaître les pratiques païennes les plus manifestes, mais les usages relevant aussi bien de la culture populaire que du suivi du calendrier météorologique ont pour la plupart perduré jusqu'à nos jours. C'est ainsi qu'Emma Hadfield constate en 1920 que les usages *drehu* veulent qu'aucune personne n'évoque les plantations d'un proche, sous peine qu'elles ne dépérissent. De même, personne ne devait montrer du doigt de jeunes cucurbitacées, à moins d'encourir le risque qu'elles ne pourrissent.

Quant au calendrier agricole, il se calque sur les signes donnés par la nature, la saison de l'igname ordonnant en fait l'année kanake. Une igname est donc synonyme, dans le langage courant, d'une année. Cette année kanake court de juillet à mars et elle compte deux divisions, celle du soleil et celle de la pluie. Quand la pluie tarde à tomber, un « prêtre » accomplit les rites qui provoquent celle-ci. Ta'unga note ainsi en 1846 que dans le Sud, il se rend dans une grotte et qu'à partir du jour « où le rite est accompli, il ne mangera ni ne boira. Il est là à attendre la chance qu'il pleuve ».

Parallèlement, de la germination aux prémices, les époux étaient astreint à l'abstinence. Et comme l'écrivait en 1937 M. Leenhardt, l'observance des tabous conjugaux « a assuré la bonne venue de l'igname, exactement comme les conditions chastes favorisent la bonne fin d'une gestation [...]. Que les époux violent l'interdit qui les tenait distants l'un de l'autre, et c'est une igname qui, au lieu d'être droite et belle, poussera bosselée et fourchue. Elle ne sera pas présentable et sa disgrâce les dénoncera ».

Le temps des récoltes est annoncé à Lifou par un petit hanneton (*dië*) au bourdonnement spécifique ou par la chute de certaines feuilles. Afin de protéger les récoltes, les Kanaks avaient pour usage de planter dans le champs des tabous et des pierres à culture. Ces dernières, dénommées aussi pierres à igname, étaient destinées à favoriser les récoltes et leur usage perdura jusqu'aux années 1950. Les tabous, ou sculptures protectrices, mis en place par des sorciers, protégeaient les champs de toute déprédation. Ces signes tangibles des anciennes croyances ont aujourd'hui disparu, mais il n'en reste pas moins que les jachères restent des lieux incontrôlés, voire enchantés.

De nouvelles cultures vivrières

Durant les trois mille ans de la période pré-européenne, les différentes vagues de peuplement amenèrent dans leurs pirogues nombre d'espèces végétales et diverses nouvelles variétés de taros ou d'ignames. À Maré, le chef Jean Sinewami considérait que les premières ignames vinrent d'Anatom, île du sud du Vanuatu. Le père Dubois se fit nommer à Guahma quatre-vingt-huit clones d'ignames antérieures à l'arrivée des Blancs, et quinze introduites depuis.

La patate douce et le manioc, originaires d'Amérique du Sud, furent amenés en Océanie par les missionnaires et les premiers colons. Ces plantes se répandirent en Calédonie avant la fin de la première moitié du XIXe siècle, le géographe B. Balansa considérant en 1873 qu'elles étaient déjà présentes dans tout l'archipel. Se cultivant d'une manière assez semblable à celle de l'igname et pouvant donner deux récoltes dans l'année, la patate douce fut rapidement intégrée par les Kanaks à leurs pratiques agricoles. Elle fut souvent implantée en premier lieu sur d'anciens billons d'ignames, demandant comme ce dernier un sol sablonneux, meuble et surrélevé. Mais comme il est ensuite difficile d'en débarrasser complètement le sol, sa culture fut ensuite séparée de celle, plus noble, des ignames, qui demandait par ailleurs trois fois plus de temps. Les patates douces se développèrent rapidement aux Loyauté, le substrat corallien permettant l'aération du sol et, par conséquent, de belles récoltes. À Maré, elles portent le nom tongien, *kumala.*

Le manioc s'affirme comme une plante rustique, pouvant donner une récolte même dans les terres minéralisées tout en ayant la réputation d'épuiser rapidement les sols. Introduit initialement par les Réunionnais dans les années 1860, il fut bientôt utilisé par les Kanaks comme première culture après un défrichement, ses racines divisant la terre et donnant des tubercules ligneux au bout de seulement six mois. Du fait que ces tubercules peuvent rester en terre jusqu'à vingt-quatre mois, que leur rendement à l'hectare varie de trente à cinquante tonnes et qu'ils peuvent concourir à la nourriture des animaux domestiques, leur introduction permit de répondre en partie à la pénurie de terres liée aux cantonnements successifs.

Autrefois, la jachère pouvait durer une vingtaine d'années. Le père Dubois note en 1984 que désormais on l'abaisse jusqu'à huit ans. Parallèlement, on constate un roulement des cultures. À Maré, la terre reposée accueille d'abord des ignames. Puis on plante dans leurs trous du maïs ou des patates douces. On y plante ensuite du manioc, tout en laissant partir le terrain en jachère. Après avoir progressivement récolté le manioc durant les quatre années qui suivent, on laisse encore durer la jachère quatre ou cinq ans.

Enfin, si les missionnaires, les colons puis l'administration amènent nombre de nouvelles espèces, tant végétales qu'animales, elles pénètrèrent très lentement dans le système agricole bâti par les Kanaks. D'une part, l'Océanien considéra longtemps que les plantes amenées par les Occidentaux ne nourrissaient ni le corps ni l'esprit. D'autre part, l'Océanien ne maîtrisait pas les techniques spécifiques liées à ces nouvelles pratiques culturales. De fait, dès 1857 le P. Poupinel notait qu'à Pouébo les missionnaires « sont parvenus à introduire dans ce pays plusieurs légumes et fruits inconnus avant eux : le riz et le maïs viennent très bien ; on a fait un essai de froment et d'orge, dont on est fort content. Ainsi se préparent, pour un avenir prochain, des ressources à cette mission et des richesses à ce pays. Le plus notable succès en ce genre, jusqu'ici, est dans l'élevage du bétail ; à Poebo et ailleurs, la mission a de beaux troupeaux de vaches, de porcs, de moutons et de chèvres [...]. Ils ont sous la main un certain nombre de Kanaks qu'ils forment au travail ».

Il semblerait que l'agriculture se soit plus rapidement diversifiée aux îles Loyauté car les Kanaks n'étaient pas confrontés au cantonnement alors et missionnaires, tant protestants que catholiques, les aidèrent au mieux à apprendre les techniques nécessaires et à troquer leurs productions de choux, d'oranges, de carottes et plus récemment d'avocats, aux Îles puis à Nouméa.

L'apparition de cultures commerciales

La première à apparaître fut sans conteste le bois de santal, qui fut coupé par les Kanaks pour les *traders* anglosaxons. Activité de cueillette et de prédation, elle disparut en même temps que les gisements de santal, les Mélanésiens ayant obtenu contre ce bois « sans valeur » calicots, haches, marmites en fonte ou tabac. Ce dernier, fort prisé des marins et bientôt des Kanaks, fut une culture familiale avant d'être une plante commerciale cultivée par les colons dans les années 1870-1890.

C'est ainsi qu'en 1857, le P. Poupinel remarque que les objets de troc les plus recherchés par les autochtones « sont les pipes et le tabac. Tout le monde fume, enfants et vieillards, femmes et jeunes filles ; on les rencontre avec une pipe passée dans leurs cheveux, ou placée en guise de pendant d'oreilles ». Aussi, les plants de tabac avaient-ils place dans le jardin kanak et ils y figurèrent jusque dans les années 1960.

M. Étesse note en 1910 que « Dans les anciennes plantations canaques, car les Indigènes eux aussi avaient planté du café, les caféiers sont en général situés près des cases et placés irrégulièrement. Comme ils n'avaient fait ces plantations que par esprit d'imitation et non pour en retirer un profit, elles étaient devenues rapidement de petites forêts de caféiers [...]. La cueillette se fait dans des touques à pétrole. L'indigène va récolter les grains sur les plants de caféier et ramène sa touque au dépulpeur. On estime qu'en moyenne un Indigène peut récolter dans sa journée deux à trois touques de café, soit environ de 36 à 54 litres de cerises [...]. On a peu planté de cocotiers. Les colons se sont contentés jusqu'à présent d'exploiter les plantations des Indigènes ». Le cotonnier se développa un temps à Lifou, B. Balansa notant avec un optimisme exagéré en 1873 qu'il s'était propagé dans presque tous les villages : « Les machines à égrener le coton font encore défaut, le travail se fait à la main, et Dieu sait avec quelle perte de temps ! Une presse hydraulique pour les balles de coton destinées à l'exportation serait également indispensable ». Heureusement que les conseils de ce géographe ne furent pas suivis d'effets lorsqu'il déclara : « La culture du pavot, propre à l'extraction de l'opium, devrait être essayée ».

De fait, les Kanaks ne s'intéressèrent aux cultures commerciales telles que le cocotier (coprah), le café ou le coton que dans la mesure où la taille de leurs réserves le permettait et où ils avaient le sentiment qu'ils en retireraient des avantages matériels conséquents. La mise en place, au début du XXe siècle, de l'impôt de capitation obligea les Kanaks à disposer de ressources monétaires, et donc à accepter progressivement d'entrer dans l'économie commerciale. C'est ainsi que les cocoteraies, préexistantes, se développèrent aux îles Loyauté de la fin du XIXe siècle aux années 1920 sous l'impulsion des missionnaires, et que la culture du café se répandit sur la Grande Terre durant la première moitié de ce siècle sous l'influence des gendarmes, entre autres syndics des affaires indigènes.

La terre comme richesse agricole

En ce qui concerne la propriété foncière traditionnelle, longtemps les Européens hésitèrent, soit en considérant comme le gouverneur Guillain que les terres relevaient d'un communisme primitif, soit comme les colons qu'elles pouvaient être vendues par tout Kanak qui les occupait. Charles Lemire, dans son ouvrage *La colonisation française en Nouvelle-Calédonie* publié en 1884, fait preuve de plus de circonspection puisqu'il donne la parole au P. Lambert : « Les chefs, comme les simples particuliers, ont leurs propriétés bien reconnues et parfaitement délimitées. Dans un massif de cocotiers, ils connaissent exactement l'arbre qui est sur la limite, et ils ne se trompent, en cueillant les fruits, que quand ils veulent bien se tromper. Ces sortes d'erreurs occasionnent de vives disputes. J'ai vu des familles sur le point d'en venir aux mains parce que l'une avait empiété sur le champ de l'autre ».

Le missionnaire, devenu ethnographe pour l'occasion, considère que les indigènes distinguent le domaine direct, qui est partagé entre les familles, et le domaine vacant ou inoccupé, commun à toute la tribu, qui court jusqu'aux lignes de crêtes et creeks frontaliers avec les tribus voisines. Et il rappelle que lorsqu'il amena des Indigènes de la Grande Terre à l'île Art, les nouveaux arrivants se refusèrent à couper les arbres nécessaires à la construction de leurs nouvelles cases sur place, retournant s'approvisionner en bois dans leurs villages respectifs. Le P. Lambert considère par ailleurs qu'il « est important de ne pas confondre les biens incultes avec les biens vacants. Tout ce qui est plaine ou cultivable a ordinairement un propriétaire. Mais, vu le chiffre restreint de la population, nul homme qui ne puisse trouver à cultiver un champ. Le vrai pauvre ici doit se confondre avec le paresseux, qui, ne voulant cultiver, devient le parasite des autres. C'est la seule mendicité connue. »

L'accession au domaine direct se fait par succession ou par donation, rarement par échange et jamais par vente. Et le missionnaire d'ajouter : « La propriété est tellement sacrée que le chef, avec tout son prestige, ne saurait entamer celle de ses sujets, en se l'appropriant, sans soulever des récriminations ». Ceci explique les difficultés qu'eut l'administration coloniale lorsqu'elle voulut obtenir des terres des chefs, considérés hâtivement par l'État comme les propriétaires des susdites terres. Jules Garnier note en 1863 qu'il en résulte d'épisodiques révoltes kanakes, dont l'une des conséquences est : « qu'on s'empare aussitôt après de toutes leurs terres pour y installer des colons. Aussi, d'un certain point de vue, assez bizarre cependant, il est heureux que les Indigènes fassent de temps en temps quelques escapades, car leurs terres confisquées viennent aussitôt grossir la richesse publique et servir aux colons ; sans cela, on serait obligé d'agir avec plus de brutalité et – disons le mot – plus de franchise, en les refoulant dans leurs montagnes, ainsi que les Anglais l'ont fait dans l'Australie, à Van Diemen, etc. » La colonisation en marche entraînait par ailleurs le plus souvent la destruction de nombreuses plantations. Émile Foucher déclare ainsi sans ambages : « Toutes les expéditions qui se firent dans ces parages jusqu'au mois de mars 1857 n'eurent pour but que de dévaster les plantations pour affamer les Indigènes et les forcer à se soumettre ». Et de noter peu après : « Les Indigènes disaient : brûlez les cases si vous voulez, mais ne touchez pas aux plantations ». Jules Garnier note de même qu'en 1862 lorsque les naturels attaquèrent la mission de Wagap, « la revanche fut terrible ; toutes les plantations, toutes les cases des tribus rebelles furent détruites ».

De trop rares protéines animales

Elles sont le fait de l'élevage, de la chasse et de la pêche. Lors de la découverte mutuelle, seule la poule calédonienne vivait en liberté autour des cases. Plus petite qu'un faisan, elle était très agile et pour s'en saisir son propriétaire attendait généralement la nuit. Paradoxalement, la rencontre avec James Cook réduisit cette source de protéine dans le Nord, car la descendance du couple de chiens qu'il offrit au chef de Balade fit des ravages parmi les gallinacés domestiques. Ces derniers finissaient généralement en bougna, leurs plus belles plumes participant aux parures. E. Foucher constate ainsi la présence en 1857 lors d'une expédition punitive d'une « case pleine de paquets de lances et d'un millier, au moins, de ces plumets blancs, en plumes de coq, que tout guerrier coquet doit porter dans ses cheveux ». Cet élevage semble avoir régressé au siècle dernier, à cause de l'apparition de porcs et de chiens dans les tribus. O. Opigez constate en effet en 1886 que si les Kanaks mangent des poules, c'est rarement, « car ils en ont généralement très peu et les offrent plutôt aux voyageurs ». Aujourd'hui, les variétés introduites par les Européens, plus grandes et plus productives, ont métissé et fait quasiment disparaître la race ancienne, qu'on appelle *Wa-si-Nengone* (petite maréenne), par opposition aux nouvelles variétés de gallinacés.

Il n'existait point d'autres élevages pré-européens, et si J. Cook offrit aussi un couple de porcs au chef de Balade, celui-ci s'arrangea pour les faire déposer à l'îlot Balabio. Leur nombreuse descendance rejoignit la côte à la nage et gagna la chaîne centrale. Redevenus sauvages, ces porcs de race malayo-polynésienne commencèrent à s'attaquer aux jardins kanaks. Les Mélanésiens entreprirent alors d'éliminer les plus téméraires, utilisant leurs sagaies puis d'antiques pétoires. Aujourd'hui, la chasse au cochon sauvage fait partie de la culture kanake et le P. Dubois notait même en 1984 que des Maréens venaient tout exprès à Nouméa acquérir ou voler des chiens de chasse, précisant : « On préfère des chiens assez petits, sans race. Ils sont plus ou moins nourris, disons moins. Ils connaissent très bien les limites territoriales de leur maître et les défendent contre les intrus [...]. Ils savent chaparder chez les voisins, mangeant les œufs [...]. Le chien n'est pas mangé à Maré, alors qu'il l'est à Ouvéa selon la mode polynésienne ».

Quelques générations plus tard, les missionnaires puis les colons élevèrent porcins du vieux continent, bovins, ovins, caprins, équidés et un certain nombre d'animaux de basse-cour. Parallèlement, l'administration tenta à plusieurs reprises d'introduire ces animaux dans l'économie indigène. B. Balansa rappelle ainsi en 1873 que le résident de Lifou y avait fait lâcher un couple de bovin qui avait prospéré. « Le troupeau se composait en 1869 de vingt-sept têtes, et si quelques bœufs n'avaient été abattus dans les occasions solennelles, le nombre en serait plus considérable ». À Maré, les habitants trouvèrent une solution aux dégâts causés par le bétail en le lâchant dans la grande forêt de Medu. Ce bétail, redevenu sauvage, peut être chassé par les uns ou les autres selon ses pérégrinations et sa chasse fait partie des exploits dignes d'être contés à la veillée. En ce qui concerne les chats, ils ont été réellement accueillis auprès des cases durant la première moitié du XXe siècle, lorsque la protection des récoltes et de nouvelles règles d'hygiène s'imposèrent. Beaucoup étant redevenus sauvages, les enfants avaient pour usage jusque dans les années 1970 de les attraper et de les consommer grillés.

L'administration introduisit aussi dans l'île des cerfs ou des porcs pour la chasse, les « patte-jaunes » à Bourail ou les perdrix de Californie à Canala afin de défendre les récoltes et, involontairement, bien d'autres animaux nuisibles tels que les parasites du café ou les tiques. Tous ces animaux entrèrent petit à petit dans l'univers kanak, l'âne étant par exemple plus particulièrement adopté à Maré, le cheval devenant partout signe d'accession à la modernité et le « bétail » symbolisant longtemps l'incompréhension entre une société traditionnelle basée sur l'agriculture « intensive » et une société pionnière basée sur l'élevage extensif.

La chasse traditionnelle, en la quasi-absence de mammifères, concernait essentiellement les oiseaux tels que les notous, les canards sauvages, les pigeons verts et autres colliers blancs, beaucoup plus chassés qu'aujourd'hui, tant pour leur chair que pour leurs plumes. Il faut dire que si les récoltes étaient presque exemptes de maladies, elles étaient cependant attaquées par les rats, les roussettes et par de nombreuses espèces d'oiseaux. Pour les éloigner, de nombreuses méthodes étaient utilisées, comme la réalisation d'épouvantails-hiboux en noix et feuilles de coco ou l'accrochage au long d'une corde de coquilles d'escargot qu'une personne âgée faisait tinter en cas de nécessité. Les méthodes de chasse étaient plurielles : lacets, filets aériens, bâtons, frondes, jets de pierre. P.A. Vieillard constatait en 1863 que les Kanaks, « excellents nageurs, et meilleurs plongeurs encore, lorsqu'ils voient des canards dans le lit d'une rivière, ils plongent, nagent sous les eaux, et parviennent à saisir l'oiseau par les pattes ».

Deux mammifères étaient chassés : la roussette et le rat indigène. En ce qui concerne ce dernier, le P. Dubois considère que les Austronésiens l'introduisirent dans tout l'archipel afin d'être sûrs d'avoir toujours de la viande à leur disposition. C'est ainsi qu'à Maré, l'*ael*, le bougna assaisonné au rat indigène (*xeli*), était un plat de choix. Au siècle dernier, les *Si Gurewoc* mettaient le feu à la savane pour assommer les rats lors de leur fuite. La roussette occupe une place à part dans la chasse traditionnelle, en raison de l'habileté nécessaire à sa capture et la valeur intrinsèque de cette proie, qui non seulement agrémentait les bougnas, mais fournissait sa fourrure pour la confection de cordons en poils de roussettes et ses os pour celle des aiguilles (*jebu*). Enfin, il nous faut évoquer l'anthropophagie, confirmée par de nombreux témoignages, qui exista à la fois en tant que rite d'appropriation des qualités du guerrier ennemi abattu et en tant qu'apport alimentaire. En 1863, le chirurgien de la marine P.A. Vieillard considère que « toutes les parties du corps ne jouissent pas d'une égale estime ; la tête et les organes sexuels appartiennent de droit aux chefs [...]. Le reste est distribué entre les petits chefs et les hauts personnages ; le bas peuple a rarement l'honneur de goûter à ces mets ; les femmes, les enfants en sont exclus ». Et de conclure : « Si l'on demande à un chef pour quel motif il se livre à une semblable coutume, il vous répond : « Quand un ami vient te voir, que fais-tu ? Pour lui faire bon accueil, tu tues un mouton, des poules, etc. Moi, je n'ai ni moutons, ni poules, je tue un homme ; d'ailleurs, quand j'ai mangé de la chair, je suis plus fort ». Peut-être par mimétisme, la chair de tortue ou de dugong était recherchée et réservée aux chefs.

Quant à la pêche, elle était surtout le fait des femmes dans les rivières (chevrettes, anguilles) ou au bord de mer (coquillages, crabes), la pêche à la sagaie, à la ligne ou au filet étant réservée aux hommes. À Lifou, les hommes âgés de certains clans se faisaient une spécialité de la confection de filets. D'autres confectionnaient de magnifiques hameçons en nacre ou en écaille de tortue, qui demandaient un véritable travail de patience et qui furent remplacés dès les années 1880 par les hameçons métalliques. En ce qui concerne les sagaies, les hommes lançaient les plus fines, propulsaient les plus courtes à l'aide d'un arc et sautaient des rochers surplombant le lagon avec les plus longues afin de leur conférer plus de force. Sur la côte ouest de la Grande Terre, de nombreux sites étaient propices à la création de pièges-labyrinthes utilisant des murets submergés à marée haute. Le poison pouvait être utilisé lui aussi et, dans le sud de la Grande Terre, il s'agissait du fruit du *Cerbera mangha* ou d'une euphorbe dénommée *déo*. À Uvéa, après avoir répandu le poison sur le tombant du récif, les pêcheurs plongeaient afin de glisser leurs bras dans les moindres fissures et d'en retirer force poissons. Afin de reconnaître leurs prises respectives, les pêcheurs les marquaient d'un coup de dent à tel ou tel endroit. Dans la même île, une autre coutume consistait à prendre vivant des alevins de certaines espèces de poissons réputés pour la qualité de leur chair et à les mettre à grossir dans des piscines naturelles. Les Uvéens étaient capables de reconnaître leurs captifs et Emma Hadfield se rappelle qu'un jour, lorsque son mari, pasteur, voulut tirer à la cababine l'un de ces poissons, son guide lui dit : *« Don't shoot that fish, that is a Roman catholic fish [...] that fish belong to a man who is a Roman Catholic, [...] but you may shoot that, because it belongs to one of your own people »*.

Un bol alimentaire relativement équilibré

Comme le signalait E. Deplanche en 1863, : « Le coco, les ignames, la canne à sucre, les bananes, les taros et le poisson, sont la base de la nourriture [...]. Ils se nourrissent encore de feuilles d'hibiscus qu'ils mangent bouillies, de viandes fumées, de poisson et de l'écorce d'hibiscus, qui, sous la cendre, fournit une espèce de fécule peu abondante, mais dont ils sont assez friands ; de la graine d'une espèce de palétuvier [...]. Les Néo-Calédoniens utilisent pour l'alimentation quelques-unes des nombreuses algues qui croissent sur leurs rivages [...]. Ce n'est cependant pas généralement le manque de nourriture, comme cela arrive, qui porte les habitants de la Nouvelle-Calédonie à employer les plantes marines, car ces peuplades n'en font jamais autant usage qu'au moment de la récolte des ignames ». Il est vrai que toutes les possibilités alimentaires des plantes étaient utilisées. On mangeait ainsi les bananes, mais aussi la racine de bananier. Quant aux herbes, elles jouaient un rôle considérable dans l'alimentation, comme soupes, comme bouillons médicinaux et comme philtres magiques. Et M. Leenhardt d'écrire : « Un jour, je blâmais un chrétien pour un adultère. Et il opposa l'excuse qu'il tenait pour valable : Elle avait mis des herbes dans la marmite ! ».

O. Opigez observe en 1886 que les Kanaks cultivent aussi du maïs en petite quantité et qu'ils mangent beaucoup de fruits : pommes-lianes, pommes-cannelle, pommes canaques, barbadines, figues canaques ;

fruits importés comme les papayes, les ananas ou les oranges ; mais aussi fruits du palétuvier, noix de bancouliers et graines de nombreux arbres de la forêt. Leur alimentation ne comportait quasiment aucun condiment, le sel marin lui-même étant très peu utilisé. Aussi, lorsque les Européens introduisirent le sel fossile, les femmes acceptèrent de lourds travaux pour en obtenir. M. Leenhardt notait en 1937 : « Le piment a été importé dans l'île et y croît avec abondance. L'indigène met ses fruits en bouteille avec de l'eau, et verse cette eau sur les aliments, comme une sauce anglaise ». La nourriture végétale est fade et l'introduction d'une viande, à cause de sa chair, sa graisse ou son bouillon, est appréciée par le Kanak. Comme le précise M. Leenhardt en 1937, « chez ces gens condamnés aux farineux monotones, il y a une concupiscence de la viande [...]. Ils ne donnent point d'autre raison au cannibalisme. Et il faut entendre dans la bouche des vieux ces rappels spontanés des anciennes chasses à l'homme, quand s'épanouissent les jaunes fleurs des gaïacs : c'est maintenant que les hommes sont gras ». Parallèlement, lorsque chasse et pêche étaient infructueuses, les Kanaks cherchaient à mettre dans leur marmite quelques matières azotées : coquillages, bulimes, chevrettes, etc. « Techniques de l'alimentation et magie, ici, se recouvrent. Le Canaque ne distingue pas. La viande n'est pas à ses yeux la nourriture née du pieux labeur dans la terre ancestrale, elle est un tonifiant et un lubrifiant, une matière en surcroît et complémentaire, un condiment ».

Le poisson était mangé bouilli, fumé ou séché. En ce qui concerne les boissons excitantes, le Mélanésien n'utilisait, lors de l'arrivée des Blancs, ni le kava, ni la moindre boisson alcoolisée. Ceci explique pourquoi tous les premiers témoignages portent sur la répulsion première des autochtones envers les différents tord-boyaux introduits dès les années 1840 dans l'archipel. Le tafia se répandit sur la Grande Terre avec la mise en place du bagne et y fit des ravages. Longtemps, les Loyaltiens échappèrent au danger de l'alcolisme : la vente d'alcool aux Mélanésiens était interdite ; les importations étaient facilement contrôlées et les Loyaltiens consommaient d'un coup leurs provisions afin de ne pas avoir à les partager. Pour le P. Dubois, « actuellement, le Maréen ne boit pas pour noyer un complexe d'infériorité, ou pour imiter les Blancs [...]. On le fait d'abord pour se rendre intéressant, pour attirer l'attention sur soi. Pour le moindre verre de bière, certains poussent des hurlements de fauve. On pourrait fort bien se contrôler, et on sait le faire à l'occasion ».

Il est à noter que l'équilibre alimentaire des Kanaks était fragilisé par les calamités naturelles et leur goût pour l'hospitalité la plus généreuse. E. Deplanche constate qu'après la fête des ignames « chacun peut disposer à son gré de ses produits et même les gaspiller, comme cela arrive journellement ; la prévoyance, en effet, paraît inconnue aux Calédoniens qui ne s'inquiètent jamais du lendemain ». Le père Dubois confirme ce fait en 1984 : « Les anciens Maréens étaient très imprévoyants. Ils pouvaient manger en une fête presque toute une récolte ». Puis il ajoute *a contrario* : « En prévision de la famine, les gens plantent certains taros vivaces qui sont ensuite recouverts par la brousse et qui se perpétuent sur place ; et le bourao comestible *ee* [...]. On mange cette écorce bouillie, en recrachant les fibres qui peuvent faire une excellente corde ». Ce problème de soudure explique sans doute le mariage de l'igname et du taro, ce dernier tubercule pouvant être récolté durant presque toute l'année.

En ce qui concerne les arts culinaires, tous les témoignages du XIVe siècle présentent le four kanak, souvent confondu avec les différents bougnas, mais aussi les marmites canaques qui permettent de faire bouillir les aliments ou, tout simplement, l'usage du feu pour griller viandes, poissons et tubercules. Nombreux sont les aliments-friandises ou aliments de famine qui sont mangés crus : fruits et baies bien sûr, mais aussi fruits de mer, sauterelles de cocotier, chenilles, cigales ou vers de bancouliers.

Mais l'équilibre alimentaire reste fragile. D'une part, l'usage quasi-exclusif des tubercules remplit l'estomac sans nourrir véritablement le corps. D'autre part, les calamités naturelles telles que les cyclones, les sécheresses ou les périodes d'inondation, entraînent épisodiquement de longues périodes de pénurie. Les guerriers sont alors alimentés en priorité, afin de défendre le groupe si nécessaire. De fait, leur alimentation fut toujours plus riche et carnée que celles des vieillards, des femmes et des enfants. Ce fait est confirmé indirectement par P.A. Vieillard lorsqu'il constate en 1863 que « les Néo-Calédoniens ont longtemps dédaigné la patate douce, à cause de son origine étrangère ; mais sa culture facile, l'abondance et la bonté de ses produits ont fait tomber toutes les préventions, et aujourd'hui ses tubercules qui, il y a quelques années, étaient tout au plus bons pour les femmes et les étrangers, sont mangés sans répugnance par les hommes ».

Cent cinquante ans après son contact avec les autres pratiques culturales, l'agriculture kanake contemporaine quitte peu à peu le modèle ancien pour s'ouvrir aux nouveaux produits et aux nouvelles méthodes. Pourtant, le monde kanak reste la civilisation de l'igname. Comme Sené Bwéréxau l'explique lors d'un interview en 1967 : « Nous disons dans la langue de Houaïlou que l'igname fait l'homme et que l'homme fait l'igname ».

L'anthropophagie en Nouvelle-Calédonie.
Réalité ou violence imaginaire*

* « L'anthropophagie en Nouvelle-Calédonie. Réalité ou violence imaginaire » dans *Violences océaniennes*, L'Harmattan & IMOA, Paris, 2004, 234 p., p. 189 à 216.

L'anthropophagie est un sujet non seulement tabou en Nouvelle-Calédonie, mais aussi dans la quasi-totalité des sociétés humaines, du fait de la charge émotionnelle négative de cette pratique.

Or, si l'on débarrasse le cannibalisme de l'idée préconçue de cruauté, de férocité et d'inhumanité, reste un éclairage brutal sur toutes les motivations et les pensées qui ne cessent d'agiter l'homme depuis le commencement des temps. Tout au long des âges, se sont développés différents types d'anthropophagie : le cannibalisme alimentaire, tantôt de pénurie, tantôt de gastronomie ; mais aussi le cannibalisme guerrier qui tend à s'accaparer les vertus de l'adversaire ; le cannibalisme sacré qui veut imiter les dieux ou faire le lien avec les ancêtres ; le cannibalisme médical qui espère soigner les vivants ; le cannibalisme judiciaire ou de vengeance qui cherche à rétablir un ordre social bouleversé ; et enfin le cannibalisme pathologique qui serait la matérialisation perverse et destructrice du fantasme agitant chaque individu dans toutes les sociétés humaines. Chacun d'eux a existé et parfois existe encore, soit dans certaines sociétés très isolées, soit dans certains cas exceptionnels.

Cette pratique a-t-elle existé en Nouvelle-Calédonie, et, si c'est le cas, selon quelles modalités et dans quelles proportions ? L'importance de cette pratique ayant sans doute été très largement exagérée, peut-on considérer que cette violence imaginaire est liée à la colonisation ?

Une réalité aujourd'hui encore mal définie

Si l'on ouvre aujourd'hui ce dossier, on n'y trouve en l'état aucune pièce matérielle irréfutable de l'existence d'actes d'anthropophagie en Nouvelle-Calédonie[1], mais les « flagrants délits » sont

1. Garnier Jules : « Voyage à la Nouvelle-Calédonie, 1863-1866 » dans *Le tour du monde*, tome XVIII, Librairie Hachette, Paris, 1868, p. 1 à 64, p. 7. Évocation de preuves matérielles non conservées. Dans la tribu de Houindo, près de Houagap : « Le chef nous montra devant sa case, avec un air d'orgueil, quatre ou cinq crânes qui grimaçaient au bout de longues perches, trophées glorieux des derniers combats. Quant au reste des cadavres auxquels ils avaient appartenu, on aurait eu grande peine à en retrouver quelques os à demi-calcinés par le feu, et rongés par les dents avides de ces implacables sauvages ».

nombreux lors des premiers contacts. Aussi, tous les chercheurs estiment que cet usage y a eu cours durant la période pré-européenne et durant la protohistoire (1774-1853), en se basant sur deux arguments scientifiques et sur un nombre tout à fait respectable de témoignages de première et de seconde main.

Le premier argument scientifique permettant de considérer comme plus que probable l'existence de l'anthropophagie en Nouvelle-Calédonie est le fait que tous les Mélanésiens tant soit peu au courant de leurs coutumes ancestrales considèrent que l'anthropophagie a existé du temps du paganisme. Très peu de « vieux » ayant laissé par écrit les connaissances transmises par leurs ascendants sur le sujet, il serait nécessaire de recueillir les dernières traditions orales existantes avant leur disparition. M. Naepels nous rappelle d'ailleurs que si une grande partie des traditions a déjà disparu involontairement du fait du choc microbien puis du choc colonial, les Mélanésiens ont choisi de manière pragmatique de ne pas transmettre une partie de leur savoir ancestral. D'une part, « Ce qui en a été transmis et compris jusqu'à aujourd'hui n'est jamais que ce qui gardait un sens, même obscur, pour les générations suivantes. La production d'un souvenir n'a pas moins de contraintes que la conservation d'une archive – et elle est de surcroît sans cesse remise sur le métier de la subjectivation, jour après jour, génération après génération »[2]. D'autre part, « Ce choix d'interrompre la transmission est particulièrement sensible dans la hiérarchie des emplois protestants, les diacres et pasteurs autochtones ayant souvent considéré les histoires kanakes comme des choses du passé, d'ailleurs pour la plupart condamnables (adultère, guerre, anthropophagie), en tout cas annulées par le nouvel ordre symbolique dans lequel ils s'étaient investis » (p. 133).

Certains anthropologues considèrent que les populations premières concernées avaient inventé de toutes pièces de tels faits pour satisfaire des Occidentaux en quête d'émotions fortes. Ceci est tout à fait plausible

2. Naepels Michel : *Histoires de terres kanakes*, Belin, Paris, 1998, 379 p., p. 75.

pour un certain nombre de récits rapportés de manière plus ou moins romancée par des marins, des missionnaires, des colons, des voyageurs ou encore des journalistes[3]. Mais cela n'enlève pas sa crédibilité globale à une tradition orale unanime quant à l'existence du cannibalisme.

Un document de premier ordre, les cahiers de Eurijisi Bwesou, mériterait une étude approfondie car s'il a été à la base de nombreux travaux de M. Leenhardt, nous le connaissons essentiellement par un ouvrage de morceaux choisis commentés par J. Guiart. Or, ce dernier est le seul scientifique à refuser l'existence de l'anthropophagie en Nouvelle-Calédonie. Ceci l'amène à ce commentaire subjectif : « Les allusions, dans les cahiers de Bwesou à ce cannibalisme affirmé comme étant consubstantiel à la vie de la société canaque, toujours par des témoins extérieurs, qui n'en ont jamais rien vu par eux-mêmes, sont rares et paraissent n'avoir trait qu'à des cas d'utilisation d'un fragment du corps humain pour un *ê pwaero*, une prière parlée au-dessus de la vapeur de la marmite »[4].

Le second argument consiste dans l'acceptation par quasiment tous les chercheurs en anthropologie et en linguistique que l'anthropophagie a existé au moins durant la période pré-européenne, du fait que des références fréquentes à cette pratique apparaissent dans les vocabulaires anciens et les légendes. Ainsi, le dictionnaire xârâcùù de Marie-Adèle Néchérö-Jorédié et Claire Moyse-Faurie comporte le mot

3. Sénès Jacqueline : « Le vieux de la vallée de Paimboa » dans *Terre et hommes de Nouvelle-Calédonie*, Éditions du Cagou, Nouméa, 1976 et 1981, 166 p., p. 119 à 131. « Au cœur d'Hippolyte, il y avait eu ce jour mémorable où le guerrier au grand phallus, était rentré de la bataille, un prisonnier ennemi à ses côtés, les pattes ligotées de salsepareille... Le guerrier d'antan avait levé son tamioc si haut dans les nuées qu'on ne l'avait pas plus distingué du ciel qu'une écaille de poisson en eau trouble. Et puis, il l'avait rabattu sur le prisonnier, la tranche de l'arme précisément portée à la courbée du front... La cervelle était apparue, palpitante, Le guerrier vainqueur l'avait soulevée au bout d'un épieu, comme une motte de terre, et l'avait portée à ses lèvres... » ; p. 129-130.

4. Guiart Jean : *Bwesou Eurijisi. Le premier écrivain canaque*, Le Rocher-à-la-voile, Nouméa, 1998, 154 p., p. 125.

« *ka*, a. victime (destinée à être mangée) »[5]. En ce qui concerne la littérature orale, A. Bensa et J.-C. Rivierre notent entre autres dans le conte *La fille du soleil*,

> « 217. A-Pwöhôônu se redresse alors pour ne pas perdre de vue sa proie
> 218. Et A-Pwajoong décoche son tir ;
> 219. Il l'atteint entre les omoplates et l'autre s'abat
> 220. Et A-Pwajoong bondit avec son casse-tête et l'achève [...]
> 326. Et retrouve le cadavre d'A-Pwöhôônu
> 327. Il l'emmène, ramasse du bois et prépare un four,
> 328. Il le met au four
> 329. Il attend et, lorsque le four est cuit, il soulève la couverture du four, prend les quartiers de viande et les ramène chez A-Pwajoong
> 330. Il chemine, il chemine... arrive à Pwajoong,
> 331. Et fait présent des quartiers qu'il rapporte. 332 Parfait, voici la viande de celui qu'on a tué »[6].

Bien d'autres textes évoquant l'anthropophagie existent dans les cartons des anthropologues et des linguistes. De nombreux autres récits et contes traditionnels non recensés sont toujours transmis oralement de génération en génération dans le monde kanak.

Dans un deuxième temps, le chercheur est confronté à un grand nombre de témoignages océaniens ou occidentaux plus ou moins crédibles, qui posent deux problèmes : l'auteur du récit a-t-il été le témoin des faits ou donne-t-il la parole à un tiers ? Comment vérifier la réalité des faits décrits ? Et de fait, si les historiens ont établi depuis longtemps qu'il faut passer aussi bien les sources orales qu'écrites au crible de la critique externe (quelle est la crédibilité de l'auteur ?) qu'interne (quelle est la véracité de ses dires ?), aucun scientifique n'a entrepris en Nouvelle-Calédonie cette tache lorsqu'il s'agit d'étudier l'importance ou même la simple réalité de l'anthropophagie. Afin d'éviter d'avoir à soupeser les témoignages à l'aune de l'action colonisatrice de la France, nous n'étudierons ici que la période précoloniale (1774-1853).

---

5. Moyse-Faurie Claire & Néchérö-Jorédié Marie-Adèle : *Dictionnaire xârâcùù – français*, Edipop, Nouméa, 1988, 286 p., p. 86. Grace G.W. : *Canala dictionary*, Pacific Linguistics, Series C, n° 2, ANU, Canberra, 1975, 140 p., p. 25. « Ka 2. An nemy (one to be killed and eaten) ».

6. Bensa Alban & Rivierre Jean-Claude : *Les chemins de l'alliance. L'organisation sociale et ses représentations en Nouvelle-Calédonie*, SELAF, Paris, 1982, 586 p., p. 412, 438 et 440.

En ce qui concerne l'existence de témoignages de première main, c'est-à-dire de personnes ayant directement assisté à des actes d'anthropophagie, nous en possédons « relativement » peu à ce jour puisque rares sont les Européens avant la prise de possession à avoir publié, voire seulement transcrit, leurs « aventures » ou leurs souvenirs. Par ailleurs, ces documents sont d'un accès difficile au vu de leur ancienneté, de leur rareté et de leur coût. Ceci permet à certains de mettre en doute l'importance de cette pratique durant la période des premiers contacts, voire dans les temps anciens. Seule une recherche approfondie confrontant les lettres originales des premiers missionnaires, les rapports archivés des premiers navigateurs, ainsi que les récits manuscrits des premiers colonisateurs nous permettra de répondre précisément à cette interrogation dans la décennie à venir.

DOCUMENT 1. L'anthropophagie et les témoignages directs océaniens et européens (1774-1853)

– D'Entrecasteaux, 1793, Balade, p. 94[7].

« Nous jugeâmes que les habitants étaient en guerre pendant notre séjour à Balade, ou que les hostilités venaient de cesser, parce qu'on remarqua un très grand nombre d'hommes dont les blessures étaient récentes. D'ailleurs, la chair humaine dont on les vit se nourrir, et qui ne pouvait être que celle de leurs ennemis, annonçait que les hostilités n'étaient pas d'une date bien reculée, car on ne peut pas supposer qu'ils eussent la cruauté de garder longtemps leurs victimes ».

– Cheyne, août 1842, *Les aventures du capitaine Cheyne*, Lifou, p. 42[8].

« Un indigène appartenant à la tribu du chef de Kygha (Gaïtcha) avait volé le couvercle en verre d'un compas et un sablier. J'en fis part aux chefs qui vinrent à bord et leur demandai de me les faire rendre. Le jour suivant, un dimanche, le Chef vint à bord et me demanda d'aller à terre avec lui, dans un but que j'ignorais... il frappa un pauvre type à la tête et le tua instantanément. Après avoir donné l'ordre aux autres indigènes de préparer un feu et de le cuire, il revint au canot et m'accompagna au navire en apportant les objets qui m'avaient été volés ; il était apparemment aussi indifférent que s'il avait tué un chien ; il me dit très calmement qu'il avait tué le voleur et qu'il espérait que je lui donnerais un tomahawk en dédommagement ».

7. Pisier Georges : *D'Entrecasteaux en Nouvelle-Calédonie, 1792 et 1793*, SEHNC n° 13, Nouméa, 1976, 148 p., p. 94.
8. Cheyne : *Les aventures du capitaine Cheyne dans l'archipel calédonien, 1841-1842*, documents traduits et présentés par G. Pisier, publication de la SEHNC, n° 7, Nouméa, 1975, 88 p.

– Ta'unga, teacher, 1842, *Témoignage de Ta'unga*, Touaourou, p. 125[9].

« Je contemplai tout particulièrement la part qu'avait eue notre maisonnée ; la chair était noire comme une holothurie, la graisse était jaune comme de la graisse de bœuf, et l'odeur rappelait celles d'oiseaux cuisinés, tels que le pigeon ou le poulet. La part du chef était la main droite et le pied droit. Une portion de la part du chef me fut apportée, ainsi qu'au prêtre, mais je leur en fis retour. Les gens étaient incapables de tout manger ; les jambes et les bras furent seuls consommés ».

– Cheyne, novembre 1842, *Les aventures du capitaine Cheyne*, 12 novembre, Ouvéa, p. 81.

« Les embarcations étant chargées je reçus une courtoise invitation à dîner du Roi. J'acceptai, n'imaginant pas la nature du banquet qui me serait servi. Peu de temps après nous fûmes assis, j'observais 6 hommes apportant quelque chose enroulé dans des feuilles et que je supposais d'après son apparence devoir être un requin. On le plaça devant le Roi ; quelle fut mon horreur lorsque, les feuilles étant enlevées, je découvrais un corps humain, encore tout chaud sortant du four ».

– Ta'unga, mai 1844, *Témoignage de Ta'unga*, Nouméa-Touaourou, p. 102.

« Une guerre éclata et le chef de Nouméa fut vaincu par les Touaourou. Sa main droite fut coupée et apportée au chef de notre district. Mais il la rejeta en disant : « Ne la mangeons pas. Prenez-la et enterrez-la ». Je fus enchanté quand j'entendis ses paroles ».

– Ta'unga, teacher, juillet 1844, *Témoignage de Ta'unga*, Yaté, p. 84.

« Je me levai et courus à travers la brousse jusqu'à la maison de Dikadu. Je regardai et vis l'homme encore vivant ligoté à un poteau de la maison où l'on préparait le four ; l'autre avait déjà été coupé en morceaux mais pas encore partagé. Le rescapé me regardait et quand je réalisai qu'il s'agissait bien de l'homme qui s'était tenu derrière moi sur le chemin de Yaté et avait dit à son compagnon : « Ne nous pressons pas trop », j'allai vers lui et l'abordai avec bienveillance, car lui aussi devait être tué ce jour. J'allais vers les chefs et Dikadu s'écria : « Que venez-vous faire ici ? Qui a été vous chercher ? Allez-vous en, quittez ce lieu, car il est sacré. Ne mettez pas les pieds ici ou vous mourrez ». Je répondis : « Je suis venu pour voir le mort. Que faites-vous à regarder ainsi cet homme vivant ? » Il répondit : « Rien, qui vous a dit de venir et de contempler notre nourriture ? » Je lui dis : « Ne puis-je pas manger ? Ne suis-je pas votre hôte ? » Il répondit « Oui, vous avez raison, restez ». Ils étaient très contents. Les fours chauffaient et il était presque temps de tuer le second individu. Alors je les apostrophai ainsi : « Partageons notre homme. Donnez-moi ma part car je dois m'en aller ». Ils répondirent : « Attendez que l'autre soit tué. Quand cela sera fait, ils seront partagés ». Mais j'insistai : « Faites le partage. Donnez-moi ma part ». Alors ils m'apportèrent un bras et je leur dis : « Donnez-moi l'homme vivant. C'est ma part. Faites m'en cadeau »... Un autre dit : « Pourquoi tant

9. Pisier Georges (traduction) : *Le témoignage de Ta'unga ou la N.C. vue par un teacher polynésien avant l'implantation européenne*, SEHNC n° 25, Nouméa, 1980, 153 p. ; Ta'Unga : *The works of Ta'Unga : Records of a Polynesian traveller in the South Seas, 1833-1896*, University of Hawaii press, Honolulu, 1968, 164 p.

d'histoires ? Prenez-le comme serviteur ». Alors je me levai, je détachai ses mains et ses pieds et nous allâmes à la maison ». (Cet homme, Navié, le suivit à Rarotonga en 1846, île où il décéda).

– Rougeyron, RP, *lettre au supérieur général*, 1er octobre 1845, citée dans C. Rozier, grand Nord, p. 113-114[10].

« Les Nouveaux-Calédoniens, quoique doux et affables, n'en sont pas moins anthropophages. Dans notre voisinage ont été tués et mangés plus de quinze individus, depuis vingt mois seulement que nous résidons dans ce pays. J'ai vu de mes propres yeux un morceau de chair humaine rôtie. Je l'ai touchée, constatant que c'était un morceau de la main ; il était enveloppé d'une feuille, sans doute pour en mieux conserver le jus et l'odeur. Il n'est pas rare de fouler du pied des débris d'ossements de malheureux égorgés et mangés. Ils se cachent sur la route, où ils savent que doivent passer leurs victimes. Disons cependant que les Calédoniens ne sont pas anthropophages par goût ; ils ne tuent pas pour le plaisir de manger. S'ils mangent de la chair humaine, c'est parce qu'ils ont tué un ennemi. Le fait de manger un ennemi est regardé comme une espèce de trophée. La mémoire de celui qui est mangé est à jamais flétrie, et c'est ce qui porte les vainqueurs à traiter ainsi leurs ennemis vaincus, je dis vaincus, car ils ne mangent pas les vaincus non ennemis ».

– Ta'unga, 1845, *Témoignage de Ta'unga*, Hienghène, p. 127.

« Je visitai Hienghène et assistai à une fête à l'occasion de laquelle toute la population apporta un tribut d'aliment à Pasan, le chef qui habitait là. Son fils insista auprès de lui pour que l'on tue un individu particulièrement gras, et y consentit. Il renvoya les autres chez eux, mais garda celui que son fils désirait. Son père lui demanda : « Que veux-tu qu'il soit fait ? Le tuerons-nous maintenant ? ». Le fils répondit : « Ne le tuez pas. Découpez-le vivant ». Alors le chef envoya chercher quelqu'un pour satisfaire au désir du garçon. Il tint ferme la victime et coupa net une de ses mains. L'homme se mit à hurler. Alors on lui coupa l'autre main, tandis que la victime se tordait de douleur. Cela fait, on lui coupa une jambe puis l'autre. Mais l'homme n'était pas mort. Il ne lui restait que le tronc. Et il ne mourait toujours pas. Alors on lui coupa la tête et enfin il expira. J'étais accablé de douleur et tentai de les arrêter mais ils ne m'écoutaient pas, parce que j'ignorais leur langage, si bien que je ne pouvais leur enseigner le droit chemin dans la vie ».

– Rougeyron, *lettre au P. Cholleton*, 3 mars 1846, résumée par C. Rozier, Balade, p. 143.

« Dans le Pouma, le festin eut lieu le 25 février. Rougeyron vit arriver les villages du district pour consommer les membres, qu'il avait aperçus traîner la veille dans la rivière pour être gardés au frais ».

– Ta'unga, *lettre au pasteur Pitman*, Maré, 8 février 1846, dans *le témoignage de Ta'unga*, Maré, p. 123.

« Quand un homme de leur camp est tué, elles se précipitent pour transporter le corps hors du champ de bataille ; elles se battent à qui l'aura. Elles le découpent en morceaux avec un couteau, appelé *tuatava*, puis elles mettent les

---

10. Rozier Claude : *La Calédonie ancienne*, Fayard, Paris, 1991, 322 p.

morceaux dans leurs paniers, en poussant des cris d'allégresse, parce que leur convoitise est satisfaite. Les femmes de l'autre camp se conduisent de la même façon avec leurs morts. Quand un ennemi est pris, les guerriers l'empoignent rapidement, le coupent en morceaux et le donnent au groupe de femmes, qui le transportent dans leurs maisons. Les cuisses, en particulier, sont coupées en petits morceaux, puis ils allument leurs fours en terre... Dans quel ordre mangent-ils les différents morceaux ? Ils mangent d'abord la tête ; ils font éclater le crâne, pour l'ouvrir, et ils en détachent les deux parties du cerveau. Comment je le sais ? Mes propres yeux en ont été les témoins. C'est parce que j'ai vu tout cela qu'est née dans mon cœur la compassion pour eux ; ils sont si adonnés à ces mauvaises coutumes ! Leur goût de la chair humaine est irrépressible... Chose curieuse : quand l'homme est en vie, il a une apparence humaine : mais, après avoir été cuit au four, il a l'apparence d'un chien, parce que ses lèvres sont ratatinées et ses dents mises à nu ».

– Rougeyron, RP, *lettre au supérieur général*, 3 septembre 1846, cité par C. Rozier, grand Nord, p. 172.

« Presque à chaque pas que l'on fait dans les villages, on trouve ici un crâne, là une main, ailleurs des jambes, et partout, l'on entend ces mots : « C'était un ennemi, *indhiou iaré*, c'est moi qui l'ai tué ! ». D'autres portent des ossements ! J'ai vu, suspendu au cou d'un jeune homme de 15 à 18 ans, un petit doigt. Je le lui ai arraché pour y mettre à la place une médaille de la Sainte Vierge, c'est un peu plus consolant. Un jour j'ai vu entre les mains d'un autre des chairs encore palpitantes ; il venait de tuer un ennemi ».

– Rougeyron, RP, *lettre à Mgr Douarre*, 22 septembre 1847. Cité dans C. Rozier, Pouébo, p. 203.

« Je prends la lunette d'approche et je découvre, sur le brancard, un corps humain. Une tête à longue chevelure flottait au gré des vents, d'une part, et, de l'autre, gisait le bas-ventre du malheureux avec deux grandes jambes pendantes. Peu à peu, cette procession diabolique défila, et bientôt elle se trouva proche de la maison ; alors nous pûmes voir à loisir le spectacle. Après un instant de repos, on exécuta une danse autour du brancard avec des vociférations de joie infernale... Ils firent un petit détour pour ne pas passer directement sous nos yeux. Le présent fut fait à un voisin de notre maison. Là le festin devait avoir lieu ; aussi, le soir, s'y réunit-on de tous côtés. Ces chairs palpitantes furent rôties sur une espèce de gril. Sur la nuit, j'aperçus encore le grand feu autour duquel étaient rangés les cannibales ».

– Douarre, Mgr, *mémoire à l'Association de la Propagation de la Foi*, 10 janvier 1850. Cité dans C. Rozier, Pouébo puis île des Pins, p. 226.

« Les Frères Jean et Michel purent s'assurer, en visitant avec les cases, que leur goût pour la chair humaine était le même toujours, car ils y trouvèrent plusieurs squelettes entiers recouverts de quelques-unes de leurs chairs qu'ils n'avaient point encore dévorées ».

« C'était Gimmy, deuxième chef de l'île des Pins, qui était venu les surprendre de nuit et en avait fait un si grand carnage que, le lendemain de son retour dans son île, les P. Goujon et Gagnière s'étant présentés chez lui pour savoir la vérité sur ce qu'ils avaient entendu dire de notre présence à Iaté (Yaté), virent tous ses guerriers réunis autour de 14 cadavres rôtis qu'ils étaient prêts à dévorer ».

Tous ces témoignages de première main, antérieurs à la colonisation politique, sont des preuves convergentes de l'anthropophagie calédonienne, qui fut à la fois une pratique alimentaire de pénurie ainsi qu'un rite guerrier de vengeance. Par ailleurs, nous connaissons une foule de témoignages de seconde main. Certains peuvent être très rapidement écartés car ils se fondent sur des cas invérifiables : cannibalisme guerrier entre des tribus isolées, cannibalisme alimentaire au bénéfice de certains chefs redoutés. La plupart paraissent forts crédibles car ils s'appuient sur des assassinats avérés d'Européens ou d'Océaniens par des Kanaks.

DOCUMENT 2. L'anthropophagie et les témoignages indirects (1774-1853)

– La Billardière, *Relation du voyage à la recherche de Lapérouse*, Balade, 1793, cité par G. Pisier, p. 80[11].

« Ces sauvages nous apprirent qu'ils servaient à couper les membres de leurs ennemis qu'ils partagent après le combat. Un d'entre eux nous en fit la démonstration sur un homme de l'équipage qui se coucha sur le dos d'après son invitation. D'abord il représenta un combat dans lequel il nous indiqua que l'ennemi tombait sous les coups de sa sagaie et de sa massue qu'il agita violemment, puis il exécuta une sorte de danse pyrrhique, tenant en main cet instrument de meurtre, et nous montra qu'on commençait par ouvrir le ventre du vaincu avec le « nbouet » (hache ostensoir) et qu'on jetait au loin les intestins après les avoir arrachés au moyen de l'instrument figuré en hors-texte, et qui est formé de deux cubitus solides. Il nous montra qu'on détachait ensuite les organes de la génération qui deviennent le partage du vainqueur ; que les jambes et les bras étaient coupés aux articulations et distribués ainsi que les autres parties à chacun des combattants qui les portait à sa famille... Ce cannibale nous fit connaître en même temps que la chair des bras et des jambes se coupait par tranches de sept à huit centimètres d'épaisseur, et que les parties les plus musculeuses étaient pour ces peuples un mets très agréable. Il nous fut alors aisé d'expliquer pourquoi ils nous tâtaient souvent les bras et les jambes en manifestant un violent désir ».

– Ta'unga, 1842, *le témoignage de Ta'unga*, massacre du *Star*, île des Pins, p. 78-79.

« Je dis au narrateur (Wadota) : « Que devint son corps ? Le mangèrent-ils ? » Et il me répondit : « Ils avaient l'intention de le manger mais quelqu'un n'était pas d'accord. Le chef avait donné l'ordre qu'il fût mangé mais Soko, qui était l'un de ses jeunes frères, s'y opposa ». Soko dit : « Ne le mangeons pas ou nous mourrons. C'est ma conviction, enterrons-le ». Alors le chef y consentit.

11. La Billardière : *Relation du voyage à la recherche de Lapérouse fait par l'ordre de l'Assemblée Constituante pendant les années 1791, 1792,* Paris, 1800, 2 volumes. Cité par G. Pisier, p. 80.

Les corps des autres furent placés le long des chemins qui suivent le rivage et on les y laissa, y compris ceux des deux (trois) catéchistes. Pendant la nuit quelques corps furent volés et furent cuits et mangés. Mais quand ils eurent fini, la mort s'abattit sur tous ces voleurs ».

– Cheyne, 1842, *Les aventures du capitaine Cheyne*, massacre du *Star*, île des Pins, p. 42.

« Soudain et sans la moindre alerte, l'infortuné capitaine fut frappé par derrière et son crâne ouvert par un coup de hache. Ce fut le signal du massacre général... Les corps des morts furent tous mangés ».

– Ta'unga, 1842, *le témoignage de Ta'unga*, massacre de la *Martha*, Maré, p. 111.

« « Que fîtes-vous des Européens qui furent tués ? Furent-ils mangés ? ». Il répondit qu'ils furent mangés et que des parts furent envoyées à tous les clans. Un chef se saisit d'un Européen et le garda chez lui vivant. Il ne le tua pas tout de suite. Il alluma le four d'abord et le couvrit. Puis il conduisit l'Européen au four afin qu'il le vît. Enfin il fut tué, cuit et mangé ».

– Douarre Mgr, mai 1844, *La Nouvelle-Calédonie ancienne*, Balade, p. 98.

« Pendant qu'ils faisaient « la noce » au cochon à Maamate, Païama, qui était reçu à la table de la mission tous les dimanches et quelquefois en semaine, vint leur dire : « Les Coumacs (des alliés de sa famille) ont tué un homme de Téagomène. On m'a envoyé une portion de la victime. Pis, il demanda que les missionnaires aillent tuer ces *indiou iaré* (vrais hommes) ou l'aident au moins à se venger. Les missionnaires refusèrent. On lui donna seulement un fusil pour intimider l'ennemi. Douarre obtint de lui la promesse qu'il ne mangerait pas de la victime qu'on lui avait envoyée. Or, le 1er mai, ils apprirent que, la veille, Païama avait réuni sa tribu pour manger l'ennemi. Aux remontrances de Douarre, ils répondirent : « C'étaient des *indiou iaré*. Vous mangez bien, vous les *pouaka* ! ». Logique ! Mais, pour punir Païama, Douarre lui dit qu'il ne le recevrait plus à sa table ».

– Rougeyron, RP, juillet 1844, *La Nouvelle-Calédonie ancienne*, grand Nord, p. 106.

« Bientôt une guerre éclata entre le Pouma et le Mouélébé, qui fit suspendre ces catéchismes. Une Mouélébé avait quitté son mari pour venir vivre avec un jeune homme de Païama. Tiangoune, chef de Ouambane ; sa tribu la réclama, Tiangoune refusa de la rendre. Des Mouélébé vinrent assassiner à coups de casse-tête la femme qui avait caché la fugitive. Comme ils tuèrent encore un homme de Bouélate et le mangèrent. Le Pouma partit à l'attaque du Mouélébé et Tiangoune alla à Dioote où il savait une Mouélébé mariée ; il l'assomma, ramena son cadavre dans son village de Ouombane et le fit rôtir. Il alla chercher les guerriers pour boire le sang chaud et partager le festin ».

– Douarre, Mgr, *lettre au P. Poupinel*, 30 décembre 1845, résumé dans C. Rozier, Hienghène, p. 133.

« Les missionnaires apprirent le lendemain que les morceaux de deux cadavres étaient répartis sur des tas d'ignames et de taros « ici, une épaule ; là un gigot ; plus loin, des côtelettes ; ailleurs, des pieds, des mains », un cou. Douarre descendit à Maamate. De passage à Bouélate, rencontrant Diémène, il lui fit de vifs reproches : Moi, protesta le chef, je n'en ai pas mangé ».

– Sutton, Anglais vivant dans le grand nord, cité par Rougeyron, lettre résumée par C. Rozier, p. 148.

« Seul avec son fusil, il allait parcourant l'île en tous sens, et il constatait partout leurs guerres sauvages et anthropophagiques et leurs festins de cannibales ».

– Rougeyron, RP, *lettre au supérieur général*, 3 septembre 1846, cité par C. Rozier, Hienghène & Pouébo, p. 172.

« Un capitaine anglais, faisant du bois de santal à Hyenguène, tribu éloignée de la nôtre de quinze lieues, compta jusqu'à 17 cadavres sur les embarcations du chef de cette tribu. Ces cadavres étaient destinés à un festin ».

« Le P. Montrouzier et moi allâmes à Pouépo pour visiter la paroisse. Arrivés au dernier village, nous trouvâmes tout le monde sur les armes. L'émotion était à son comble : nous apprîmes qu'un jeune homme venait d'être surpris et enlevé par le jeune chef de cette tribu ; plusieurs hommes robustes, lui ayant lié les pieds et les mains, le portaient ainsi dans la case de ce chef qui, d'un coup de hache, lui trancha la tête. On le dépeça, puis on le fit rôtir pour un festin. Ce pauvre jeune homme n'avait que 17 à 18 ans. C'était un de mes paroissiens les mieux instruits ».

– Rougeyron, RP, *lettre à ses frères*, 19 mai 1847. Citée dans C. Rozier, Pouébo, p. 195.

« Un sauvage accourt tout essoufflé chercher le chef, placé à mes côtés. Il venait l'avertir que le ragoût était prêt à être mangé. Le chef, me craignant sans doute, détourna la conversation pour que je n'y comprisse rien. Il réussit, en effet : ne comprenant pas encore cette nouvelle langue, je ne fis aucune attention à cela, mais un des petits-enfants, que j'élève et que j'amène toujours avec moi pour savoir ce qui se passe, vient m'en informer. Je me rends sur-le-champ au lieu du banquet et là, je trouve une foule de sauvages réunis, mais troublés ; je leur demande à voir ce fricot ; ils nient la chose. Ou le petit festin venait de se terminer ou bien ils avaient caché ce mets. Je change alors de ton et les humilie de mon mieux, puis je pars. Le lendemain, les uns m'avouèrent qu'ils avaient enterré cette chair humaine, d'autres qu'on l'avait renvoyée dans une autre tribu ».

– Erskine John Elphinstone : 1850, *Journal of a cruise in her majesty Havannah*, Hienghène, p. 354[12].

« *In one or two places I observed a human skull on the top of a pole planted in a provision ground, and was assured by Basset (Bouarate) that they were the heads of friends preserved as a memento. As the chief, however, looked somewhat confused on giving me this explanation, I was induced to make further inquiry, and found they were the heads of persons, generally women, who had been caught in the act of breaking the « tabu », which, for the purpose of encouraging other cultivation, is periodically placed on the cocoa-nuts* ».

12. Erskine John Elphinstone : 1850, *Journal of a cruise among the islands of the Western Pacific in her majesty Havannah*, Southern reprint, Papakura, 1987, 488 p., p. 354.

– Benoist Charles ou Rouche Jean : *Campagne et naufrage de la corvette l'Alcmène, 1850,* Belep, p. 66[13].

« Grâce à deux naturels que nous avions avec nous lorsque nous débarquâmes sur l'île du Massacre, nous trouvâmes encore les douze têtes et plusieurs ossements à moitié brûlés par le feu. Le commandant nous rassemble et, nous montrant les restes funèbres de nos malheureux compagnons de voyage ramassés sur le lieu même où ils furent mangés, … », p. 66.

Une telle diversité dans les témoignages, concernant aussi bien des pratiques anthropophagiques liées aux guerres tribales que des pratiques de vengeance liées aux conflits nés des premiers contacts, ne s'invente ni ne se fabrique et il est patent que les récits ci-dessus n'ont pas pour objectif de dévaloriser l'image de l'Autre, ce qui ne sera plus toujours le cas après la colonisation.

Par ailleurs, de nombreux textes se contentent d'affirmer que les Mélanésiens sont cannibales, sans doute en référence à la rumeur publique et sans la moindre référence à tel ou tel récit. Ces allégations ne sauraient constituer une preuve, même si le fait que seuls certains peuples océaniens[14] soient régulièrement taxés d'anthropophagie s'avère déjà en soi une piste qui n'est pas à négliger.

C'est ainsi que J. Laferrière dans son *Rapport au ministre de la Marine* de janvier 1844 note : « Pour ne pas s'arrêter à des réflexions trop peu rassurantes sur l'envie qu'il aurait pu prendre à ces bons anthropophages de me cuire au feu qu'ils utilisaient près de moi ».

13. Benoist Charles ou Rouche Jean : *Campagne et naufrage de la corvette l'Alcmène sur la côte ouest de la Nouvelle-Zélande*, 2 manuscrits identiques, cités dans le numéro spécial consacré à l'Alcmène par la SEHNC, n° 80, Nouméa, 1989, 151 p.

14. Nous n'étudierons pas ici les autres régions de l'Océanie où l'anthropophagie est prouvée ou tout simplement évoquée, mais il est évident que l'existence de pratiques similaires dans toute la région Pacifique, et plus particulièrement en Mélanésie, augmente d'autant la probabilité de la véracité des témoignages concernant la Nouvelle-Calédonie. Cf. par exemple le chapitre « Cannibalism » dans Clunie Fergus : *Yalo-i-Viti. A fiji Museum Catalogue*, Fiji Museum, Suva, 1986 (réédition de 2003), 191 p., p. 155 à 169. « *Archaeological evidence from Lakeba established that cannibalism was firmly entrenched in Viti from over 2500 years ago until the mid to late 1800s, butchered human bone forming a common relic in food waste middens throughout that time. By 1800 cannibalism was a normal, properly ritualized part of life* », p. 155.

De même, Berard écrit en 1850 : « Nous avions enfin devant nous cette terre d'anthropophages que nous étions appelés à explorer ! »[15].

Des rituels anthropophagiques méconnus

Jacqueline Sénès écrivait en 1976 : « Le cannibalisme était encore un de ces sujets tabous dont il ne fallait pas parler. Longtemps l'histoire calédonienne restera amputée des plus fortes expressions de son terroir. Par démagogie, certainement. Ou par peur. Les politiques des hommes sont de masque et de corde. Elles raflent au passage, la vigueur virginale des mots pour en faire la monnaie interchangeable de leurs intérêts. Hier, les Canaques étaient des « sauvages ». Aujourd'hui, au peigne fin des jeux électoraux on ratissait leurs tignasses »[16]. De fait, il aura fallu attendre 2004 pour que cette première contribution ethnohistorique à l'étude générale de l'anthropophagie en Nouvelle-Calédonie confirme l'historicité de cette pratique ritualisée et obéissant à des codes que nous ne connaissons quasiment pas.

En effet, d'une part, l'anthropophagie a disparu en tant que pratique normale et relativement fréquente durant les premières décennies de colonisation française : travail des missions depuis 1840 ; acclimatation progressive d'espèces animales domestiques ; interdiction des guerres, de la justice privée, des meurtres et de l'anthropophagie par la puissance coloniale ; progression du sud-ouest vers le nord-est du front pionnier. D'autre part, les seuls documents écrits vraiment utiles pour la reconstitution des traditions aujourd'hui disparues sont les lettres et journaux des missionnaires. Or, le fait qu'ils militent pour la disparition rapide et définitive de l'anthropophagie, qu'ils soient horrifiés par cette pratique et qu'ils préfèrent ne plus évoquer avec leurs fidèles ces antiques traditions après qu'elles eussent été abandonnées, expliquent que leurs récits sur ce sujet soient indigents.

15. Berard Louis : « Campagne de la corvette l'Alcmène en Océanie pendant les années 1850 et 1851 » dans *Nouvelles annales de la marine et des colonies*, Tome 12, Paris, 1854, 213 p.
16. Sénès Jacqueline : *Terre et hommes de Nouvelle-Calédonie*, Éditions du Cagou, Nouméa, 1976 et 1981, 166 p., p. 127.

La seule synthèse missionnaire sur le sujet a été rédigée par le P. Lambert un demi-siècle après son arrivée en Nouvelle-Calédonie en 1855. Il consacre au cannibalisme une page sur les 367 pages de ses *Mœurs et superstitions des Néo-Calédoniens*. Tout d'abord, le P. Lambert insiste sur le fait que l'anthropophagie, même si elle est une pratique inacceptable, ne doit pas pour autant servir de prétexte à certains pour refuser toute humanité aux autochtones. « Certains voyageurs ont constaté dans leurs relations des actes des cannibales chez les Néo-Zélandais et dans quelques tribus sauvages de l'Amérique. Sans les excuser, ils ont cherché à atténuer ces crimes chez les premiers, en disant qu'ils mangent le cœur de leurs ennemis, par superstition, dans le but de fortifier leur valeur guerrière ; chez les seconds, en prétendant qu'ils ne se livrent à ces horribles repas que dans le délire de la haine, de la vengeance et pour sacrifier à leurs divinités. Sans absoudre les Néo-Calédoniens, pourquoi les traiter plus sévèrement puisqu'ils rentrent dans les mêmes conditions ? »[17].

Puis, il considère que la grande majorité des cas de cannibalisme correspond à des pratiques de vengeance liées au contexte bien particulier des guerres anciennes. « En effet, nous avons vu les Nénémas (Belep) brûler, sur un bûcher sacré, le cœur d'un ennemi, le manger ensuite, en invoquant les esprits, et demandant le privilège de la force. Nous les surprenons, de plus, entraînés par la haine et la vengeance. Une femme calédonienne a-t-elle perdu son époux, son frère, un proche parent ? Elle est triste, elle porte les cicatrices et autres marques de deuil. Tout à coup, elle apprend que les guerriers de sa tribu ont triomphé, que des cadavres ennemis viennent d'être débarqués au rivage. Sa douleur se ravive, voyant par la pensée les restes des siens dépecés, mis au four et mangés, elle saisit dans son panier de réserve une igname ou un taro, et, courant comme une furie, elle va le tremper dans le sang de la victime… Les étrangers, les blancs, qui ont été tués et dévorés sur divers points de l'île, étaient toujours regardés comme ennemis ».

Enfin, il reconnaît qu'il a pu y avoir quelques cas d'anthropophagie par gourmandise alimentaire, conscient que cette pratique était

17. Lambert, SM : *Mœurs et superstitions des Néo-Calédoniens*, Nouvelle imprimerie nouméenne, Nouméa, 1900, 367 p., réédition fac-similé, SEHNC, 1976, p. 178-179.

la plus condamnable puisqu'elle déniait toute humanité aux victimes qui n'étaient plus qu'une simple nourriture, tout en ajoutant une perversité difficilement pardonnable au péché de gourmandise. « Certains chefs, il est vrai, comme à Hienghène, Bondé..., n'ont pas craint de massacrer quelques-uns de leurs sujets pour les faire servir à leurs repas ; mais leur conduite était réprouvée par les autres tribus. Peut-être encore ces hommes n'ont-ils été mangés qu'à titre d'adversaires et sacrifiés à une haine particulière et cachée ».

La réalité étant souvent multiple en Nouvelle-Calédonie, il est tout à fait probable qu'il n'y ait jamais eu une pratique commune à l'ensemble de l'archipel, mais plusieurs manières de concevoir l'anthropophagie. La plus importante et la plus valorisante reste donc l'un acte de vengeance extrême.

La seconde correspondait à un rituel d'alliance, puisque les chefs qui consommaient le morceau d'un ennemi commun, acceptaient d'une manière très concrète l'alliance qui leur était proposée. M. Leenhardt s'en fait l'écho dans ses *Notes d'ethnologie calédonienne* : « Mais il est nécessaire parfois, pour sceller une alliance, de donner des otages, dussent-ils être mangés... Les histoires sont nombreuses d'otages, donnés ou ravis et mangés. Plusieurs sont entrées dans la légende, et les précisions manquent pour pouvoir les citer ici, le vrai cannibalisme ayant cessé, malgré ses soubresauts, depuis quarante ans »[18]. Cet ouvrage ayant été publié en 1930, M. Leenhardt considérait donc que l'anthropophagie, en tant que pratique sociale, avait disparu vers 1890.

Enfin, certains chefs ayant d'abord mangé par devoir de la chair humaine, dans un pays confronté à la pénurie alimentaire, pratiquèrent ensuite l'anthropophagie par goût. Cette pratique était critiquée par tous puisqu'elle poussait implicitement les « sujets » de ces chefs vers le monde animal et qu'elle affaiblissait les tribus concernées. La plupart des récits des voyageurs, des colons ou des fonctionnaires coloniaux privilégient cette explication par méconnaissance de la société kanake et parce qu'elle participe à la justification morale de la colonisation

18. Leenhardt Maurice : *Notes d'ethnologie calédonienne*, Institut d'ethnologie, Paris, 1930 (fac-similé 1980), 265 p., p. 43.

en marche. C'est ainsi que l'ouvrage d'anthropologie pratique des chirurgiens de marine Vieillard et Deplanche, publié suite à leur premier séjour en Nouvelle-Calédonie de 1855 à 1860, s'avère très explicite quant à leur perception des autochtones : « Comme tous les sauvages de la Mélanésie, les Néo-Calédoniens sont vaniteux, fourbes, paresseux et menteurs ; ils sont vindicatifs et cruels, et on les voit sacrifier de gaieté de cœur un étranger, une femme ou un enfant »[19].

Ces deux auteurs consacrent cinq pages à l'anthropophagie et dès les premières lignes le ton est donné : « L'habitude de manger de la chair humaine existe ou a existé dans toute la Nouvelle-Calédonie. Presque toujours les guerres n'ont d'autre but que de se procurer de la viande fraîche, et pour moyen l'enlèvement par trahison de quelques individus d'une tribu ». Après avoir cité trois cas (Arama, Waïla, île des Pins), ils insistent sur l'aspect culinaire de l'anthropophagie. « Toutes les parties du corps ne jouissent pas d'une égale estime ; la tête et les organes sexuels appartiennent de droit aux chefs, comme étant les morceaux les plus nobles et les plus délicats. Quelques pièces succulentes sont enveloppées dans des feuilles de bananier et envoyées aux amis et connaissances des tribus voisines. Le reste est distribué entre les petits chefs et les hauts personnages ; le bas peuple a rarement l'honneur de goûter à ces mets ; les femmes, les enfants en sont exclus, à l'exception cependant des femmes de chef, dont quelques-unes se montrent d'une voracité extraordinaire. Les femmes sont très friandes de ce mets défendu ».

Et ils donnent une interprétation complètement inverse à celle du P. Lambert quant aux raisons cachées de l'anthropophagie. Le P. Lambert considère que derrière un cas d'anthropophagie alimentaire, il y a souvent une vengeance. À l'inverse, E. Vieillard et E. Deplanche estiment que les étrangers courent de grands dangers car, comme disent les indigènes, « nous les recevons bien d'abord, nous leur donnons beaucoup à manger, et nous examinons s'ils sont forts et puissants ; pour cela nous leur faisons une légère injure ; s'ils la supportent, c'est qu'ils sont faibles : alors on peut les attaquer et leur mort est résolue.

19. Vieillard Eugène et Deplanche Émile : *Essais sur la Nouvelle-Calédonie*, Challamel, Paris, 1863, Réédition commentée et annotée par Angleviel Frédéric, L'Harmattan, coll. Fac-similés océaniens, Paris, 2001, 175 p.

Cependant, pour donner à cette agression une apparence de justice, nous les amenons à enfreindre un *tabu* ou à nous faire involontairement une injure : nous les sacrifions le plus souvent en leur présentant à manger et lorsqu'ils s'y attendent le moins », (p. 46).

Pour Vieillard et Deplanche, l'anthropophagie naquit de la pénurie et se perpétua par goût. À ce propos, ils reprennent les propos d'Apinga, chef de Wagap, explicitant l'origine de cette pratique : « Il y a longtemps déjà, la récolte des ignames, des taros, des cocotiers manqua ; l'on se nourrit d'abord de racines et d'herbes, mais comme cela ne suffisait pas, l'on dut recourir à d'autres moyens ; l'on mangea d'abord les vieilles femmes, puis les vieillards et enfin les enfants ; la disette eut une fin, mais l'on avait pris goût au repas humain, et l'on continua » (p. 48).

Enfin, les deux médecins notent que « les naturels préfèrent la chair de leurs compatriotes à celle des blancs, laquelle, disent-ils, est trop salée. Aujourd'hui, sous l'influence de l'autorité française, cette abominable coutume semble tendre à disparaître, et, s'il est des dissidents, ce n'est qu'en secret qu'ils se livrent à leurs passions ».

Une exagération à des fins de propagande coloniale

Il est patent que les colonisateurs ont souvent utilisé cet aspect de la coutume mélanésienne pour dévaloriser la civilisation kanake et pour humilier leurs voisins devenus leurs compétiteurs fonciers puis leurs adversaires politiques. Ce phénomène fait partie de l'arsenal psychologique des rapports diplomatiques entre les groupes humains dans le monde entier. Par exemple, les Wallisiens accusent les Futuniens d'avoir mangé le père Chanel le 28 avril 1841, ce qui s'avère tout à fait faux[20]. Aujourd'hui, de nombreux Futuniens colportent ce « détail » erroné, qu'ils considèrent comme réel puisque véhiculé par une tradition orale plus ou moins investie par l'enseignement de l'Église. À ce sujet,

20. Angleviel F. : *Wallis et Futuna, 1801-1888. Contacts, évangélisations, inculturations*, thèse nouveau régime d'histoire, Université de Montpellier III, 1989, p. 301 ; p. 309. En effet, le corps fut déterré en janvier 1842 et le chirurgien de marine de la corvette l'*Allier* procéda à une autopsie confirmant l'existence des blessures ayant amené le décès du missionnaire et l'absence d'actes d'anthropophagie.

on peut estimer que certains tenants d'une Église attachée avant tout au Dieu vengeur de l'Ancien Testament ont participé depuis 1841 à la transmission de cette allégation particulièrement négative afin de culpabiliser les fidèles dans le but d'une mortification salutaire.

L'anthropophagie sans doute a été l'acte humain le plus investi idéologiquement par la propagande coloniale. Partout en Occident, le cannibalisme fut donné comme l'expression absolue de l'horreur et de l'ignominie. Le muséologue Roger Boulay estime à ce propos qu'il y a eu utilisation indue de l'anthropophagie : « Le cannibalisme, dont il n'est pas question ici de nier l'existence mais dont le sens et les conditions rituelles de son existence sont mieux connues grâce au travail de quelques chercheurs, fut, sans aucun doute, un des plus commodes prétextes à la colonisation et, partout dans le Pacifique, à la mise en œuvre d'un génocide perpétré avec la plus énorme des bonnes consciences ! »[21].

Ceci a même amené sur le tard l'anthropologue Jean Guiart à le nier complètement. Il semblerait que l'agacement justifié qui est le sien lorsque des auditeurs assistant à ses conférences sur la société traditionnelle posent cette question, souvent avec l'idée sous-jacente de minimiser la valeur culturelle comparée de la civilisation mélanésienne, l'ait amené à nier l'évident par bravade.

C'est ainsi qu'à la conférence que J. Guiart donna le 4 août 1999 à la bibliothèque Bernheim, conférence enregistrée par Alain Pechberty, il déclara : « Plus personne n'oserait dire que les Tahitiens étaient cannibales. Il n'y a absolument aucune preuve. Le capitaine Cook avait cru qu'il y en avait parce qu'il avait trouvé un cadavre sur une plate-forme, parce que c'est un des moyens pour putréfier le corps et récupérer le crâne… Il n'y a pas de preuve. De même, si la société mélanésienne était cannibale au point qu'on le décrit, on trouverait des corps quelque part, on a décrit des choses affreuses, des gens qui allaient de côte à côte ou d'un point d'une côte à un autre voler des gens, les tuer et les manger, ça, c'est du folklore. Mais par contre en Océanie si des gens ont l'idée que vous aimez les histoires de cannibales, ils vont vous en raconter… En Nouvelle-Calédonie on retire

21. Boulay Roger : *Kannibals et Vahinés. Imagerie des mers du Sud*, Éditions de l'aube, Paris, 2000, 130 p., p. 117.

à un mort au combat le cœur et le cœur pouvait être mangé dans certaines circonstances. Ça s'est fait en 1917[22] ou à notre très grande surprise au Cambodge. Ce n'est pas le repas de cannibales, ça c'est de l'imagination. Dans le langage insultant de la poésie épique on dit à des gens « tu seras ma viande », ça c'est une insulte. C'est une injure la plus grande. Mais la viande non, si on reprend notre langage à nous l'État français n'arriverait plus à survivre, on le menace de choses extraordinaires mais on ne les fait pas car on n'a pas les moyens de les faire... Moi je dis que ceux qui prétendent l'avoir vu, ne l'ont pas vu... En Nouvelle-Calédonie, à Tahiti, il y a eu des missionnaires de tués... Mais ils n'ont pas été mangés. Il n'y a pas eu de cas de missionnaire mangé... Il faut prendre chaque dossier l'un après l'autre. Cela ne marche pas... Il y a beaucoup de gens qui prétendent avoir vu, mais quand on fouille ils ne sont pas allés à l'endroit qu'ils ont dit avoir vu. La tradition océanienne est très précise sur beaucoup de choses. Des histoires de cannibales il y en a partout ».

Ce long développement de négation est d'autant plus intéressant à nos yeux qu'aucun autre scientifique n'a réfléchi par écrit jusqu'à ce jour sur le problème. Tout le monde le traite avec prudence, citant tel mythe cannibale (sans commentaire) ou telle lettre missionnaire (sans vérification). Un travail de fond est à réaliser, avec l'aide des archéologues et de la tradition orale. En effet, il faut dépasser le vouloir au profit du savoir. Trop longtemps, les anthropologues ont souhaité donner une vision angélique des « bons sauvages » alors que dans le monde entier des indices archéologiques convaincants s'accumulaient[23].

---

22. Guiart Jean : « Compte rendu « Hienghène, le désespoir calédonien » dans *Journal de la Société des Océanistes*, n° 88-89, Paris, 1989, p. 136 à 145, p. 141. Il y corrobore le cannibalisme (rituel ?) guerrier : « Contrairement à ce qui est raconté p. 104 et 105, la manducation du cœur de l'homme tué par Kaféat pour avoir déserté la cause des insurgés l'a été à Pukepaï, chez le chef Ty, dernier soutien du mouvement et dont c'était le frère ». Sylvette Boyer nous a informé dans une communication personnelle que cette interprétation n'était point confirmée par les archives coloniales.
23. Monestier Martin : *Cannibales. Histoire et bizarreries de l'anthropophagie. Hier et aujourd'hui*, Le cherche midi éditeur, Paris, 2000, 262 p. « À l'heure actuelle, on assiste partout à une résurgence du cannibalisme, sous toutes ses formes. Principalement rituel en Afrique et en Amérique du Sud, pathologique et criminel en Amérique du Nord, criminel et de subsistance en Europe de l'Est et en Asie », p. 9.

Pascal Gonthier critique l'approche de J. Guiart, pour qui : « Le cannibalisme doit donc être considéré comme une manifestation de racisme des colonialistes, un mythe culturel, voire une invention géniale des peuples autochtones pour faire fuir les explorateurs blancs »[24]. Jean Guiart s'est exprimé de manière récurrente sur ce sujet, écrivant par exemple en 1984 en réponse aux propos excessifs du journaliste du *Figaro* T. Desjardins : « L'anthropophagie des Canaques, c'est-à-dire l'utilisation alimentaire courante de la chair humaine, est une invention européenne. Le cannibalisme rituel, aboutissant à la manducation de parties du corps d'un ennemi tué au combat – le cœur et le foie – est une pratique manifestée en des occasions rares, qui s'étend à l'Insulinde et à l'Asie du Sud-Est et qui est bien documentée, au contraire de l'utilisation alimentaire du corps entier, laquelle fait l'objet de bien des affirmations auxquelles on apporte très peu de preuves au sens judiciaire ou scientifique de ce mot »[25]. Paradoxalement, dans le même compte rendu il corrobore l'existence de clans anciennement vaincus pouvant procurer des victimes expiatoires. « Le clan garde-manger, dit celui de la viande du chef, pour la chefferie Boula, n'est pas celui des *api* Angajoxue, auquel Ukeiwe appartient à un rang très inférieur, mais celui d'une branche des *api co*, installée à Joj » (1984, p. 289).

Dans la même démarche protectrice de l'image idéologique d'un séjour paisible parfait, J. Guiart considère que la hache ostensoir n'a jamais été utilisée pour découper des cadavres, « ce qui est une invention de blanc (Priday 1944) » (*Bwesou Eurijisi*, 1998, p. 124). Or, tous les historiens savent que cette pratique, réelle ou symbolique, est déjà citée dans les relations du voyage de D'Entrecasteaux en 1793 ! Comme il le fait souvent, J. Guiart refuse un fait ou une hypothèse, puis il ajoute que dans un cas cela est avéré. « Il n'y a jamais eu de cannibalisme démontrable en Nouvelle-Calédonie, pas plus d'ailleurs qu'au Vanuatu, malgré tout ce qui a pu être écrit (on n'a que des accusations et jamais

24. Gonthier Pascal : « Hommage à George Orwell ou réécrire l'Histoire » dans *Encre marine. La revue littérature de Nouvelle-Calédonie*, n° 3, Nouméa, 2000, 20 p., p. 10.

25. Guiart Jean : « Compte rendu. Nouvelle-Calédonie. Ils veulent rester Français » (T. Desjardins) dans *Journal de la Société des Océanistes*, Vol. 79, Paris, 1984, p. 287 à 294, p. 287.

la moindre preuve matérielle). Les seuls témoignages historiques vérifiables ont trait à la manducation partielle du cœur d'un ennemi en période de guerre… dont on a un exemple à Pukepay (ou Pwepaek), dans la très haute rivière de Fwaténaoué, fin 1917, de la part du chef Kafeat Cidopwaan ma Juat, mangeant le cœur d'un marin tahitien et celui d'un jeune canaque qui avait voulu déserter l'insurrection (au cours de la guerre du Cambodge, on a vu les soldats khmers manger le foie des ennemis tués) » (*Ibid*, p. 125).

Paradoxalement, cela l'amène à se déjuger et à considérer brutalement que les nombreux faits pré-européens ou contemporains des débuts de la colonisation que lui ont contés ses interlocuteurs mélanésiens depuis cinquante ans sont tous faux. C'est ainsi qu'il cite dans son ouvrage monument, *Les chefferies de la Mélanésie du Sud*, le témoignage qu'il recueillit auprès du pasteur Eleisha Nabay : « Goodu… il dérange tout le monde, et il n'est pas de famille qui ne subisse son anthropophagie… Ils tuent Goodu, découpent et débitent sa chair, puis le partagent entre tous les clans Dwi et ses alliés ». Et s'il dissèque le moindre aspect du récit oral, il passe pudiquement sous silence l'épisode relatant l'anthropophagie guerrière de ce chef redouté. Or, Alban Bensa considère que cet usage fut réel, même s'il était bien entendu beaucoup moins fréquent que les nombreuses histoires qui seront colportées pendant deux cents ans par la rumeur publique. « Goodu avait aussi abandonné l'anthropophagie rituelle, dont j'ai montré ailleurs le rôle qu'elle jouait dans les relations contractuelles entre le chef et les notables qui le soutenaient (Bensa & Goromido 1997) » (*En pays Kanak*, 2000, p. 38). Enfin, le maître à penser de J. Guiart, Maurice Leenhardt, confia à sa fille Roselène qu'il fut lui-même confronté au problème en 1917.

« Selon la coutume ancestrale ces guerriers l'invitent à participer à leur repas et lui servent la nourriture qui unit et fortifie. Rice (surnom de son père) mangeait un morceau de la chair du cœur d'un gendarme lorsque ses connaissances anatomiques le firent s'interroger sur le goût nouveau de cette viande. On lui dit :

– C'est le cœur d'un poulet.

(Combien de fois, enfant, lors de nos promenades au Jardin des Plantes, ne m'a-t-il pas raconté cette histoire. Il éclatait alors d'un grand rire. Puis se reprenant, il s'exclamait :

– Voyons, c'est affreux !

Moi j'étais partie dans un rire fou, une joie, une excitation. Certes, ils s'étaient bien joués des Blancs !)

Il interrompit son repas. Or, seul le partage et l'absorption de la chair ennemie scellent l'alliance. Ainsi les Kanaks avaient-ils secrètement espéré faire de lui un allié, mais il avait déjoué leur ruse légère : les Blancs ne sont pas anthropophages, c'est bien connu. Dès lors, les gens du Nord dirent *: Leenhardt, c'est bon, seulement un peu*, note mélancoliquement mon père dans son carnet de route. Que faire ? »[26].

Enfin, (dernière) pièce au dossier, le commentaire de J. Guiart paru en 1997 dans une biographie du pasteur M. Leenhardt : « Madame Dousset-Leenhardt raconte à propos de son père et de 1917 des histoires sorties de son imagination. Maurice Leenhardt n'a jamais mangé de chair de gendarme dans un village de la chaîne : aucun gendarme n'a été tué pendant les événements et Leenhardt, en butte à des accusations passablement dangereuses, se gardait bien de circuler dans la région sous l'emprise de la rébellion » (1997, p. 92). L'historienne Sylvette Boyer a pu nous donner le nom du gendarme en question : il se dénommait Sacau et était en poste à Bourail. Il fut bien assassiné en 1917 mais indépendamment de la guerre kanake.

J. Guiart reprend ici une idée développée pour la première fois par l'ethnologue américain Williams Arens qui écrivit en 1979 un ouvrage destiné à prouver que le cannibalisme n'avait jamais existé et qu'il s'agissait d'un mythe, une pure création de l'esprit humain[27]. Cette idée a été reprise récemment par quelques chercheurs américains (1998) puis australiens (2001) et plus particulièrement par Gananath

26. Dousset-Leenhardt Roselène : *À fleur de terre. Maurice Leenhardt en Nouvelle-Calédonie*, L'Harmattan, Paris, 1984, 199 p., p. 33.

27. Arens William : *The Man-Eating Myth. Anthropology and Anthropophagy*, Oxford university press, Oxford, 1979.

Obeyesekere qui considère que tous les récits recueillis sur l'anthropophagie pré-européenne en Océanie sont des « *seamen yarns* », des « *cannibal talk* » et des « *european mythmaking* »[28]. Une telle démarche remet en cause toute l'approche ethnohistorique puisqu'elle affirme que tous les récits européens sont mensongers ou qu'ils reflètent une vision imaginaire plaquée sur des réalités méconnues. L'anthropologue G. Guille-Escuret a répondu en l'an 2000 à cette négation générale des sources ethnohistoriques[29] et M. Sahlins a répondu en 2003[30] pour le cas océanien à cette stratégie de déconstruction qui se contente de refuser tout crédit aux sources issues de la colonisation. Et de fait, comme G. Obeyesekere privilégie pour les îles Fidji ou Hawaii la tradition orale qu'il considère comme « véridique », le fait anthropophagique serait paradoxalement d'autant plus confirmé.

Parallèlement, certaines personnes utilisent l'accusation d'anthropophagie comme un moyen facile pour rejeter l'Autre dans une

28. Obeyesekere Gananath : « Cannibals feasts in nineteenth-century Fiji: Seamen yarns and the ethnographical imagination » dans Barker Françis & Iversen Margareth (ed.) : *Cannibalism and the colonial World*, Cambridge university press, 1998, p. 63 à 86. Obeyesekere Ganarath : « Narrative of the self: Chevalier Peter Dillon's Fidjian cannibal adventures » Dans *Body trade. Captivity, Cannibalism and colonialism in the Pacific*, Routledge, Sydney, 2001, 294 p., p. 69 à 111. Creed Barbara & Hoorn Jeanette (éditors) : « Interest in the construction of the Pacific as a site of unspeakable horrors led to the emergence of cannibalism as a trop in travel writing and fiction. The pseudo-scientific and literacy representation of so-called abject primitive practices, however reveals more about the culture that produced written texts about the « other » than it does about the cultures themselves », in *Introduction*, p. XV-XVI. Par ailleurs, G. Obeyesekere a donné une conférence intitulée « Cannibal talk: Dialogical misunderstandings in the South Seas » dans le cadre des « Huxley Memorial Lecture », le 15 juillet 2003.
29. Guille-Escuret Georges : « Épistémologie du témoignage. Le cannibalisme ni vu ni connu » dans *L'Homme*, n° 153, Paris, 2000, p. 183 à 206. « La disqualification d'une masse de témoignages saisis un à un a servi un rejet irrationnel au nom d'un point de vue étroitement juridique, impliquant un formalisme fébrile dont nul n'ignore les proportions qu'il a prises aujourd'hui aux États-Unis. Cependant, la sociologie n'est pas un tribunal qui rend des verdicts manichéens en écoutant des témoins au-dessus de tout soupçon. Elle est censée traiter les informations malgré et avec leurs imperfections », p. 187.
30. Sahlins Marshall : « Artificially maintained controversies: global warming and Fijian cannibalism » in *Anthropology today*, n° 19-3, 2003, p. 1 à 5.

sauvagerie archaïque. C'est ainsi que Bernard Brou écrit dans son dernier ouvrage qu'au début du cycle de violences des Événements fin 1984 « L'article-vedette des Nouvelles est l'affaire Yokoyama de Koné. Le médecin a conclu à une mort naturelle mais ceux qui sont allés sur place ont découvert du sang, le vol des fusils, des traces de découpage de chair. On n'a retrouvé qu'une jambe et une partie de tronc, avec la tête et un bras ! Le reste passe pour avoir été « dévoré par les animaux sauvages ». On n'a pas cherché à confronter les deux thèses. Les hypothèses n'ont pas fini d'être échafaudées ! »[31]. Il est évident à qui connaît la Nouvelle-Calédonie, que derrière cette description l'auteur sous-entend, en particulier par l'usage des points d'exclamation et des guillemets, qu'un acte de cannibalisme guerrier aurait pu avoir lieu.

D'une part, ce propos est typique de l'utilisation de l'hypothétique anthropophagie de l'Autre comme moyen de le renvoyer à un état de barbarie originelle. Dans le cas présent, en l'absence de toute étude des archives de la gendarmerie et des services de santé, l'on peut émettre quatre hypothèses :

1 - l'auteur a repris telle quelle l'une des nombreuses rumeurs infondées de cette époque fort troublée ;

2 - la pratique de l'assassinat à l'arme blanche (hache au XIXe siècle, coupe-coupe aujourd'hui) par les Océaniens étant considérée non seulement comme un meurtre mais aussi comme un acte de sauvagerie (décès plus lent, douleur aggravée, sang versé), elle permet à un auteur crédule ou mal intentionné d'imaginer tous les excès ;

3 - il y a eu effectivement enlèvement de parties du corps à des fins rituelles, pour assouvir un besoin de vengeance exacerbé ou pour répondre à un cas de folie meurtrière ;

4 - non seulement il y aurait eu découpage partiel mais aussi un cas d'anthropophagie rituel à des fins guerrières.

31. Brou Bernard : *Nos lendemains chanteront-ils ? La Nouvelle-Calédonie de 1957 à 1999*, À compte d'auteur, Nouméa, 336 p., p. 199. Cf. aussi p. 205. « À Gadji (Païta) un vieillard de 81 ans, Lucien Georges est massacré de 21 coups de sabre », p. 228.

En l'état, nous considérons que les hypothèses une et deux représentent la réalité des faits. Par contre, on sent bien l'attirance de l'auteur pour une hypothèse plus radicale, ce qui l'amène à un récit à la fois prudent et fort critique. Il sous-entend en effet que certains Mélanésiens seraient encore à un stade archaïque de leur évolution ou qu'ils auraient pu y retourner lors du déchaînement de violences lié aux Événements.

D'autre part, ce récit reflète une part non négligeable de la représentation de soi ou de l'Autre que se fait l'opinion publique, qui se répand, se partage et se transmet par l'oralité. Or, s'il est très difficile de connaître cette opinion publique, à la fois multiple et changeante, un texte comme celui-ci ne peut se décrypter que si l'on a conscience qu'il s'appuie sur un imaginaire collectif plus ou moins assimilé et plus ou moins accepté qui traverse la société calédonienne et se décline de différentes manières selon les communautés, les groupes sociaux et les lieux. Et de fait, cette opinion publique véhicule souvent un discours négatif sur le monde kanak : le temps du paganisme, le temps de l'évolution, la peur des citadins envers les ruraux, la peur de la nature.

Enfin, il faut noter la répétition et la perpétuation d'erreurs ou d'exagérations propres au XIXe siècle qui polluent encore certains ouvrages actuels. C'est ainsi que M. Monestier, auteur d'un ouvrage sur la pratique cannibale sur le plan mondial, publie une gravure bien connue réalisée à partir d'une photographie que tout spécialiste de la Nouvelle-Calédonie sait être une vue bucolique de Mélanésiens fumant leur pipe en 1867 avec la légende suivante : « Anthropophages néo-calédoniens. 1905 »[32]. Comment peut-on ensuite accorder crédit à de tels ouvrages généraux cherchant l'extraordinaire et le monstrueux plus que la vérité historique ! De plus, le même ouvrage indique deux pages plus loin qu'en 1847 « trois missionnaires furent tués et mangés par

32. Monestier Martin *: Cannibales. Histoire et bizarreries de l'anthropophagie hier et aujourd'hui*, Le cherche midi éditeur, Paris, 2000, 264 p., p. 42. Publiée initialement dans *Le Tour du monde* en 1868, cette gravure était agrémentée de la légende suivante : « Jeunes Néo-Calédoniens – Dessin d'Émile Bayard d'après une photographie de M. E. de Greslan ». Garnier Jules : « Voyage à la Nouvelle-Calédonie » dans *Le Tour du monde*, Tome XVIII, Paris, 1868, 64 p., p. 8.

les natifs ». En fait, un seul fut tué, et aucun ne fut mangé. Et cinq lignes plus bas, M. Monestier note que le même rapport de 1850 (dont l'auteur n'est point cité) nous apprend que « deux ans plus tard, un autre missionnaire est dévoré ». Ici, il ne peut y avoir méprise, puisqu'aucun nouveau missionnaire n'a été tué en 1849 en Nouvelle-Calédonie, ni les autres années du reste. Ce genre d'erreurs, fondées sur la reprise telle quelle des fantasmes de coloniaux déboussolés ou de voyageurs en quête de sensationnel, non seulement n'apportent rien au dossier, mais elles déconsidèrent les études portant sur la véracité d'un certain cannibalisme perpétré dans des cas bien particuliers.

Et M. Monestier va plus loin, considérant, sans donner la moindre source, que le cannibalisme a encore cours dans l'île la plus proche du paradis. « Au début des années 1950, en Nouvelle-Calédonie, les jeunes générations kanakes paraissent à peu près désaccoutumées de l'anthropophagie ancestrale. Mais les vieux ne résistent pas de temps à autre au désir de savourer un peu de chair humaine. Deux affaires arrivées devant la justice concernent des fillettes tuées, dépecées et mangées suivant les rites traditionnels » (p. 53). D'une part, aucune rumeur de ce type n'a été portée devant la justice française ni même devant l'opinion publique, ce qui démontre que de telles allégations sont totalement imaginaires. D'autre part, le simple fait que l'auteur nous livre ainsi des données invérifiables, et évidemment invérifiées, remet en cause la grande majorité des témoignages constituant son ouvrage. Et de fait, nous considérons que l'auteur, qui s'est contenté de collecter les témoignages des acteurs de la colonisation du XIXe siècle et des amateurs d'exotisme sanglant du XXe siècle, s'est enfermé peu à peu dans la fausse logique de ces récits mariant l'horreur avec l'Autre, qu'il soit un « sauvage » océanien ou africain hier, un soviétique « affamé » au début du XXe siècle ou un « désaxé » asiatique ou américain aujourd'hui.

Il n'est pas temps de conclure sur un tel sujet, qui nécessite de nombreuses autres recherches et études, mais nous pouvons pour le moins affirmer trois points. Premièrement, l'anthropophagie a bien été une pratique néo-calédonienne durant les périodes pré-européenne et protohistorique. Deuxièmement, il s'agissait avant tout d'un cannibalisme guerrier ritualisé, avec des dérives peu nombreuses, craintes et critiquées par les Mélanésiens eux-mêmes, liées à la pénurie de protéines animales. Troisièmement, les Européens développent lors de la colonisation progressive de l'île un discours très exagéré et dévalorisant sur le cannibalisme, alors même qu'il a disparu en tant que pratique sociale acceptable depuis les années 1860.

Ce paradoxe est lié à l'évolution des rapports entre les communautés en présence, les colonisateurs ayant besoin d'évoquer la « sauvagerie » des Mélanésiens au moment où ces derniers se trouvaient unilatéralement dépossédés de leur liberté pour le statut de colonisé. L'anthropophagie fut donc bien une violence matérielle des temps anciens, puis l'évocation d'un cannibalisme imaginaire devint un exemple de violence verbale dans un pays où le « politiquement correct » n'est point encore la norme. Parallèlement, l'absence jusqu'à ce jour de travaux universitaires transversaux sur une thématique aussi importante pour comprendre l'Autre et essayer de dépasser le discours portant sur le binôme imaginaire du sauvage et du civilisé, chaque communauté ayant en elle des comportements sauvages et des comportements empreints d'humanité, s'avère significatif d'une persistance de la violence dans un « pays jeune » composé d'un patchwork de communautés. Mais n'est-il pas nécessaire aujourd'hui de mettre à plat, comme cela est le cas dans le préambule de l'Accord de Nouméa pour la colonisation[33], les ombres et les lumières de la civilisation kanake pré-européenne ?

33. « 3. Le moment est venu de reconnaître les ombres de la période coloniale, même si elle ne fut pas dépourvue de lumières », 5 mai 1998.

Basset Bouarate, (1815-1873)*

* « Bouarate Basset, (1815-1873) » dans *Une histoire en cent histoires. L'histoire calédonienne à travers 100 destins hors du commun*, catalogue d'exposition, Bambou édition & GRHOC, Nouméa, 2004, 110 p., 11.

La grande chefferie Bouarate occupe la basse vallée de la Hienghène et regroupe des clans de l'aire culturelle Waap. Traditionnellement, ces clans étaient en conflit avec l'autre réseau d'alliance du grand Nord dénommé Oot. La chefferie était installée à Kamédane, Bouarate créant plus tard une seconde résidence à Kalégone, près de l'estuaire de la Hienghène. Bouarate semble être né vers 1815. En 1843, il fut le premier chef calédonien a obtenir des armes à feu lors d'une opération de troc. Grâce à cette supériorité militaire symbolique, Bouarate attaqua par surprise la tribu de la Tipindje et tua son chef.

Déçu que les missionnaires maristes s'installent à Balade, il ne facilita point leur implantation. Ceci explique que les premiers missionnaires le dépeignent souvent comme un adepte de l'anthropophagie et un polygame. En fait, B. Douglas démontra que Bouarate, s'il fut cannibale durant sa jeunesse, promis aux pères maristes d'abandonner cette pratique dès 1845 et l'interdit aux siens en 1848 après son deuxième voyage à Sydney.

Le capitaine Robert Towns, développant le commerce de la biche de mer, se rapprocha du grand chef Bouarate. À cet effet, il lui permit de se rendre à Sydney en 1845 et 1848. Bouarate en garda une vive sympathie pour les Anglais et une grande compréhension de l'avance technologique des Occidentaux. Il accueillit par ailleurs des « *beachcombers* » anglais qui lui servirent d'interprètes.

En mai 1854, Louis Tardy de Montravel obtint des grands chefs de la côte est, dont Bouarate, qu'ils confirment d'une croix leur acceptation de la prise de possession. Bouarate ne fut réellement confronté à la nouvelle suzeraineté qu'en 1856, lorsqu'il attaqua les Mouélébé et leurs alliés chrétiens de Touho. Le lieutenant Laurent, qui négocia une trêve, fut rapidement convaincu qu'il ne s'agissait point d'un conflit religieux mais de la simple perpétuation de guerres ancestrales. Afin d'obtenir la fin de ces conflits, le gouverneur Du Bouzet arriva sur la *Bayonnaise* devant Hienghène en 1857 et il exila pour cinq ans Bouarate à Tahiti.

Bouarate fut d'abord interné à Taravao, puis il s'occupa du jardin du gouvernement. Il y apprit le français et réalisa des paniers qu'il vendait afin d'améliorer son ordinaire.

Lors de son retour en 1863, Bouarate s'appuya sur le fait que le gouverneur saint-simonien Guillain était en conflit avec la mission catholique pour obliger les catéchistes à quitter sa tribu. Il participa à diverses opérations punitives contre les tribus Oot et il reçut une médaille d'or pour services rendus.

Le départ du gouverneur Guillain en 1870 entraîna la fin du conflit entre l'administration et la mission, et donc la fin des guerres locales. Bouarate, qui fut le chef le plus connu du XIXe siècle, s'éteint en 1873 sans avoir abandonné la religion traditionnelle.

Basset Bouarate

De « kanaka » à « kanak » : l'appropriation d'un terme générique au profit de la revendication identitaire et politique mélanésienne*

* De « kanaka » à « kanak » : l'appropriation d'un terme générique au profit de la revendication identitaire et politique mélanésienne » dans *Hermès, Cognition. Communication. Politique*, n° 32-33, Éditions du CNRS, Paris, 2002, 634 p., p. 191 à 196.

Le multiculturalisme né de l'irruption de la modernité occidentale est souvent en butte aux comportements monoculturels ou aux revendications identitaires. En effet, l'apparition des communautés allochtones a partout entraîné en Océanie des conflits séculaires, qui ont aussi trouvé leur place dans le champ sémantique. Les différentes appellations des premiers habitants de la Nouvelle-Calédonie se font ainsi l'écho des différentes hiérarchies, aussi bien au temps des premiers contacts que durant l'époque coloniale ou qu'au moment des « Événements politiques ». L'appropriation du terme *kanaka* participe d'une dignité retrouvée et d'une identité première reconstituée par rapport à l'apparition d'une société multiculturelle[1].

Aujourd'hui, le préambule de l'Accord de Nouméa prévoit dans son article 1.5. que « des signes identitaires du pays, nom, drapeau, hymne, devise, graphismes des billets de banque, devront être recherchés en commun, pour exprimer l'identité kanak et le futur partage entre tous ». Il s'avérait donc important de se poser la question de l'étymologie du terme « kanak » et de situer ce symbole identitaire par rapport à la mosaïque multiculturelle calédonienne.

Kanaka puis Kanak

Kanaka, terme polynésien originaire d'Hawaii[2] signifiant « homme », a été véhiculé dans tout le Pacifique par les marins anglosaxons qui l'intégrèrent aux différents bichelamars et pidgins

1. Angleviel F. : « De la gestion d'une mosaïque d'identités juxtaposées à la construction d'une identité commune en Calédonie ? » dans *Identité, nationalité, citoyenneté Outre-Mer*, Centre des Hautes Études sur l'Afrique et l'Asie Moderne & Documentation Française, Paris, 1999, 224 p., p. 32 à 50.
2. Le mot lui-même a été reconstruit par le comparatiste Demwolf dans le cadre du lexique des anciens Malayo-polynésiens. Il s'agissait d'un mot composé signifiant « personne vivante ». Jean-Claude Rivierre considère qu'il se prononce « tamwata » quand il est bien conservé, la prononciation « kanaka » étant propre aux Hawaiiens qui ont changé le /t/ en /k/. Hollyman John : *Observatoire du français dans le Pacifique, tome 1*, Didier-Erudition, Auckland-Paris, 1983, p. 36. Collectif : *Mille et un mots calédoniens*, Fédération des Œuvres Laïques, Nouméa, 1982, 190 p., p. 37. Pauleau Christine : *Le français de Nouvelle-Calédonie. Contribution à un inventaire des particularités lexicales*, Edicef/Aupelf, Paris, 1995, 144 p., p. 53-54.

qui virent le jour au XIXe siècle. Généralement, il était un synonyme commode, familier et parfois péjoratif du mot anglais « *native* » ou du terme français « naturel ». En Nouvelle-Calédonie, il semblerait que les « découvreurs » du XVIIe siècle n'aient pas utilisé le terme de *kanaka*, non encore popularisé. En effet, aux XVI-XVIIe siècles les Espagnols puis les Hollandais avaient surtout croisé en Mélanésie. La (re)découverte de la Polynésie était surtout intervenue durant la seconde moitié du XVIIIe siècle et les quelques mots polynésiens (*kanaka, tabou, mana, tapa*) intégrés au vocabulaire international, en particulier grâce aux descriptions de la Nouvelle Cythère chère à Bougainville, mirent près d'une cinquantaine d'années avant de sortir des salons littéraires. Aussi, James Cook en 1774, D'Entrecasteaux en 1793, utilisèrent-ils les termes d'« habitants de la Nouvelle-Calédonie », d'« Indiens », de « Calédoniens » (La Billardière), de « *natives* », « naturels », « *savages* », « sauvages » ou « cannibales ».

Les premiers véritables contacts interviennent dans les années 1830, lorsque des navires baleiniers commencent à toucher l'archipel néo-calédonien, et ils croissent exponentiellement lorsqu'un marin du *Camden* découvre l'existence du bois de santal à l'île des Pins[3]. Des dizaines de navires, des centaines d'aventuriers trafiquent alors dans les eaux calédoniennes et se pose pour leurs équipages le problème de dénommer les « *natives* », ces « *islanders* » farouches et fiers. Durant quelques années, en l'absence de normes et de gouvernements locaux, les nouveaux arrivants ne surent point comment dénommer les autochtones. C'est ainsi que le capitaine Cheyne, venu pour le santal en 1841 et 1842, parle indifféremment des « indigènes » ou des « sauvages ».

On ne saura sans doute jamais quel fut, ou plutôt quels ont été les dizaines d'« inventeurs » de la transformation du terme générique *kanaka,* utilisé pour désigner tous les Océaniens, en *kanaka-kanak* pour

3. Shineberg Dorothy : *Ils étaient venus chercher du santal,* SEHNC n° 3, Nouméa, 1973, 452 p ; Ralston Caroline : *Grass Huts and Warehouses. Pacific Beach Communities of the Nineteenth Century*, Australian National University, Canberra, 1977, 268 p.

désigner les habitants de la Mélanésie[4]. De même, il est impossible de savoir quel est le premier visiteur, aventurier européen ou matelot océanien, qui donna au mot *kanaka,* prononcé dans le contexte local, le sens de population autochtone de la Nouvelle-Calédonie. Une étude approfondie des archives de la période charnière 1840-1872 permettra un jour de préciser l'année où le génie du pidgin créa un terme plus simple que Néo-calédonien, moins technocratique qu'autochtone et plus océanien qu'indigène.

L'usage premier du terme *kanaka* dans l'édition semble remonter aux années 1840. On le retrouve ponctuellement dans quelques ouvrages en langue anglaise, comme celui de R.D. Hemingway ou encore celui d'Henry de Halsalle en 1915. Il apparut pour la dernière fois dans le roman de Judy Fallon en 1952. Très vite le terme de *kanaka*, appliqué à la Nouvelle-Calédonie, se transforma en *kanack* puis en *kanak.* Ulysse de la Hautière, visitant la région de Canala en 1869, écrit : « C'est surtout la culture du taro que les Kanacks déploient ». Or, la même année, Émile Fouchet parle des « Kanaks » et en 1871, Jules Garnier reprend la même graphie dans son *Voyage à la Nouvelle-Calédonie. Côte orientale.* Quant à Arthur Mangin, il écrit en 1885 : « Kanaks ; k-a-n-a-k-s. Quelques-uns écrivent, à la française, canaques. Est-ce qu'il y a une orthographe calédonienne. Ma foi, je ne crois pas ; mais kanak semble plus... comment dirais-je ?... Plus couleur locale, probablement parce qu'il y a moins de lettres »[5].

Et de fait, dès le 17 juin 1866, M. Le Boucher s'était insurgé dans le *Moniteur impérial* contre l'usage du K dans le mot « *Kanak* » et dans les mots indigènes (le village de *Kanala*, le chef *Kaké* de Gélima), cette graphie lui paraissant trop anglosaxonne. Aussi, dans les années

4. Huetz de Lemps Christian : « Du mythe du continent austral au mythe du bon sauvage : l'entrée du Pacifique dans l'oekoumène des Européens au XVIIIe siècle » dans *Les Européens et les espaces océaniques au XVIIIe siècle*, Presses de l'Université de Paris IV, Bulletin n° 22, Paris, 1998, 126 p., p. 55 à 82 ; Rod Edmond : *Representing the South Pacific*, Cambridge University press, Cambridge, 1997 ; Smith Bernard : *Imagining the Pacific in the Wake of the Cook voyages*, Melbourne University press, Melbourne, 1994, 262 p.

5. Mangin Arthur : *Voyage à la Nouvelle-Calédonie*, Librairie Delagrave, Paris, 1885, 185 p., p. 56.

1870, l'habitude de franciser le mot *kanak* en *canaque* progresse, avant de se généraliser la décennie suivante. On le trouve sous toutes les plumes : celles des fonctionnaires comme C. Godey et J. Mauger (1877-1878) ; celles des militaires comme Arthur de Trentignian (1878) ou le capitaine Kanappe (1879-1881) ; celles des missionnaires catholiques tel Mgr Fraysse ; des romanciers (M. Le Goupils, 1904) ; mais aussi celles des déportés comme J. Allemane (1872-1879) et François Cron (1876) ; ou des journalistes australiens (J. Thomas, 1886). *Le Moniteur de la Nouvelle-Calédonie* adopte définitivement la nouvelle écriture en 1880. Seuls les pasteurs anglosaxons conservèrent jusqu'à la fin du XIXe siècle la graphie *kanak*, à cause de leur origine linguistique et sans doute pour exprimer leur différence[6].

Il est à noter que certains préféraient d'autres termes, le mot *kanak-canaque* s'avérant souvent condescendant, voire péjoratif. Le père Lambert, qui fut le plus prolixe écrivain-ethnologue-missionnaire du XIXe siècle et qui résida en Calédonie de 1855 à 1903, utilisait ainsi le vocable de « Néo-Calédonien ». Les auteurs d'origine étrangère écrivant sur le Caillou en font généralement de même, comme J. Erskine (1850) ou Marguerite Dellenbach (*Quelques scènes de la vie sociale, religieuse et matérielle des Néo-Calédoniens gravés sur bambou*, 1939). Des variantes existent en telle l'utilisation du mot « Calédonien » pour dénommer les premiers occupants dès 1844 par le P. Rougeyron, terme que l'on retrouve encore en 1944 sous la plume de l'anglais L. Priday. D'autres étrangers préfèrent transcrire quelques mots en langue française dans leurs propos afin de faire couleur locale. En 1906, Clement Wragge écrit ainsi : « *We have seen that the Caledonian* canaques *cordially hate the condamnés, and when not superintending the work of their* popinées

6. O'Reilly Patrick : *Bibliographie de la Nouvelle-Calédonie*, Publication de la Société des Océanistes n° 4, Paris, 1955, 361 p ; Pisier Georges : *Bibliographie de la Nouvelle Calédonie 1955-1982*, Publication n° 34, Société d'Études Historiques de la Nouvelle Calédonie (SEHNC), Nouméa, 1983, 350 p ; Angleviel F. : « Bouquet de paroles kanaks. Première bibliographie des écrits kanaks » dans *Chroniques du pays kanak, tome 3*, Planète Mémo, Nouméa, 1999, 356 p., p. 342 à 347 ; « État des connaissances sur le monde kanak. Bibliographie générale et historique » dans *Chroniques du pays kanak, tome 4*, Planète Mémo, Nouméa, 1999, p. 360 à 372.

are ever ready to enter the Police Indigène, *and hound down any such that escape to the hills* ». Encore en 1952, J. Fallon mettait en italiques le mot « *popinée* ». Le pasteur Leenhardt, qui demeura dans l'île de 1902 à 1920, préférait quant à lui utiliser le terme d'indigène (*La réquisition des indigènes en Nouvelle-Calédonie*, 1919). En effet, il s'agissait du vocabulaire le plus « neutre » de l'époque, puisqu'il était celui de tous les actes administratifs depuis la déclaration du Gouverneur Du Bouzet de 1855 qui réservait à l'État la propriété première des terres « des chefs et des indigènes de la Nouvelle-Calédonie ».

Canaques puis Mélanésiens

Dans l'entre-deux-guerres, le terme « *canaque* » s'impose dans le vocabulaire administratif, signe de sa reconnaissance et de son appropriation à une époque où le terme *kanaka* dévolu à l'ensemble des Mélanésiens disparaît, du fait qu'il est devenu résolument péjoratif dans le monde anglosaxon suite au « *kanaka trade* » vers le Queensland[7] et du fait que l'administration a tendance à préférer le terme « canaque » (plus ethnique et plus déterminant vis-à-vis du patchwork de communautés) à celui de « Néo-calédonien » (plus géographique et plus gênant vis-à-vis de la légitimité de la colonisation de peuplement). Dorothy Shineberg nous a confirmé que l'État civil rassemblait sous le terme générique de « Canaques » aussi bien les premiers habitants de la Nouvelle-Calédonie que les quelques Néo-Hébridais ou Salomonais qui résidaient encore en Nouvelle-Calédonie. Par souci de précision administrative, les Néo-Hébridais et les Salomonais voyaient leurs noms suivis de leur origine géographique alors que la masse des Canaques d'origine calédonienne voyaient leurs patronymes complétés par la mention « indigène ».

Le gouverneur Guyon présente donc à l'Académie des sciences coloniales en 1930 « le Canaque », puis il présente le colon : « le

7. On l'appelait encore le « *kanaka traffic* » et il comporta toujours une part notable de Micronésiens. Wawn W.T. : *The south Seas Islanders and the Queensland Labour Trade*, Australian National University press, Pacific History Series, n° 5, Canberra, 1973. Exposition *Embarquement pour le Queensland. Des Loyaltiens en terre australienne*, Bibliothèque Bernheim & Bibliothèque Nationale du Queensland, Nouméa, 2001.

Calédonien est un homme simple, à l'esprit bienveillant et qui n'a pas le préjugé de la couleur. Il entre vite en contact avec l'indigène aussi bien qu'avec l'Asiatique ».

Après la Seconde Guerre mondiale, un grand vent de libéralisation souffle sur l'Europe et l'esprit de Brazzaville, allié à la montée des idées sociales, amène dans l'ex-colonie, devenue Territoire en 1946, une nouvelle vague de fonctionnaires qui souhaite réformer, voire propulser la Calédonie dans la modernité (Cf. B. Brou, 1998). Ils aspirent à donner aux Canaques une nouvelle place dans la société et cela apparaît dans la généralisation du terme de « Mélanésien » dans les documents administratifs (Dc Tivollier, *Conseils et pratiques d'hygiène pour les Mélanésiens de la Grande Terre et des îles Loyalty*, 1954). C'est l'époque où les parents apprennent à leurs enfants à ne plus utiliser les termes de « canaque » ou de « popinée », devenus résolument péjoratifs dans l'esprit de la majorité des habitants de la Nouvelle-Calédonie[8]. Un administrateur général des Colonies, J. Bourgeau, note du reste en 1950 que « le terme « Canaque » utilisé par les Européens pour désigner les Mélanésiens et auxquels ceux-ci, faute de le comprendre, attachent souvent une signification péjorative, dérive du mot « *Kanaka* » ». Quant au « député des Canaques », Maurice Lenormand, Métropolitain progressiste, il publie en 1954 dans le *Journal de la Société des Océanistes* une « Évolution politique des autochtones de la Nouvelle-Calédonie ». Et de fait, dans le corps du texte, s'il utilise indifféremment les termes « autochtones », « Néo-Calédoniens » et secondairement « indigènes », il évite soigneusement le mot « canaque ». Il est à noter que quelques auteurs ont toujours su éviter l'enfermement idéologique en variant dans leurs propos les termes utilisés, tel Jean Mariotti dans le livre du centenaire en 1953, ouvrage dans lequel il jongla allégrement avec les mots « Néo-Calédoniens », « Canaques », « Indigènes» ou encore «indigènes Néo-Calédoniens » lorsqu'il évoquait le peuplement

8. Angleviel F. & Mouilleseau Mireille : *Populations de Nouvelle-Calédonie*, catalogue d'exposition, CTRDP, Nouméa, 1993, 32 p ; Angleviel F. : *Catalogue. Exposition Calédo-scope*, Mairie du Mont-Dore, Nouméa, 2000, 20 p. (format 40 x 19 cm) ; Angleviel F. : « De l'engagement comme esclavage « volontaire ». Le cas des Océaniens, Kanaks et Asiatiques en Nouvelle-Calédonie (1853-1963) » dans *Journal de la Société des Océanistes*, n° 110, Paris, 2000, p. 65 à 81.

originel. Et déjà, il jette un pont entre les communautés en écrivant : « Les jeunes Néo-Calédoniens, blancs et indigènes, considèrent les plantes nourricières comme compagnons de toujours ».

Kanak, Kanaks ou Canaques

Paradoxalement, ce sont certains des petits partis issus des multiples scissions de l'Union Calédonienne de M. Lenormand qui remirent à la mode le terme « canaque » dans les années 1970, en le transformant en « kanak». Et Alban Bensa de noter : « Le K devint d'ailleurs chargé d'une forte connotation indépendantiste. On trouvait à Nouméa un restaurant militant appelé "la Kase" »[9]. L'animateur culturel Jean-Marie Tjibaou sut faire passer le mot « kanak » d'une connotation péjorative à une connotation méliorative en l'intégrant au festival *Melanesia 2000,* puis en le reprenant dans le titre de sa pièce de théâtre-ouvrage *Kanaké, Mélanésien de Nouvelle-Calédonie.* L'homme politique J.-M. Tjibaou sut magnifier le terme de « kanak » en créant le concept de « Kanaky ». C'est ainsi qu'après avoir constitué le 1er décembre 1984 un « gouvernement provisoire de Kanaky », il fait hisser pour la première fois le drapeau de « Kanaky » et lit un petit poème intitulé « ô Kanaky, mon pays ».

Désormais emblème d'une certaine conception de l'avenir politique de la Nouvelle-Calédonie, le terme « *kanak* », progressivement revendiqué par un nombre toujours plus grand de Mélanésiens, devint éminemment politique. Dès lors, chaque Calédonien eut sa graphie du mot *canaque-kanak.* Quant aux journalistes métropolitains, ils se définirent en fonction de leur respect du droit à l'altérité et selon l'effet recherché : *Le Monde* opta pour le C plus modéré, le *Nouvel Observateur* pour le K plus engagé ; mais *Paris Match* opta aussi pour le K dans le but d'accentuer l'impression de dureté et de « sauvagerie » donnée par une graphie considérée comme non-latine.

L'Agence de Développement de la Culture Canaque, créée en 1988 en fit les frais : certains lui reprochant la graphie retenue par l'État,

---

9. Bensa Alban : « Canaque ou Kanak. Orthographe et politique » dans *Chroniques kanak. L'ethnologie en marche*, Ethnies, n° 18-19, Paris, 1995, 350 p., p. 1.

d'autres ne voulant surtout pas que cet établissement public d'État n'en change. Ses responsables, après moult concertations, pensèrent avoir trouvé la solution en obtenant de l'Élysée la modification dans son intitulé officiel de la mention « Canaque » par « Kanak » et en proposant que désormais le terme « kanak » devienne invariable. Tous les textes identitaires et les textes rédigés par l'État français, tel l'Accord de Nouméa, correspondent à cette graphie qui peut paraître plus océanienne du fait que les langues régionales ne marquent pas le pluriel. Cette graphie, contraire aux usages de la langue française, ne fait point l'unanimité et toutes les variantes existent, y compris « kanake » et « kanaks ».

Personnellement, j'ai longtemps refusé d'harmoniser les graphies du mot *canaque-kanak* car le vocable « canaque » s'avère aujourd'hui connoté comme anti-indépendantiste, le terme invariable « kanak » est considéré comme indépendantiste, et la dénomination « kanak(e)(s) » retenue par de nombreux scientifiques était perçue comme trop modérée par les uns et trop novatrice par les autres. Aujourd'hui, je me suis rendu aux arguments de mes collègues littéraires qui considèrent qu'une harmonisation individuelle est techniquement nécessaire. En effet, si le chercheur doit éviter toute connotation excessive, il ne doit pas tomber dans le piège du politiquement correct ou d'un excès de prudence sémantique. J'utilise donc depuis le début du troisième millénaire la graphie « kanak(e)(s) », qui me paraît comme étant la plus consensuelle à long terme et comme la plus logique vis-à-vis des règles de la langue française, la graphie originelle des citations étant naturellement conservée.

De fait, l'évolution de l'écriture du mot *kanaka* et l'usage de synonymes différents selon les époques considérées, s'avèrent significatifs des modifications profondes de la société calédonienne liées à la montée du multiculturalisme[10]. Ce terme générique devenu péjoratif puis symbole de la quête d'une certaine authenticité identitaire s'avère

10. Angleviel F. : « Les écrits historiques calédoniens au cœur du débat identitaire. Approche multiculturelle ou discours contradictoires ? » dans *L'extraordinaire et le quotidien. Variations anthropologiques. Hommages au professeur Pierre Vérin*, Karthala, Paris, 2000, 607 p., p. 203 à 216.

désormais incontournable. Gageons qu'au fil des évolutions politiques il sera demain remplacé par d'autres dénominations.

Aujourd'hui l'Accord de Nouméa a fait des « Kanaks », des « Caldoches », des « Chandang » (Vietnamiens du Caillou), des « Kakanes » (Javanais de Calédonie), des « Wallis » (pour Wallisiens ou Futuniens), des « Tahipouet » (pour les originaires de la Polynésie française), des « Domiens » (Antillais) ou des « Zoreilles » (Métropolitains) des citoyens calédoniens pour peu qu'ils résident depuis plus de dix ans en Nouvelle-Calédonie. La multiculturalité en marche se caractérisera-t-elle par l'émergence de nouveaux vocables fédérateurs ou bien par la sédimentarisation des différences actuelles ?

DEUXIÈME PARTIE

Le temps colonial

C'était il y a cent cinquante ans : le 24 septembre 1853 ![*]

* « C'était il y a cent cinquante ans : le 24 septembre 1853 ! » dans *Les Nouvelles Hebdo*, n° 809, Nouméa, 18 septembre 2002, p. 12 à 15.

Cette commémoration fut d'abord le symbole de la colonisation triomphante de la deuxième moitié du XIXe siècle, puis elle fut le rappel annuel du temps des pionniers et la geste fondatrice d'une légitimité fondée sur le temps et son corollaire, l'histoire. Ceci explique que certains indépendantistes s'émurent de ce symbole martial qu'ils vivaient comme une journée de deuil, considérant que la prise de possession de 1853 avait entraîné la disparition d'un monde meilleur. Aujourd'hui, le « 24 septembre » commémore une présence française très ancienne à l'échelle du Pacifique. Cette garantie historique, récemment renouvelée par l'Accord de Nouméa, lie tous les Calédoniens à la patrie des Droits de l'Homme et du Citoyen.

Un acte fondateur qui s'ancre dans le « temps long »

Après une première prise de possession le 1er janvier 1844[1], refusée par le roi Louis-Philippe Ier, roi des Français, en raison des suites désastreuses sur le plan diplomatique de l'affaire Pritchard (Tahiti) qui avait monté l'opinion anglaise contre la France, l'empereur Napoléon III donne, le 23 avril 1853, instruction à son ministre de la marine de prendre possession de la Nouvelle-Calédonie.

Les causes structurelles de cet acte diplomatique sont triples : faire pièce aux Anglais ; donner à la France une terre permettant de concrétiser le projet impérial d'une réhabilitation des bagnards par le travail ; aider les missionnaires catholiques lyonnais de la Société de Marie.

Aussi le ministre Théodore Ducos envoie-t-il des directives secrètes aux divisions navales du Pacifique (Lima) et de L'Indochine. Ces missives laconiques demandent à leurs destinataires de se rendre à Papeete de toute urgence afin d'y trouver de nouveaux ordres. Le premier à y parvenir est Febvrier Despointes et il y trouve une dépêche « ultra confidentielle » lui demandant de « se hâter de prendre possession de la Nouvelle-Calédonie ». Il lui est interdit

1. Dauphiné Joël : *Les Débuts d'une colonisation laborieuse. Le Sud calédonien (1853-1860)*, L'Harmattan, Paris, 1995, 187 p.

de dévoiler sa mission, même aux membres de son état-major, et il est invité à donner de fausses informations quant à sa mission et sa destination. Afin de gagner en célérité, il transfère son pavillon sur l'aviso mixte le *Phoque*, commandant de Bovis.

Parti le 2 septembre de Papeete, le vapeur le *Phoque* mouille devant Pouébo le 22 septembre 1853. Febvrier Despointes se rend alors à Balade et y prononce les paroles suivantes : « Aujourd'hui, 24 septembre 1853, à 3 heures de l'après-midi, en vertu des ordres de mon gouvernement, je prends officiellement possession, au nom de l'empereur et pour la France, de l'île de la Nouvelle-Calédonie et de ses dépendances, sur laquelle je fais arborer le pavillon national et je déclare à tous, qu'à partir de ce jour, cette terre est française et propriété nationale »[2].

Le drapeau français est alors hissé au mât de la mission tandis que retentissent vingt et un coups de canon. Cent cinquante Kanaks christianisés sont dans l'enceinte de la mission alors que plusieurs centaines d'indigènes en provenance des tribus voisines suivent la scène de l'extérieur. L'instant d'après, le contre-amiral entre dans la demeure des missionnaires, fait remplir les blancs du procès-verbal qui avait été préparé pour la cérémonie, passe la plume aux missionnaires et à ses officiers, et enfin revêt le premier acte de la colonie naissante de son sceau de commandement.

Les instructions ayant prescrit de prendre possession en deux points éloignés, une seconde cérémonie identique se déroule à l'île des Pins le 29 septembre. Pour cela, il rédige le deuxième document administratif concernant la Nouvelle-Calédonie : « Ce jourd'hui, jeudi, vingt-neuf septembre mil huit cent cinquante-trois. Je soussigné, Auguste Febrier des Pointes, contre-amiral, commandant en chef des forces navales française dans la mer Pacifique, agissant d'après les ordres de mon gouvernement, déclare prendre possession de l'île des Pins, au nom de sa majesté Napoléon III, Empereur des Français. En conséquence, le pavillon français est arboré sur ladite

---

2. Godard Philippe : *Le Mémorial calédonien, tome I, III et V*, Planète Mémo, Nouméa.

île des Pins qui, à compter de ce jour, vingt-neuf septembre, devient, ainsi que ses dépendances, colonie française. L'île continuera à être gouvernée par son chef qui relève directement de l'autorité française. Ladite prise de possession faite en présence de MM. les missionnaires français, des officiers du *Phoque* et du chef Ven dé Gou, qui ont signé avec nous ». En décembre, le *Prony* et le *Catinat* arrivent avec les matériaux nécessaires à la construction du blockhaus de Balade. Febvrier Despointes, malade, décède lors du voyage de retour sur le *Catinat*. B. Brou écrit à son propos : « Il est le conquérant pacifique (et accidentel) de la Nouvelle-Calédonie »[3].

Il est à noter que le capitaine de vaisseau Tardy de Montravel arrive le 5 janvier 1854 à l'île des Pins. Il prend le 9 janvier la direction de cette colonie rattachée administrativement (jusqu'en 1860) aux Établissement Français de l'Océanie. Il se félicite de la prise de possession tout en regrettant son propre retard. Relisant les instructions ministérielles, il constate que si la prise de possession a eu lieu comme souhaité en deux « postes permettant d'y demeurer en permanence et de s'y fortifier », son prédécesseur n'a pas eu la santé nécessaire pour suivre à la lettre ces mêmes instructions. En effet, elles stipulaient qu'il ne faudrait « pas oublier de faire acte de possession sur tous les points de la côte où cela s'avérerait utile pour que ne puissent ultérieurement surgir de fâcheuses contestations ».

Aussi, dès le 23 janvier, il fait signer au chef de la tribu de Poum(a) une déclaration confirmant la prise de possession de la Nouvelle-Calédonie. « Je reconnais et accepte librement la souveraineté de S.M. Napoléon III, Empereur des Français, sur la Nouvelle-Calédonie, et je m'engage, en reconnaissance de la protection que m'assure ma nouvelle nationalité, à protéger et faire respecter tout sujet français ou autre étranger qui viendrait s'établir sur le territoire de ma tribu, ou qui s'y trouverait accidentellement ».

3. Brou Bernard : *Histoire de la Nouvelle-Calédonie, 1774-1925*, SEHNC, n° 4, Nouméa, 1973, 320 p.

Avec le retour de la belle saison, Tardy de Montravel entreprend de longer la côte est puis la côte ouest, rencontrant les chefs, les informant de la prise de possession et les amenant par la persuasion à faire allégeance à la France par des déclarations similaires à celle de Félipo (Philippe) Boueone. Le 7 mai, le grand chef Bouarate signe pour la région de Hienghène. Comme le chef Bouéone avant lui, ne sachant point écrire, il appose une croix sur le document. On notera que la déclaration de Pouma porte la signature du catéchiste Louis Tadina et que celle de Hienghène porte la signature d'Amabili, amené de Pouébo comme témoin. Puis c'est le tour du chef Boula à Kouaoua et du chef Kai à Canala. Après avoir hissé le 23 juin 1854 le drapeau français dans une baie qui deviendra Nouméa, Tardy de Montravel obtient l'hommage du chef Kuindo le 16 août.

Une fois les différents documents à Paris, ils sont alors validés par l'Empereur et c'est le 13 février 1854 que le *Moniteur impérial* annonce aux Français la création de la nouvelle colonie. Ultérieurement, les missionnaires anglais de la LMS contestant le fait que les îles Loyauté font partie des dépendances de la Nouvelle-Calédonie, le gouverneur Charles Guillain se rend sur place et réalise une seconde prise de possession en juin 1864 pour Maré et Lifou. Une cérémonie identique a lieu à Ouvéa en juin 1865[4].

La Nouvelle-Calédonie, entrée dans l'histoire mondiale lors de la découverte mutuelle en 1774, quitte désormais la protohistoire (découvreurs, aventuriers et missionnaires) pour une période coloniale qui durera près de quatre-vingt-dix ans avant que la fin de la Deuxième Guerre mondiale ne fasse entrer la Nouvelle-Calédonie dans la période contemporaine.

Un Cinquantenaire marqué par des réjouissances populaires

Ce sont les colons libres qui donnèrent le coup d'envoi des festivités du cinquantenaire de la « prise de possession » en créant un comité organisateur au sein de l'Union Agricole. Les finances furent

4. Angleviel F. (dir.) : *101 mots pour comprendre l'histoire de la Nouvelle-Calédonie*, Île de Lumière, Nouméa, 1997, 224 p.

réunies par la population grâce à l'émission d'une série de 30 timbres-poste obtenue à l'aide d'une surcharge peu onéreuse et d'une tombola de 15 000 billets que les épouses des membres du comité surent vendre avec une rare efficacité.

Le sport fut au centre des réjouissances (raid équestre, courses de bicyclettes, régates) à côté de différentes fêtes (bals, banquets) et du concours du plus beau bébé (Cornet). Le clou des manifestations fut la cavalcade du 25 septembre, avec mille participants : les militaires ouvrent la marche, suivent les Annamites, les cavaliers arabes, les Malabars, les Basques, les Kanaks, les cyclistes,...

C'est en 1950 que le sénateur Henri Lafleur évoqua pour la première fois la nécessité de commémorer différemment la prise de possession. Il déclara en effet à Koné qu'il était « éminemment souhaitable que les diverses manifestations qui marqueront cet anniversaire, tant sur le territoire que dans la capitale de la France métropolitaine, contribuent par leur qualité et leur coordination à mieux faire connaître les aspects divers de la Nouvelle-Calédonie et rappellent les efforts accomplis depuis un siècle par les habitants de l'île, les résultats obtenus et les sacrifices consentis et soulignent leur espérance en un avenir fécond au sein de l'Union Française ».

Le 17 janvier 1952, fut fondée l'association pour la célébration du centenaire de la présence française en Nouvelle-Calédonie. Il fut décidé que ce centenaire devait non seulement constituer un acte de pieuse reconnaissance envers la France, mais aussi marquer le point de départ du développement réel de certains secteurs de d'activité de l'île : faire (re)connaître le Territoire en Métropole ; commencer l'organisation rationnelle du tourisme ; donner à Nouméa une stature régionale ; initier un programme de construction de maisons à prix modérés.

Les festivités furent nombreuses et variées : première élection d'une miss Calédonie le 5 septembre 1953 (Danièle Gastaldi de Koumac) ; course croisière Sydney-Nouméa ; *jambor* scout ; visite spéciale du ministre de la France d'Outre-Mer Louis Jacquinot et de personnalités en provenance de toute la région ; ouvrage de J. Mariotti ; manifestations sportives ; inauguration du monument de Balade et déclaration solennelle de Maurice Lenormand, député et homme fort de l'Union Calédonienne, au nom du Conseil général. Il y affirmait que le Territoire se refusait à jamais à toute autre communauté de destin que celle de l'Union Française et il y proclamait l'indissolubilité des liens qui unissaient la Calédonie à la mère patrie. Le président de la République, Vincent Auriol, répondit par un message félicitant les Calédoniens pour avoir, au terme de cent années de « présence française », trouvé une voie médiane au sein de l'Union Française.

Un Cent cinquantième inspiré par l'esprit de l'Accord de Nouméa

Il est patent que le préambule de l'Accord de Nouméa place l'histoire au centre du dispositif et qu'il évoque sans ambiguïté ni fausse honte la manière dont la France, en tant que puissance coloniale consciente de ses intérêts et des enjeux internationaux en cours au début des années 1850, décida alors de faire flotter son drapeau sur une bande de terre des Antipodes.

Les deux premiers articles du préambule se font l'écho de cette réalité. « 1. Lorsque la France prend possession de la Grande Terre que James Cook avait dénommée « Nouvelle-Calédonie », le 24 septembre 1853, elle s'approprie un territoire selon les conditions du droit international alors reconnu par les nations d'Europe et d'Amérique, elle n'établit pas des relations de droit avec la population autochtone. Les traités passés, avec les autorités coutumières, ne constituent pas des accords équilibrés mais, de fait, des actes unilatéraux. Or, ce territoire n'était pas vide. La Grande Terre et les Îles étaient habitées par des hommes et des femmes qui ont été dénommés kanak. Ils avaient développé une civilisation propre… 2. La colonisation de la Nouvelle-Calédonie s'est inscrite dans un vaste mouvement historique où les pays d'Europe ont imposé leur domination au reste du monde. Des hommes et des femmes sont venus en grand nombre, aux XIXe et XXe siècles, convaincus d'apporter le progrès, animés par leur foi religieuse, venus contre leur gré ou cherchant une seconde chance en Nouvelle-Calédonie. Ils se sont installés et y ont fait souche. Ils ont apporté avec eux leurs idéaux, leurs connaissances, leurs espoirs, leurs ambitions, leurs illusions et leurs contradictions » (5 mai 1998).

Dans ce préambule, une phrase clé permet de resituer aujourd'hui la place qui pourrait être donnée à l'avenir à la commémoration du

24 septembre, à travers le prisme de l'article 3 du préambule, qui commence par un geste fort susceptible de marquer une nouvelle alliance entre les Calédoniens et entre la Nouvelle-Calédonie et la Métropole : « Le moment est venu de reconnaître les ombres de la période coloniale, même si elle ne fut pas dépourvue de lumières ».

Et l'article 4 du préambule de préciser cette nouvelle donne qui est au cœur de l'accord signé il y a déjà six ans par J. Lafleur, les représentants du FLNKS et l'État. « La décolonisation est le moyen de refonder un lien social durable entre les communautés qui vivent aujourd'hui en Nouvelle-calédonie, en permettant au peuple kanak d'établir avec la France des relations nouvelles correspondant aux réalités

Dialogue entre un Kanak et un Européen

« Le guerrier : Que venez-vous faire dans notre pays ?

Le militaire : Ce pays est désormais le pays de notre empereur bien-aimé et, dès aujourd'hui, vous êtes ses sujets. Tout manquement aux lois sera sanctionné avec la plus grande sévérité.

...

Le guerrier : Au nom de leur Pacification, nous avons connu la guerre.

Le militaire : Mais aussi l'ordre qui permet la liberté.

...

Le guerrier : Hier, la colonisation n'avait ni d'yeux ni de cœur pour l'Homme dans la case.

Le militaire : Oui, mais aujourd'hui, le Blanc a ouvert les yeux, reconnu l'homme dans la case, et décidé de prendre le thé avec lui avant de s'atteler à la tâche commune ».

Anonyme (pièce de théâtre), 1999.

de notre temps... Il est aujourd'hui nécessaire de poser les bases d'une citoyenneté de la Nouvelle-calédonie, permettant au peuple d'origine de constituer avec les hommes et les femmes qui y vivent une communauté humaine affirmant son destin commun... Le passé a été le temps de la colonisation. Le présent est le temps du partage, par le rééquilibrage. L'avenir doit être le temps de l'identité dans un destin commun ».

Commémorer le 24 septembre correspondait donc avant-hier à magnifier la colonisation en marche, l'Occident étant persuadé de représenter la Civilisation. Hier, cette célébration avait pour vocation première de rappeler l'enracinement de la culture française aux antipodes.

Aujourd'hui, il nous semble que le « 24 septembre » peut représenter un moment privilégié dans le cadre du travail de mémoire qui est le préalable indispensable à la constitution d'une société toujours plus unie et plus fraternelle.

Maîtres à penser : missionnaires et francs-maçons*

* « Maîtres à penser : missionnaires et francs-maçons » dans *150 ans de mémoire collective calédonienne*, Musée de la ville de Nouméa, Nouméa, 2003, 120 p., p. 19 à 27.

Avant-hier la réussite des missionnaires en terre calédonienne était attribuée à Jéhovah ; hier elle était mise au compte du travail passionné des missionnaires ; aujourd'hui on considère qu'elle est due en premier lieu aux choix spirituels et matériels que firent les Mélanésiens, dénommés indifféremment Canaques ou Kanaks dans les correspondances de l'époque.

La double mission du clergé catholique

La papauté ayant incité des congrégations à prendre en charge l'évangélisation de l'Océanie, les pères du Sacré Cœur de Picpus arrivèrent à Hawaii en 1827 et les pères de la Société de Marie s'implantèrent à Wallis et Futuna en 1837. Ces derniers ayant la charge de l'Océanie centrale, ils débarquèrent à Balade en décembre 1843 et dès 1847 la Nouvelle-Calédonie (et ses dépendances) devinrent un Vicariat apostolique de plein exercice[1].

Les pères maristes commencèrent par s'installer au cœur des tribus et par apprendre les langues locales[2]. Après des débuts très difficiles, ils obtinrent la conversion de villages entiers, touchés par la foi mais aussi par la révolution technologique que représentait l'arrivée des Occidentaux. Les lettres des premiers missionnaires montrent que non seulement ils permirent aux objets en métal ou en verre de se répandre dans les moindres vallées, mais qu'ils donnèrent aux premiers arrivants de très nombreux « secrets » tels que l'écriture, de nouveaux médicaments ou encore de nouvelles manières de raisonner et de percevoir le monde extérieur[3]. Par ailleurs, les dieux ancestraux ne protégèrent point leurs fidèles des épidémies amenées par les Blancs et plus tard ils s'avérèrent impuissants devant le front pionnier de la colonisation foncière. Dès les années 1890, la nouvelle religion suivant

1. Delbos Georges : *L'Église catholique en Nouvelle-Calédonie. Un siècle et demi d'histoire*, Desclée, Paris, 1993, 450 p.
2. Rozier Claude : *La Calédonie ancienne*, Fayard, Paris, 1991, 322 p.
3. Angleviel F. : « Les Mélanésiens et la mission mariste en Nouvelle-Calédonie, 1843-1946 » dans *Naître et grandir en Église, l'action des autochtones au cours de la première évangélisation*, colloque du CREDIC, Université de Lyon III, 1987, 281 p., p. 85 à102.

les chemins coutumiers, les deux-tiers de la population kanake de la Grande Terre avaient pris la médaille, le tiers restant étant composé des ennemis ancestraux des premiers.

Les missionnaires catholiques, venus aux antipodes pour s'occuper des « païens », eurent aussi la charge de la communauté cosmopolite, majoritairement catholique, qui s'installa progressivement le long des côtes à partir de Nouméa après 1853. Des pères maristes furent donc curés des principaux centres européens ou aumôniers de la transportation. Plus d'une fois, ils jouèrent le rôle de médiateurs entre les communautés : entre les Kanaks et l'administration ; entre les engagés asiatiques et les engagistes ; entre les travailleurs polynésiens et les Kanaks. L'organisation pyramidale de cette Église et la présence d'un vicaire apostolique puis d'un archevêque à la tête du clergé calédonien lui permirent d'influencer les décisions administratives. D'une part, l'Église dénonça les « ombres » de la colonisation : dénonciation au ministère des interprétations erronées de la coutume par le gouverneur Guillain ; refus de laisser le gouverneur Feillet spolier les Mélanésiens lors du grand cantonnement. D'autre part, l'Église facilita l'accès de ses fidèles aux « lumières » de cette même colonisation : ouverture des écoles de mission dès les années 1840 ; création de stations se voulant des lieux de « transfert de compétences » par démonstration ; enfin elle participa à l'apprentissage politique des Mélanésiens en créant dès 1947 l'association catholique UICALO, qui fut, avec sa consœur protestante l'AICLF, à l'origine de l'Union Calédonienne[4]. De plus, si les deux premiers prêtres kanaks ont seulement été ordonnés en 1946, l'Église a joué un rôle très important dans la formation des élites : Jean Marie Tjibaou était un prêtre retourné à l'état laïc ; de nombreux hommes politiques océaniens de toutes tendances ont été séminaristes.

Lors des événements politiques des années 1980, l'Église catholique a refusé de s'engager, prônant la conciliation et la reconnaissance de l'Autre. Aujourd'hui, 60 % des Calédoniens et 40 % des Kanaks sont statistiquement catholiques. Le nombre des pratiquants s'avère plus faible mais leur foi est d'autant plus sincère. Le pèlerinage

4. Kurtovitch Ismet : *Aux origines du FLNKS, l'UICALO et l'AICLF (1946-1953)*, Île de lumière, Nouméa, 1997, 146 p.

annuel de Téné (Bourail) se fait l'écho de la richesse de cette foi, qui repose sur un socle pluricommunautaire.

Une foi protestante portée par les îles

La London Missionary Society s'implante à Tahiti en 1797. D'île en île, ses missionnaires progressent de la Polynésie orientale vers la Mélanésie. Finalement, c'est en 1840 que la LMS dépose deux pasteurs polynésiens – des *teachers* – à l'île des Pins. Après un premier échec dans le sud de la Grande Terre (Touaourou) et en pays Kunié, les protestants s'implantent aux îles Loyauté (Maré en 1841, Lifou et Ouvéa en 1842). Pris malgré eux dans les conflits immémoriaux entre les grandes chefferies, ils obtiennent des conversions de masse spectaculaires chaque fois que l'un des grands chefs embrasse la nouvelle foi.

Longtemps, l'absence de missionnaires européens fut un frein à l'évangélisation, les Lifous surnommant par exemple le navire de la LMS « sans missionnaire ». Dès que chaque île posséda un pasteur anglais, les conversions se multiplièrent : 2/3 de la population à Lifou et à Maré, 1/3 à Ouvéa. Comme sur la Grande Terre, les Kanaks restés païens se convertirent bientôt à l'autre confession chrétienne afin de garder leur autonomie par rapport à des voisins dont on redoutait la puissance ou qui n'étaient que des sujets[5]. Et de fait, en 1899, lorsque l'administration française donne l'autorisation aux protestants de venir s'établir sur la Grande Terre, du moment que la LMS est remplacée par la Mission étrangère de Paris, les derniers Calédoniens tenant de la religion ancienne se convertissent.

En l'absence de toute colonisation européenne dans les « *Loyalty islands* », les missionnaires anglais eurent au XIXe siècle un rôle primordial dans l'apprentissage par les Mélanésiens du nouveau système économique auquel ils étaient confrontés. Ceci explique du reste l'importance des mots d'origine anglaise dans les langues loyaltiennes.

5. Howe Kerry : *Les Îles Loyauté, histoire des contacts culturels de 1840 à 1900*, SEHNC publication n° 19, Nouméa, 1978, 251 p.

Sur la Grande Terre, l'arrivée du pasteur Maurice Leenhardt[6] en 1902 et son installation à Houaïlou en 1903, permirent la mise en place d'une seconde école pastorale à Do Néva et l'ordination d'une seconde génération de pasteurs kanaks : les *nata*. Le plus célèbre d'entre eux reste Eurijisi Bwesou[7], surnommé aujourd'hui « le premier écrivain kanak », qui décrivit dans de nombreux cahiers une civilisation qui avait déjà beaucoup changé (quasi-disparition de la polygamie, abandon de l'anthropophagie) et qui était encore en pleine mutation (disparition progressive des coutumes guerrières, abandon des grandes tarodières et de la poterie). Si l'on en croit le pasteur Raymond Leenhardt, le succès de la mission protestante est dû au fait qu'elle a fortement contribué à sauver la population autochtone « du désespoir et de l'alcoolisme en formant et soutenant des pasteurs indigènes jusque dans les tribus les plus reculées »[8].

La religion protestante ayant toujours eu à cœur de valoriser la lecture familiale de la Bible, la réflexion de groupe et une certaine démocratie au sein des élites pastorales lors des synodes, son influence sur le plan politique s'avère certaine. C'est ainsi que le pasteur Charlemagne favorisa la création en 1947 de l'AICLF, qui participa pleinement au débat sur l'entrée des Mélanésiens dans la vie politique calédonienne.

Cette Église, à cause de sa structure-même, s'avère sujette aux scissions. Aussi, lorsque le pasteur Charlemagne fut rappelé en Métropole en cours de séjour en 1958, il quitta l'église protestante officielle pour créer l'Église évangélique libre de Nouvelle-Calédonie. En 1960, l'autre église protestante devint à son tour indépendante du siège parisien et prit le nom d'Église évangélique autonome de Nouvelle-Calédonie. Lors des événements politiques, l'Église autonome se prononça en

---

6. Clifford James : *Maurice Leenhardt. personne et mythe en Nouvelle-Calédonie*, Éd. Place, Paris, 1987, 269 p. Angleviel F. : « Préface » in *Maurice Leenhardt, 1878-1954*, Comité Maurice Leenhardt, SEHNC, n° 52, Nouméa, 1994, 107 p., p. I à XII.
7. Guiart Jean : *Bwesou Eurijisi. Le premier écrivain canaque*, Le Rocher-à-la-voile, Nouméa, 1998, 154 p.
8. Leenhardt Raymond *:* *Le Protestantisme en France et dans les pays latins*, Librairie protestante, Paris, 1975, 119 p., p. 90.

faveur de l'indépendance politique, ce qui créa des tensions dans la paroisse du vieux temple, où vivaient des protestants de toutes origines. Aujourd'hui, les deux églises protestantes ont fait la « coutume » et elles sont conscientes de travailler de manière différente pour le même objectif spirituel.

Depuis les années 1950, de nombreuses confessions chrétiennes minoritaires (adventistes, mormons, témoins de Jéhovah) se sont développées afin de répondre à des aspirations religieuses particulières. Parallèlement, il existe une petite communauté musulmane surtout composée d'Indonésiens, une synagogue juive et quelques bouddhistes appartenant essentiellement aux communautés vietnamiennes et chinoises.

La franc-maçonnerie, une réalité urbaine

Autant les religions ont eu à cœur de se répandre dans toute la population, autant les tenants du mouvement de pensée qu'est la franc-maçonnerie se sont toujours intéressés uniquement au milieu urbain en raison de leur organisation proche de celle des cercles de réflexion. La première loge maçonnique ouvrit ses portes en 1868 sous l'appellation *Union calédonienne*. Fondée par des Européens de toutes origines et de toutes obédiences, elle représentait bien la bourgeoisie nouméenne cosmopolite de l'époque[9]. Elle appartenait au Grand Orient De France, obédience républicaine qui allait bientôt marquer son progressisme par son abandon de la référence obligatoire à Dieu. Fermée par l'ordre moral en 1875 après l'évasion de Rochefort, que certains de ses membres avaient facilitée[10], elle rouvre en 1878.

L'Union calédonienne, association laïque et symbolique, recrutait ses membres par cooptation et prônait la discrétion, voire le « secret maçonnique ». En plus de l'influence morale qu'elle put avoir sur ses membres, cette loge jouait un rôle social (distribution de prix scolaires,

9. Angleviel F. : « Contribution à l'histoire de la franc-maçonnerie en Océanie. La loge Union Calédonienne, 1868-1940 » dans *JSO*, n° 106, Paris, 1998, 114 p., p. 17 à 39.
10. Dauphine Joël : *Henri Rochefort : déportation et évasion d'un polémiste*, L'Harmattan, Paris, 2004, 340 p.

aides aux défavorisés, secours lors des catastrophes naturelles) repris après guerre par les clubs de service. Par ailleurs, elle eut un rôle politique direct lors de la période Feillet (1894-1903), ce gouverneur s'appuyant sur les idées républicaines et anticléricales de certains francs-maçons qu'il porta à la tête du Conseil général pour mieux imposer son programme de colonisation libre.

L'Union Calédonienne ayant disparu en 1940, il fallut attendre 1960 pour qu'une nouvelle loge du GODF soit créée par André Surleau. Le temps passant, d'autres obédiences maçonniques furent fondées : Grande Loge de France, Droit Humain, Grande Loge Nationale Française, Grande Loge Féminine de France. Ces associations bénéficient d'un certain crédit moral dans la cité, ce qui explique que la mission du dialogue envoyée par le Premier ministre Michel Rocard en mai 1988 comportait entre autres le recteur de l'Institut catholique de Paris, le président de l'Église réformée de France et un ancien grand maître du Grand Orient De France.

Le gouverneur et les libertés publiques en Nouvelle-Calédonie (1853-1903). Logique jacobine et opposition duale*

* « Le gouverneur et les libertés publiques en Nouvelle-Calédonie (1853-1903). Logique centralisatrice et opposition duale » dans *La loi du 28 pluviôse an VIII deux cents ans après : le préfet et les libertés publiques (XIX-XXe siècle)*, Presses universitaires de Limoges, Limoges, 2001, 332 p., p. 71 à 90.

Parallèlement à la mise en place des préfets dans les départements, l'État mit en place des gouverneurs dans les colonies françaises. L'on sait les conflits de statuts qui existèrent à l'époque et le sentiment de supériorité qu'avaient les préfets métropolitains envers leurs homologues des tropiques, longtemps considérés comme les parents pauvres de la haute administration. L'amélioration des communications, les progrès de la médecine et le goût de nos sociétés actuelles pour l'exotisme ne faisaient pas encore de ces positions lointaines des lieux attrayants ou même convoités (sentiment de puissance créatrice, plus grande liberté de manœuvre, salaires indexés). Néanmoins, il est indéniable que ces postes étaient similaires et que leur carrière coloniale permit à des gouverneurs d'intégrer la préfectorale[1]. Il était donc logique d'intégrer l'étude des gouverneurs à un colloque dédié au bicentenaire du corps préfectoral.

Dans le cas particulier du gouverneur de la Nouvelle-Calédonie, nous nous demanderons quelles étaient ses attributions durant la période pionnière de la seconde moitié du XIXe siècle et en quoi ces dernières canalisaient ou contrariaient les libertés locales, aussi bien celles des ressortissants civils de la Colonie que celles des populations autochtones. Enfin, il est bien connu qu'entre la norme législative et l'application de la réglementation édictée en Métropole ou au chef-lieu de la colonie, une marge plus ou moins importante existe. Les gouverneurs interprétèrent-ils ces décrets et arrêtés dans un sens libéral ou accentuèrent-ils au détriment des libertés locales leur caractère centralisateur ?

1. Les ponts entre l'administration préfectorale et l'administration coloniale existent dans les deux sens. C'est ainsi que Paul Feillet fut d'abord attaché de cabinet du ministre R. Goblet en 1882, puis chef de cabinet du préfet de la Seine de 1883 à 1888. Sous-préfet dans le Nord, son conflit avec le préfet en poste l'amena à demander son transfert de l'administration préfectorale pour la « coloniale ». Directeur de l'intérieur à la Guadeloupe en 1889, il fut nommé gouverneur de Saint-Pierre et Miquelon en 1891 puis en 1894 gouverneur de la Nouvelle-Calédonie. Lemetayer Nathalie : *Paul Feillet (1857-1903). Le parcours d'un fonctionnaire colonial sous la troisième République*, DEA d'histoire coloniale, Université de Paris IV, 1995, 117 p. Dans sa thèse en cours, Madame Lemetayer s'est attelée à la tache de faire en quelque sorte pour les gouverneurs le travail exécuté par C. Charle pour les grands corps de la République.

Des gouverneurs isolés aux pouvoirs étendus

Après la prise de possession du 24 septembre 1853, la Nouvelle-Calédonie devint une annexe lointaine des Établissements Français de l'Océanie. Très vite, les débuts de la colonisation libre et leur corollaire, les révoltes kanakes, obligèrent les gouverneurs de Tahiti à franchir plusieurs fois les 5 000 km d'océan qui les séparaient de cette lointaine possession[2]. Pendant leurs inévitables absences, des commandants particuliers, appartenant le plus souvent à l'infanterie de marine, administraient l'archipel. Affranchie par décret impérial le 14 janvier 1860 de la tutelle du gouverneur des EFO, la Nouvelle-Calédonie est d'abord dirigée par un commandant particulier, puis, à partir du 14 décembre 1861, par un gouverneur en titre qui arriva à Nouméa le 1er avril 1862. Charles Guillain adressa le jour-même un discours précisant les objectifs de la politique ministérielle et l'abnégation qu'il demanderait à chacun : « Jusqu'à présent, le département des colonies, n'ayant pas eu d'idées bien arrêtées sur le parti qu'il pouvait tirer de la Nouvelle-Calédonie, y a limité les dépenses au strict nécessaire pour jeter les bases d'un premier établissement et en protéger les habitants. Aujourd'hui, … il faut que les résultats matériels obtenus nous méritent la bienveillance de l'Empereur et justifient les sacrifices imposés au Trésor. La mission qui m'est confiée est principalement une œuvre de production et demande, par suite, une bonne organisation du travail… le chacun pour soi serait ici plus que jamais déplorable et je réagirai contre un pareil système avec toute l'autorité dont je suis revêtu »[3].

La Colonie ne possède alors aucune institution particulière. Après avoir emprunté le 14 janvier 1860 l'ordonnance de 1843 sur l'administration des îles Marquises, elle utilise à partir de juin 1860 comme référence l'ordonnance de 1828 concernant le gouvernement de la Guyane française[4]. De fait, le commandant particulier est autorisé à

2. Dauphiné Joël : *Les Débuts d'une colonisation laborieuse. Le sud calédonien (1853-1860),* L'Harmattan, Paris, 1995, 185 p.
3. « Discours de politique générale du Gouverneur Charles Guillain » dans *Moniteur de la Nouvelle-Calédonie*, n° 138, Nouméa, 18 mai 1852.
4. L'ordonnance du 28 avril 1843 avait d'abord été spéciale aux Marquises puis elle avait été utilisée à Tahiti. Modifiée le 13 avril 1845, elle était appliquée en Calédonie depuis le 10 avril 1855. L'ordonnance du 27 août 1828 concernait en fait aussi la Martinique et la Réunion.

promulguer dans la nouvelle colonie les lois métropolitaines nécessaires et à faire tous les règlements et arrêtés nécessaires à la bonne marche des services administratifs en cours de constitution.

Dès 1855, un Conseil d'administration est institué par le gouverneur (des EFO) du Bouzet afin de le conseiller localement. N'ayant jamais reçu l'approbation du Département de la marine, il n'en était pas moins considéré comme efficient puisqu'une dépêche ministérielle du 24 mai 1864 demande à ce que le Secrétaire colonial y siège désormais. Ce Conseil consultatif obtient finalement une existence légale le 18 mars 1868.

Les différents services sont créés au gré des besoins et comme le note Pierre Gascher ils n'avaient pas d'attributions précises : « On ajoutait toujours à l'édifice sans y rien retrancher et la Pénitentiaire venant tout compliquer, l'ensemble devenait disparate »[5]. C'est ainsi que si l'arrêté du 22 janvier 1864 crée un secrétariat colonial chargé de l'administration intérieure et de la police générale, l'ordonnateur continue à porter le titre de directeur de l'intérieur, ce qui fut une source continuelle de difficultés. Un inspecteur note ainsi en 1869 : « À chaque instant, on est obligé de se demander si telle ou telle affaire ressort au service de l'Ordonnateur ou à celui du Secrétariat colonial ou si enfin, ces deux fonctionnaires doivent se concerter pour les régler »[6]. Du reste, la même inspection coloniale constate en 1874 que les services « retouchés et complétés à la demande des besoins et des nécessités du moment, tiennent simplement leurs attributions et leurs pouvoirs d'actes locaux dont rien ne garantit la durée et le maintien contre l'invasion d'idées nouvelles ou les revirements de vue ou de système qui ne sont que trop souvent la conséquence de changements d'administration dans les colonies ».

Il paraissait donc de plus en plus indispensable qu'un acte organique complet et durable, émanant du pouvoir souverain, soit établi. Ce fut

5. Gascher Pierre : *La Belle au bois dormant. Regards sur l'administration coloniale en Nouvelle-Calédonie de 1874 à 1894*, Société d'Études Historiques de Nouvelle-Calédonie, publication n° 8, Nouméa, 1975, 299 p., p. 11.

6. *Contrôle colonial du 1er juin 1868 au 20 novembre 1869*, Centre des Archives d'Outre-Mer (CAOM) d'Aix-en-Provence, Nouvelle-Calédonie, Série Géographique, carton 172.

le décret du 12 décembre 1874 portant organisation du gouvernement de l'île, préparé à Paris et promulgué par le capitaine de vaisseau de Pritzbuer à son arrivée comme gouverneur à Nouméa le 1er mars 1875. Des instructions détaillées suivirent le 18 août 1976. Sur 173 articles, 85 sont consacrés au rôle du gouverneur. Le gouverneur est donc chargé du commandement général et de la haute administration de la Nouvelle-Calédonie. Il est dépositaire de l'autorité du chef de l'État, et non de celle du ministre de la Marine, ce qui était une disposition exceptionnelle. Il exerce le pouvoir militaire seul et sans partage. Il est vrai que tous les gouverneurs jusqu'en 1884 furent des officiers de marine, issus pour la plupart de l'École navale. Sur le plan financier, il contrôle toutes les dépenses et arrête chaque année le budget du service local. Il veille à la libre et prompte distribution de la justice mais il n'exerce aucune autorité sur les tribunaux. Il promulgue les textes législatifs qui doivent recevoir leur application dans l'île mais c'est le chef de l'État qui décide quels sont les actes qui peuvent être appliqués, soit en totalité, soit en partie. L'on passe donc de l'unité d'autorité tempérée par l'exercice des libertés locales, pratique liée à la théorie de l'assimilation, au principe de spécialité législative qui permis une certaine ségrégation entre colons libres, libérés, engagés, transportés et autochtones.

Ses attributions en matière d'administration indigène sont discrétionnaires puisqu'il peut nommer, suspendre, destituer les chefs, délimiter les territoires des tribus, appliquer des punitions disciplinaires. Les quatre chefs d'administration, à savoir un ordonnateur, un directeur de l'intérieur, un chef du Service judiciaire et un directeur de l'administration pénitentiaire, commandent dans leurs attributions respectives. Ils sont tenus pour responsables des actes prescrits par le gouverneur, actes qui doivent porter leurs signatures respectives et qui sont considérés comme ayant été suggérés par eux au gouverneur. Par ailleurs, le Conseil d'administration devient en 1874 le Conseil privé. Il comporte le gouverneur, les quatre chefs de service, le commandant militaire et deux conseillers coloniaux choisis parmi les notables et nommés par le gouverneur. Ce conseil consultatif est habilité à débattre de toutes les questions concernant le développement de la colonie et à connaître tous les contentieux administratifs. Ses réunions sont mensuelles et les instructions de 1876 rappellent que le gouverneur est invité à suivre ses conseils. « En vous séparant de cet avis, vous feriez retomber sur vous tout le poids de la responsabilité ».

Ces textes organiques de 1874 permettent la mise en place d'un outil administratif efficace. Leur principale innovation consiste en la création d'une direction de l'administration pénitentiaire, cette quasi-autonomie dérogeant aux principes généraux de la législation coloniale. Il est vrai que le rapport de présentation du décret au chef de l'État précisait : « En vue d'éviter tout conflit avec les autres services, je me suis efforcé de définir les attributions de ce fonctionnaire, de manière à lui créer une sorte d'autonomie tout en maintenant les liens étroits qui les rattachent à ses collègues ». Aujourd'hui, la plupart des historiens considèrent que cette mesure fit de la « Tentiaire » un État dans l'État et, pour reprendre Clovis Savoie, que « cette autonomie retarda pendant vingt ans l'essor définitif de la colonisation libre »[7].

L'existence d'une liaison directe entre le gouverneur et le chef de l'État fut supprimée par le décret du 26 février 1880. Les pouvoirs exceptionnels qu'il avait eus durant six ans avaient été instaurés durant le règne de l'ordre moral et sous le coup de l'évasion du déporté Rochefort. La République, désormais assise, ne souhaitait pas laisser une telle latitude à ses gouverneurs. Lorsqu'en 1884 le capitaine de vaisseau Pallu de la Barrière laissa la place à un gouverneur civil, la question des attributions militaires se posa. Le Ministère décida par la dépêche du 15 juin 1885 d'aplanir les difficultés en proclamant que le gouverneur restait chargé de la défense intérieure et extérieure mais qu'il devait déléguer ses pouvoirs militaires au commandant des troupes. En fait, cette mesure donnait une certaine latitude aux colonels qui se succédèrent au poste de commandant et, s'ils reconnurent au gouverneur des pouvoirs en matière de justice militaire, ils lui refusèrent toute prérogative en ce qui concerne le droit de punition et le droit de mutation des soldats. En contrepartie, le commandant supérieur des troupes perdit en septembre 1887 son poste de second personnage de la colonie, le directeur de l'intérieur prenant rang au Conseil privé directement après le gouverneur et recevant désormais de droit tout intérim nécessaire.

7. Savoie Clovis : *Histoire de la Nouvelle-Calédonie et de ses dépendances sous les gouverneurs militaires 1853-1884*, Imprimerie nationale, Nouméa, 1922, 274 p.

Désormais, la place du gouverneur reste inchangée pour l'essentiel jusqu'à la Seconde Guerre mondiale. En effet, le Conseil général n'obtiendra aucune concession importante jusqu'aux années 1930, et lorsqu'il obtint finalement la promesse de la création d'un poste de député en 1939, le conflit mondial vint repousser cette véritable avancée des libertés locales jusqu'en 1945.

Relations difficiles entre le gouverneur et les citoyens

Dès les débuts de la colonie, les citoyens, c'est-à-dire les colons français à l'exception des transportés et des libérés non réhabilités, soit à peine 20 % de la population, désirèrent une représentation officielle. Pourtant, en dehors du Conseil d'administration, rien ne fut mis en place durant vingt ans, si ce n'est un conseil municipal nommé temporairement à Nouméa par l'ordre du 1er juin 1859. Le gouverneur Guillain semble avoir voulu constituer un « Conseil consultatif » mais il renonça finalement à son projet, écrivant en 1867 : « Les électeurs ne trouveraient pas huit sujets ayant l'intelligence pratique nécessaire pour un pareil mandat et disposés à y donner leur temps même pour une courte session annuelle »[8]. Une seconde tentative eut lieu le 5 octobre 1874 lorsque le gouverneur Alleyron nomma un nouveau conseil municipal à Nouméa. Le Secrétaire colonial explique cette précaution par le fait qu'il « serait à craindre que l'élection du Conseil Municipal par un nombre fort restreint d'électeurs ne représentait pas les véritables intérêts de la possession. Un choix fait par l'administration avec sagesse parmi les habitants les plus notables de la société sauvegarderait plus sûrement les intérêts de tous »[9]. Quatre pétitions successives circulèrent donc pour demander un accroissement des libertés locales, comme celle d'octobre 1876 qui recueillit 135 signatures. Elles demandaient que les

8. *Lettre du gouverneur Guillain au Directeur des colonies Zoepfpel*, Nouméa, 10 septembre 1867. CAOM, Nouvelle-Calédonie série géographique, carton 166. « À vrai dire il n'y a pas encore d'opinion publique dans notre population coloniale, pas de lien entre les individus qui la composent si ce n'est le mobile capricieux d'un intérêt immédiat… Cette race moutonnière tombe aux mains des intrigants qui ne sont pas ordinairement les partisans d'une administration intègre et ne conseillant que l'intérêt général ».

9. *Rapport à monsieur le Gouverneur en Conseil d'Administration, séance du 3 octobre 1874*, Nouméa. CAOM, Nouvelle-Calédonie série géographique, carton 2.

colons soient associés à la direction des affaires intérieures et au contrôle de l'emploi des ressources. La pétition de 1876 réclamait par exemple un Conseil général élu dans les mêmes conditions que dans les vieilles colonies, des conseils municipaux élus, un tribunal de première instance et la promulgation dans la Colonie de la législation métropolitaine sur la presse. Le gouverneur de Pritzbüer, représentant de l'ordre moral, prit mal l'initiative et il insista auprès du Ministère sur la médiocrité des colons, s'inquiétant en particulier du nombre croissant des libérés. La pétition arrivée à la Chambre fut renvoyée à la diligence du Ministère et le ministre proposa une réforme restreinte du Conseil privé ainsi que l'élection au suffrage universel de la municipalité de Nouméa, notant : « il suffira d'un simple décret pour doter la colonie d'une institution qui me paraît normale et que le voisinage de l'Australie rend plus désirable encore »[10]. C'est le gouverneur Olry qui promettra localement cette réforme afin d'avoir les coudées libres pour mater la rébellion kanake. Et de fait, un décret du Président de la République fait de Nouméa une commune de plein exercice le 8 mars 1879, seule la police restant aux mains de l'autorité supérieure du fait que la colonie a entre autres une vocation pénitentiaire. Dans la foulée, l'arrêté du 2 juillet crée neuf commissions municipales dans l'intérieur. Chacune d'elles est dirigée par trois membres élus pour deux ans par un collège électoral dans lequel les étrangers sont admis au même titre que les citoyens français. Cette particularité, critiquée par le Ministère, sera supprimée lors de la réorganisation des commissions le 7 avril 1888.

Lors de la troisième pétition en mars 1881, le gouverneur Courbet reconnaît que « le sentiment de la Colonie ne saurait être mis en doute. Agriculteurs, industriels, négociants, marchands, désirent un conseil Général » mais il finit par cette phrase couperet : « Je trouve que l'attitude prise ces derniers mois par le conseil municipal de Nouméa est de nature à justifier l'ajournement de toute extension du régime représentatif dans la colonie »[11]. Le Ministre décide de donner suite, mais la question des intérêts de la Pénitentiaire ralentira le processus. Celle-ci obtint en effet

10. *Lettre du Ministre de la Marine et des Colonies au Gouverneur de Pritzbüer*, Paris, mai 1877. CAOM, Nouvelle-Calédonie série géographique, carton 207.

11. *Lettre du Contre-amiral Courbet au Ministre de la Marine et des Colonies*, Nouméa, 5 mars 1881, CAOM, NC série géographique, carton 207.

l'autorisation de délimiter le territoire nécessaire à son expansion future éventuelle et le 16 août 1884, elle se voit attribuer 78 300 hectares de terres convenables en supplément aux 31 700 hectares déjà possédés.

Finalement, le texte instituant le Conseil général fut promulgué le 30 mai 1885. Ses attributions s'avèrent théoriquement supérieures à celles des Conseils généraux métropolitains puisque les conseillers statuent définitivement sur la gestion du patrimoine de la Colonie, mais aussi sur les travaux publics, l'aide sociale, ou encore les tarifs des différentes taxes. Ces décisions sont exécutoires de plein droit sauf si le gouverneur en demande l'annulation. Dans certains domaines le Conseil général délibère, dans d'autres il donne son avis et enfin il est autorisé à formuler des vœux sauf en matière politique. En fait, son principal pouvoir réside dans le vote annuel du budget, car si celui-ci comporte une importante section de dépenses obligatoires qui sont déterminées par le gouverneur, le Conseil général a de fait le pouvoir d'orienter les crédits d'investissement. Comme en France métropolitaine, ce levier fut déterminant dans la démocratisation très progressive des institutions coloniales calédoniennes. Dans un article récent, Sylvette Boyer concluait : « Deux questions restent posées : des droits civiques et sociaux sont-ils une condition nécessaire et suffisante à l'établissement de la démocratisation d'institutions mais surtout est-il raisonnable de parler de « démocratisation » des institutions au sein d'un régime colonial, autoritaire par définition ? »[12].

Bientôt, 805 des 1 209 inscrits (66,6 %) élirent 16 conseillers. Majoritairement éleveurs et négociants, leurs capacités étaient réelles et le gouverneur s'en félicita. Or, dès la première session le conseil demanda que soit rapporté le décret du 16 août 1884 abandonnant à l'administration pénitentiaire non seulement les meilleures terres mais aussi les réserves qui pourraient à l'avenir retourner au domaine. Les conseillers, représentant exclusivement la colonisation libre – puisque les libérés n'avaient point le droit de vote sauf mesure de réhabilitation –

---

12. Boyer Sylvette : « La démocratisation des institutions en Nouvelle-Calédonie à la fin du XIXe siècle et au début du XXe siècle » dans *Bulletin de l'Association des Professeurs d'Histoire-Géographie de Nouvelle-Calédonie*, n° 12, Nouméa, 1998, p. 9 à 16, p. 16.

considéraient à juste titre que celle-ci était menacée d'étouffement par la Transportation. Et bientôt, le conflit rebondit sur la question budgétaire, le Conseil général souhaitant choisir les économies nécessaires, en particulier en proposant que la Métropole prenne à sa charge tous les fonctionnaires qu'elle « imposait » au pays. C'était non seulement le gouverneur et ses prérogatives, mais l'autorité du ministère qui était mis en cause. Et paradoxalement, le délégué de la Calédonie au Conseil supérieur des colonies met celui-ci en difficulté en demandant à ce que la Colonie abandonne la spécificité législative au profit du retour à l'application pure et simple des lois métropolitaines[13].

Bientôt le Conseil général accepte, en maugréant de n'être que l'organe législatif local de la Colonie et tout en se présentant haut et fort comme le défenseur des libertés locales vis-à-vis du gouverneur chaque fois que ce dernier sort ostensiblement de son rôle de représentant du gouvernement central. Aucun notable ne nie le fait que le gouverneur assume la direction effective de la Colonie, mais aucun conseiller n'accepte que cela se fasse ouvertement et sans concertation préalable avec le Conseil général. Le seul qui essaya, le gouverneur Feillet, du fait que sa politique de colonisation s'avérait trop ambitieuse et trop onéreuse pour ses administrés, fut rapidement taxé par les conseillers des qualificatifs de « despote », de « proconsul » ou encore « d'autocrate ». En temps normal, les conseillers flattent leur électorat en déplorant les abus réels ou imaginaires des bureaux mais tout en préservant l'image du gouverneur. Et de fait, si les colons calédoniens supportent mal d'être considérés comme des citoyens de seconde zone, amertume typique dans les colonies de peuplement, ils sont généralement conscients que la pérennisation de leur implantation repose sur la sauvegarde des intérêts supérieurs de l'État et sur l'armée de la République.

Le Conseil général évite donc tout affrontement frontal et il préfère s'enliser dès 1886 dans le conflit de la séparation de l'Église et de l'État. Plus tard, le conflit porta sur les intérêts des représentants des éleveurs contre ceux de la mine. À cet égard, le jeune gouverneur Laffon, nommé

13. *Vœux exprimés par le Conseil Général et présentés aux Ministre par Paul Delabaume, délégué de la Nouvelle-Calédonie auprès du Conseil Supérieur des Colonies.* CAOM, NC série géographique, carton 17.

en 1890 à 25 ans après une carrière courte et banale, semble avoir été allié aux intérêts de la banque Rothschild qui possédait la Société Le Nickel. Ceci explique qu'il fut le seul à être accusé de concussion par des journalistes nouméens, ces derniers s'avérant très virulents contre lui, même selon les critères de l'époque. Avec le « proconsulat » de Feillet, le conflit commença entre une majorité de conseillers abolitionnistes et les partisans de la colonisation pénale, puis se perpétua entre les conseillers partisans de la colonisation libre et les conseillers antifeilletistes favorables à la congrégation mariste et à ses protégés mélanésiens.

Les textes organiques de 1874 prévoyaient dans le détail l'organisation de l'administration centrale, mais ils passaient sous silence l'administration locale et les rapports tant avec les colons qu'avec les indigènes ou avec les travailleurs étrangers. En revanche, le fait que l'État ait attribué l'ensemble des crédits affectés dans l'Empire colonial à l'introduction d'immigrants en Nouvelle-Calédonie[14] prouve que la Calédonie était bien considérée comme une colonie de peuplement, où colonisation pénale et colonisation libre devaient trouver un juste équilibre, la population autochtone étant habituellement oubliée dans les analyses. Et le gouverneur Feillet de déclarer peu après son arrivée devant le Conseil général le 21 août 1894 : « Nous sommes donc et nous devons être une colonie de peuplement ».

Il est évident que les premiers gouverneurs, issus de la Royale, furent indifférents au sort des populations autochtones. L'exemple le plus parlant étant le gouverneur Charles Guillain, dont les idéaux saint-simoniens ne concernaient en rien les Kanaks. Leurs gouvernements furent marqués par des prises de décision souvent solitaires et toujours avec un sens de l'autorité affirmé. Ceci les mit souvent en conflit avec leurs administrés, surtout lorsque des conflits politiques et religieux apparurent : implantation des libérés, puis venue temporaire des déportés ; recul de la pensée chrétienne et montée des rationalismes[15].

14. Ministère des colonies : *Note sur l'introduction de travailleurs aux colonies*, Paris, janvier 1882. CAOM, Nouvelle-Calédonie série géographique, carton 10.

15. Angleviel Frédéric : « Contribution à l'histoire de la franc-maçonnerie en Océanie. La loge Union Calédonienne, 1868-1940 » dans *Journal de la Société des Océanistes*, n° 106, Paris, 1998, 114 p., p. 17 à 39.

C'est ainsi que le capitaine de vaisseau de Pritzbüer fut le type même de l'administrateur militaire. Prenant son commandement en mars 1875, il finit son discours de prise de service par la phrase : « Chacun à sa place et le navire est droit ». Les gouverneurs militaires trouvaient normales les prérogatives très étendues que leur reconnaissaient les actes organiques de 1874 et ils étendirent leurs attributions autant que l'interprétation des textes le permit. Cette sorte d'absolutisme de la haute administration fut accentué par la présence de nombreux militaires aux postes névralgiques. C'est ainsi que le Conseil privé comprend outre le colonel commandant des troupes, deux commissaires de la marine (l'ordonnateur et le directeur de l'intérieur) et un officier retraité : le directeur de la Pénitentiaire.

Et de fait, tous les gouverneurs militaires furent critiqués par les colons pour leur dédain réel ou imaginé envers les civils, leur autoritarisme et leur manque de libéralisme. Le journal *Le XIXe siècle* écrivait ainsi en 1881 : « La Nouvelle-Calédonie est en effet, fort déshéritée au point de vue des institutions libérales... Elle est gouvernée comme une place forte. Que penserait-on en France d'une pareille anomalie si les ministères de l'intérieur, de l'agriculture et du commerce étaient gérés par des intendants militaires relevant d'une direction du Ministère de la Guerre ? Ne saurait-on élaborer un programme d'examen et créer enfin un corps de fonctionnaires coloniaux n'ayant à attendre leur avancement que de leurs succès en matière de colonisation et répondant au besoin de saine administration après laquelle nos colonies soupirent depuis si longtemps ? »[16].

Le seul à avoir été apprécié de ses administrés fut le gouverneur Olry. D'après P. Gascher, « c'est qu'il fut le seul à pouvoir exploiter, de par les circonstances tragiques où il se trouvait placé, ses aptitudes militaires : la révolte de 1878 empêchant qu'il ne fût détourné de son véritable métier »[17]. Du reste, la plupart prennent rapidement la colonie en grippe, tiraillés entre les intérêts du bagne et de la colonisation libre. Le gouverneur Courbet écrit ainsi dans une correspondance

16. De Granval Routier : « En Nouvelle-Calédonie » dans *Le XIXe siècle*, Paris, 3 mars 1881, Archives Nationales, série BB4, carton 2747.
17. Gascher P., *op. cit.*, p. 55.

confidentielle au Vice-amiral Duperré : « Le Conseil municipal, voilà le bouquet ! Belleville nous a redemandé le 11 juillet ses plus chers enfants... Quand il y aura un Conseil général, ce qui ne saurait tarder, ces Messieurs réuniront encore les suffrages d'une population qui se compose d'une part de déclassés, et de décavés naturellement acquis aux idées avancées, d'autre part, de braves gens indifférents à tout autre chose qu'à leur commerce ou leurs cultures... Enfin, quand il sortira un député des ruisseaux de Nouméa, ce sera toujours avec le drapeau de l'amnistie. George Perrin, l'apôtre de la Nouvelle-Calédonie, va demander un de ces jours, sinon ma tête, du moins ma révocation. Qu'il se hâte donc !... Je n'ai qu'une consolation, celle de me dire que jamais je n'aurais songé à solliciter l'honneur de gouverner ce triste pays »[18].

Finalement, la réforme eut lieu, non tant par souci de libéralisme que pour répondre au désir du gouvernement de s'assurer des fonctionnaires coloniaux fidèles. Ce qu'en 1877 le ministère de Broglie avait fait pour la droite royaliste, le ministère Jules Ferry allait le faire pour la gauche républicaine. Et de fait, différents de leurs prédécesseurs quant à leurs origines familiales, leurs idées philosophiques et leurs parcours professionnels, ils se firent mieux accepter par les habitants. C'est ainsi qu'au banquet des colons de 1884, le journaliste Bernier déclare : « Pour nous qui avons toujours été soumis à un régime d'exception, c'est la fin du gouvernement personnel et arbitraire, c'est l'instauration d'une ère nouvelle basée sur une étroite communauté de pensée, de convictions et de vue entre la population et le pouvoir »[19].

Et de fait, le nouveau gouverneur Le Boucher, jeune représentant d'une république naissante, accorda rapidement des réformes importantes, créant comme l'avait décidé le nouveau gouvernement métropolitain un poste de délégué au Conseil Supérieur des Colonies le 19 octobre 1883 puis un Conseil général le 2 avril 1885. Or, les actes organiques de 1874 n'ayant pas été abrogés, le gouverneur civil garde l'essentiel du pouvoir et les archives montrent qu'à aucun moment le Ministère

18. *Lettre de Courbet au Vice-Amiral Duperré*, Nouméa, 25 février 1881, Archives Nationales, série BB4, carton 1577.
19. Bernier : « Le banquet des colons » dans *L'Indépendant*, Nouméa, 11 août 1884, Archives de la Nouvelle-Calédonie.

ou ses représentants locaux ne songèrent à mettre en adéquation les réformes républicaines et libérales qui interviennent alors en France métropolitaine et la situation en Nouvelle-Calédonie. Cette frilosité s'explique sans doute par le fait qu'il est toujours difficile pour des responsables de se dessaisir de telle ou telle prérogative, qu'ils avaient peu de considérations, pour les éléments issus de la colonisation pénale et que ces mêmes hauts-fonctionnaires avaient peur d'être débordés par les exigences des colons libres et des négociants nouméens, remuants et toujours prêts à en découdre avec les populations autochtones. Quant aux quelques financiers du chef-lieu et aux directeurs des entreprises minières nées du chrome puis du nickel, ils avaient les moyens de se faire entendre du Ministère et du gouverneur, ce qui leur permettait entre autres de contrebalancer le pouvoir du Conseil général lorsqu'il leur était hostile. En tout cas c'est ce que pensait un journaliste anonyme en 1891 lorsqu'il disait au gouverneur de l'époque par article interposé : « La lutte engagée pourrait se définir ainsi : d'une part, les défenseurs, de l'autre les exploiteurs de la Nouvelle-Calédonie. Vous vous êtes mis à la solde de ces derniers, d'aucuns pensent que vous êtes à leurs gages »[20].

Très peu de fonctionnaires coloniaux permettent l'application des lois dans l'intérieur de la Grande Terre et aux îles Loyauté. De plus, depuis 1872 les commandants d'arrondissement se trouvent à la fois dirigés par le directeur de l'intérieur et le directeur de l'administration pénitentiaire. En effet, le décret organique de 1874 précise : « Il donne des ordres aux chefs de circonscriptions territoriales pour tout ce qui se rapporte à la participation de ces chefs aux opérations concernant l'administration pénitentiaire ». Par ailleurs, les commissions municipales créées en 1879 pour initier les colons de la « brousse » au maniement de leurs affaires semblent être un échec, du fait du petit nombre des candidats compétents et du désintérêt pour la chose publique des colons, éparpillés sur un vaste périmètre et accaparés par leurs tentatives agricoles diverses. Aussi le gouverneur reprend-il une partie des pouvoirs concédés par arrêté le 21 juin 1890, les chefs d'arrondissement étant chargés d'examiner les budgets des commissions et de vérifier leurs comptes.

---

20. Anonyme : « Le Conseil général » dans *L'Avenir*, Nouméa, 10 mars 1891. Archives de la Nouvelle-Calédonie.

Les intérims des gouverneurs furent nombreux, du fait des changements d'affectation de dernière minute et de l'éloignement de cette colonie peu demandée, obtenue généralement en fin de carrière par des fonctionnaires de moyenne stature. Chacune de ces périodes d'intérim fut considérée comme bénéfique par la société civile car les fonctionnaires intérimaires laissaient alors une plus grande liberté au Conseil général et à la population en général. L'un d'eux, Moracchini, n'écrivait-il pas en 1888 : « Je fais bon ménage avec le Conseil Général, la population et les fonctionnaires, je fais mon service et ne m'occupe pas de ce qui ne me regarde pas... Je suis le conseil que Monsieur Goldscheider me donnait à mon départ de Tahiti : « Faites votre devoir sans bruit ; moins on entendra parler de vous et mieux ça vaudra » » [21].

De fait, le Ministère lui-même reste persuadé que les colonies, même officiellement dites de peuplement, ne peuvent avoir la même représentation et donc les mêmes libertés publiques qu'en Métropole. C'est ainsi que lorsque le gouverneur Noël Pardon fut en conflit avec le Conseil général en 1890, le sous-secrétaire d'État lui répondit : « La dissolution immédiate aurait eu l'avantage de montrer que l'administration était décidée à maintenir les représentants du pays dans la voie que leur tracent les intérêts bien entendus de la colonie »[22].

Le premier et aussi le dernier gouverneur du XIXe siècle à entrer ouvertement en conflit avec le Conseil général fut le gouverneur Feillet, qui, ayant reçu l'ordre de fermer le « robinet d'eau sale » de la transportation, décida de promouvoir la colonisation libre et donc de s'appuyer sur les conseillers républicains et anticléricaux. Ne déclarait-il pas en 1898 : « La tâche à laquelle je vous ai conviés est si belle, si grande, qu'elle devrait réunir tous les bons citoyens. De quoi s'agit-il ? ... D'établir en Nouvelle-Calédonie une solide et vigoureuse démocratie rurale, faite à l'image de la grande démocratie française »[23].

21. *Lettre de D. Moracchini à Monsieur Housez*, Nouméa, 20 septembre 1888. CAOM, Nouvelle-Calédonie, Série géographique, carton 17.

22. *Instructions du sous-secrétaire d'État au Gouverneur Noël Pardon*, Paris, novembre 1890. CAOM, Nouvelle-Calédonie série géographique, carton 37.

23. *Ouverture de la session ordinaire du Conseil général par le gouverneur Paul Feillet*, Nouméa, 2 mai 1898. Archives de la Nouvelle-Calédonie.

Théoriquement, la suspension des convois de forçats aurait dû entraîner un changement radical des liens entre la Métropole et cette colonie de peuplement. C'est ainsi qu'Isabelle Merle considère que « La perte du statut de colonie pénale défait brutalement la subordination obligée de la Nouvelle-Calédonie à la France. Elle induit une autonomisation relative et oblige à une redéfinition drastique des équilibres antérieurs organisés par et autour du bagne »[24]. Un nouveau projet de société était effectivement indispensable si l'on ne voulait pas que la Colonie sombre économiquement et ce grand gouverneur, que vient d'étudier C. Terrier [25], sut faire rêver le ministère, les édiles locaux et les fameux « colons Feillet » qui quittèrent avec un pécule de 5 000 francs or la Métropole pour aller s'établir aux Antipodes. Le rêve de prospérité du gouverneur Feillet, par la culture du café, s'effondra avec la chute des cours mondiaux de ce produit commercial contraignant qui avait pour vocation la mise en valeur des petites et moyennes concessions, par opposition aux nombreuses stations d'élevage liées aux commandes du bagne. Sa propagande, pour laquelle il préférait le terme d'apostolat, l'obligea à prendre des terres à l'administration pénitentiaire pour pouvoir attribuer à tous les colons 25 ha à titre gracieux. Ces réaffectations ne suffisant pas, il réalisa de 1897 à 1903, au nom du droit de conquête, ce que les historiens ont appelé le grand cantonnement. Et Feillet de déclarer en 1897 : « Ce que demandent mes Canaques, c'est d'être fixés sur leurs droits, de savoir définitivement ce qui est à eux et ce qui ne l'est pas ; c'est aussi d'être garantis contre les incursions du bétail ; c'est enfin d'être délivrés de la présence des libérés qui infestent les tribus pour leur vendre très cher du mauvais alcool. L'indemnisation… n'est pas le paiement d'une propriété que les chefs nous auraient vendue mais le signe palpable de l'abandon qu'ils nous font de leurs droits de souveraineté dont la France a hérité »[26].

24. Merle Isabelle : *Expériences coloniales. La Nouvelle-Calédonie (1853-1920),* Belin, Paris, 1995, 476 p., p. 284.

25. Terrier Christiane : *La colonisation de peuplement libre en Nouvelle-Calédonie (1889-1909) ou les conséquences de la confrontation entre intérêts métropolitains et insulaires dans l'évolution d'une utopie française en Océanie vers un type colonial spécifique,* thèse nouveau régime d'histoire, Université de la Nouvelle-Calédonie, 2000, 860 p.

26. *Discours du gouverneur Feillet devant le conseil général*, séance du 22 juillet 1897. Archives de la Nouvelle-Calédonie.

Il n'est donc pas étonnant que les relations entre les gouverneurs et le monde mélanésien aient généralement été mauvaises.

Les gouverneurs et la question indigène

Dès l'origine, le dilemme existe : colonisation implique spoliation foncière au détriment des premiers occupants[27]. Le gouverneur des EFO Du Bouzet en est bien conscient lorsqu'il écrit en 1855 : « Considérant qu'il est de principe que lorsqu'une puissance maritime se rend souveraine d'une terre non encore occupée par une nation civilisée et possédée seulement par des tribus sauvages, cette prise de possession annule tous les contrats antérieurs faits par des particuliers avec les naturels de ce pays ; qu'en conséquence, les chefs et les indigènes de Nouvelle-Calédonie et de ses dépendances n'ont jamais eu ni ne peuvent avoir le droit de disposer de tout ou partie du sol occupé par eux en commun, ou comme propriété particulière, soit par vente, échange ou don volontaire ou mode de transmission quelconque, en faveur d'individus qui ne font pas partie de leur tribu, qui ne sont pas aborigènes dudit territoire »[28].

Peu après, le proconsulat du gouverneur Guillain entraîna, en raison de la faim de terres de l'administration pénitentiaire, le premier véritable conflit d'envergure avec les pays kanaks. Michel Reuillard écrit dans sa biographie du gouverneur Guillain : « Ce choc entre civilisations n'a pas été le traumatisme absolu qu'on évoque parfois ; et tout compte fait, un choc comparable se produisait au même moment en Europe, entre la société urbaine industrialisée et le monde rural... Tous les peuples primitifs entrés trop rapidement en contact avec une civilisation plus avancée que la leur en ont souffert »[29].

---

27. Saussol Alain : *L'héritage. Essai sur le problème foncier mélanésien*, Société des Océanistes, n° 40, Paris, 1979, 496 p. ; Dauphiné Joël : *Les spoliations foncières en Nouvelle-Calédonie*, L'Harmattan, Paris, 1989, 346 p.
28. « Déclaration du chef de Division, Gouverneur des Établissements Français de l'Océanie, relative à la propriété et à l'aliénation des terres en Nouvelle-Calédonie et dépendances, Nouméa, 20 janvier 1855 » dans *Bulletin officiel de la Nouvelle-Calédonie*, Nouméa, 1855.
29. Reuillard Michel : *Les saint-simoniens et la tentation coloniale. Les explorations africaines et le gouvernement néo-calédonien de Charles Guillain (1808-1875)*, L'Harmattan, Paris, 1995, 580 p., p. 552.

Parmi les dispositions de 1874, l'une d'elles donnait au gouverneur des droits quasi-souverains sur les Kanaks. Cette dernière disposition se voulait paternaliste et bienfaisante. Pierre Gascher note qu'en fait, « l'ignorance où l'on était alors des coutumes des autochtones devait fatalement amener le gouverneur à des actes maladroits, arbitraires ou dangereux, et il n'existait aucune possibilité de recours à une autorité supérieure »[30]. En fait, il fallut attendre l'insurrection de 1878 pour que les services du gouverneur entreprennent une véritable réflexion sur leur action. Le Ministre écrira ainsi au nouveau gouverneur en 1880 : « La terrible levée de boucliers dont nous venons à peine de triompher a démontré l'importance qu'il convient d'attacher à la question indigène déplorablement négligée, il faut le dire, par les administrations antérieures »[31].

C'est ainsi que la Nouvelle-Calédonie fut divisée le 28 juin 1879 en cinq arrondissements, qui furent définis par le gouverneur Olry en fonction de considérations techniques : leurs superficies devaient être quasiment identiques. Dès septembre 1879, le gouverneur prit un arrêté portant création officielle dans chacun des cinq arrondissements d'un représentant de l'administration. Longtemps officiers d'infanterie de marine, ils furent tous remplacés par des civils à partir du 11 janvier 1881. Le Ministère réitérant en 1885 ses instructions au gouverneur Nouet, informe ce dernier que : « Le rôle du chef d'arrondissement est avant tout un rôle de protection, il doit veiller à ce que dans l'étendue du territoire qu'il administre, aucune injustice ne se commette au préjudice des indigènes »[32].

La dépêche ministérielle de 1885, qui retirait au gouverneur le commandement effectif des troupes, finit de lui enlever le contact direct avec les autochtones, le gouverneur Nouet écrivant ainsi au Ministre en 1887 : « Tel chef de poste, peut, tout en étant un excellent militaire, avoir vis-à-vis des Canaques une attitude incorrecte et le gouverneur doit pouvoir le déplacer de sa propre autorité ». Il est vrai que le bureau concerné annota en marge : « La circulaire du 15 juin 1885 est loin d'être précise, elle a même

30. Gascher Pierre, *op. cit.*, p. 36.

31. *Instructions générales du Ministre des colonies au gouverneur Courbet*, Paris, 12 juin 1880, CAOM, Série géographique, Nouvelle-Calédonie, carton 25.

32. *Instructions générales à Nouet*, Paris, juillet 1886. CAOM, NC série géographique, carton 25.

des parties contradictoires. On a voulu, en effet, enlever aux gouverneurs civils leurs pouvoirs militaires tout en ayant l'air de les leur laisser »[33].

Le gouverneur continua en matière d'administration indigène à posséder un véritable pouvoir discrétionnaire, aucune réduction n'étant apportée à son pouvoir. C'est ainsi qu'il instaure par décret le 18 juillet 1887 le code de l'Indigénat, qui eut pour principal effet de placer les Kanaks hors du droit commun. Ces textes trouvent leurs origines dans l'Algérie coloniale des années 1840, l'État souhaitant doter les gouverneurs de moyens répressifs légaux leur permettant d'écraser rapidement toute rébellion indigène, au mépris des règles de fonctionnement de la justice métropolitaine. La loi du 28 juin 1881 avait regroupé en Algérie les éléments de cette législation d'exception et elle avait entériné pour sept ans ce régime disciplinaire spécial. En 1887, la loi sur l'Indigénat est reconduite en Algérie et élargie à l'ensemble des colonies françaises. Désormais, toutes les tribus sont recensées et l'administration confirme ou désigne les chefs. La notion de tribu s'institutionnalise et les chefs « administratifs » deviennent de précieuses courroies de transmission. Pour cela, il fallait destituer les anciens chefs les plus réticents, ce qui donna lieu à ce que l'on appellerait aujourd'hui une bavure. Le chef Poindi Patchili, autrefois guerrier redoutable agrandissant son territoire et fier opposant à la présence française[34], s'était réfugié depuis plusieurs années dans les montagnes de la chaîne centrale où il s'était fait oublier. Le nouvel administrateur du quatrième arrondissement, Moriceau, conscient de la nécessité de le circonvenir s'il voulait instituer un chef administratif, le fit arrêter pour une obscure affaire de vol le 27 septembre 1887. Cette arrestation était non seulement infondée mais apparemment maladroite. Le Gouverneur et son Conseil privé, parce qu'ils « se trouvaient en présence d'un fait accompli », confirmèrent la sentence et profitèrent du

33. *Lettre du gouverneur Nouet au Ministre des colonies*, Nouméa, 1887, CAOM, Série géographique, Nouvelle-Calédonie, carton 25.

34. Bensa Alban : « Le chef kanak. Les modèles et l'histoire » dans *En pays kanak*, Éditions de la Maison des sciences de l'Homme, Paris, 2000, 365 p., p. 9 à 48. Dauphiné Joël : « La déportation kanak au XIXe siècle » dans *Les déportations politiques et les exclusions en temps de guerre en Nouvelle-Calédonie*, Musée de la ville de Nouméa, Nouméa, 2005, 140 p., p. 38 à 40.

départ d'un bateau militaire pour interner Poindi à Obock. Le ministère approuva avec réticence la mesure et exigea qu'à l'avenir le gouverneur attende l'avis du département avant d'expulser des indigènes. Et de fait, cette politique du fait accompli entraîna, le 14 juin 1888, le décès de Poindi Patchili dans sa prison lointaine.

Longtemps, les gouverneurs privilégièrent l'assimilation des populations autochtones. C'est ainsi que le gouverneur Nouet déclare en 1886 : « Nous avons là, près de nous, une population de plus de 40 000 âmes qui est devenue française par l'occupation et qui ne tardera pas à le devenir par les sentiments. Pour obtenir ce résultat, il importe de pénétrer dans la vie du Canaque plus qu'on ne l'a fait jusqu'ici »[35].

Le gouverneur Feillet rompit avec cette idéologie, prônant au contraire une politique indigène fondée sur la reconnaissance de la différence des races. Cette nouvelle conception de la politique indigène se fondait sur les difficultés rencontrées par ses prédécesseurs, les Kanaks refusant par exemple autant que faire se peut de travailler pour l'administration et les colons, et sur la logique de marginalisation induite par le principe du cantonnement. Pour Isabelle Merle, « cette logique implacablement cohérente associe étroitement le principe de la ségrégation et celui de l'assujettissement... Ce républicain, positiviste dans l'âme, se prend à croire, pour les indigènes, aux vertus des hiérarchies et des coutumes traditionnelles, à la force de « l'ancien » »[36]. Et du reste, Feillet déclare en 1901 aux représentants de la colonie : « En réalité le Canaque est encore un féodal et un homme de clan. Politiquement et socialement, il faut donc, pour le conduire, le considérer, tout en tenant compte de la différence de nos climats et des progrès matériels modernes, selon le cas, comme un de nos ancêtres du temps de Philippe-Auguste, ou comme un ancien celte »[37].

Parallèlement, Feillet réorganise le service des affaires indigènes par décret le 9 août 1898, déléguant adroitement une grande partie de

35. Nouët : « Discours d'ouverture de la cession du Conseil général », dans Partie officielle, *Journal Officiel de la Nouvelle-Calédonie*, Nouméa, 18 août 1886.
36. Merle Isabelle, *op. cit.*, p. 307.
37. Feillet Paul : *Discours d'ouverture de la cession du Conseil général*, Nouméa, 3 juin 1901. Archives de la Nouvelle-Calédonie.

l'autorité coercitive aux grands chefs, que l'administration cherche à s'attacher par une politique clientéliste (médailles, indemnités, cadeaux). Il honore la coutume en autorisant à nouveau les danses anciennes (pilou-pilou) et en multipliant les palabres. En même temps que l'encadrement de la communauté mélanésienne est renforcé, le gouverneur durcit le système des réserves créé en 1868. C'est ainsi que l'article 28 du décret de 1898 stipule qu'il est désormais interdit aux Kanaks « de s'installer sur d'autres points que ceux qui se trouvent sur les réserves qui leur sont affectées ». Les Mélanésiens sont donc en quelque sorte assignés à résidence sur des espaces fortement réduits, Feillet considérant officiellement que le fait de les préserver de l'influence pernicieuse des colons nécessitait de les regrouper sur des terres délaissées et éloignées des côtes. Dans le même temps, Feillet organise avec soin la ségrégation entre les sociétés indigènes et européennes. L'article 29 stipule que les colons n'ont pas le droit de résider sur des terres kanakes et il leur est interdit d'installer hors engagement[38] des Kanaks sur les terres ouvertes à la colonisation.

Cette relégation des Mélanésiens dans des réserves éloignées des centres de colonisation et cette ségrégation entre les communautés perdura jusqu'à la Seconde Guerre mondiale, figeant avec l'aide de la gendarmerie coloniale[39] la société calédonienne. Les différents gouverneurs qui se succédèrent durant la première moitié du XXe siècle héritèrent de cette situation et de fait ils devinrent désormais de véritables arbitres entre les communautés. Les hauts-commissaires qui ont remplacé depuis 1958 les gouverneurs semblent toujours remplir ce rôle de médiateur à ce jour, les partenaires des accords de Matignon puis de l'accord de Nouméa étant les loyalistes, les indépendantistes et l'État-arbitre.

---

38. Angleviel Frédéric : « De l'engagement comme esclavage « volontaire ». le cas des Océaniens, Kanaks et Asiatiques en Nouvelle-Calédonie (1853-1963) » dans *Journal de la Société des Océanistes,* n° 110, Paris, 2000, p. 65 à 81.

39. Lambert Jean-Marie : *La nouvelle politique indigène en Nouvelle-Calédonie. Le capitaine Meunier et ses gendarmes, 1918-1954*, L'Harmattan, coll. Mondes Océaniens, Paris, 1999, 240 p. ; Angleviel F. : « La gendarmerie coloniale en Océanie (1846-1939) » dans *Revue de la Gendarmerie Nationale*, Hors série n° 2, Paris, 2000, 162 p., p. 83 à 87.

Pour conclure, il est bien sûr difficile de distinguer entre ce que fut le rôle du gouverneur en Nouvelle-Calédonie entre 1853 et 1903 et la vie politique de cette Colonie durant la même période. Le gouverneur est de fait au centre de la vie administrative depuis l'origine, puis de la vie économique à partir de la dévolution en 1855 de toutes les terres calédoniennes à l'État et enfin de la vie politique à partir de la nomination sous son contrôle des premiers conseils : Conseil d'administration en 1855, conseil municipal de Nouméa en 1859. La création du Conseil général en 1885 marque l'apparition d'un contre-pouvoir colonial local alors que le code de l'indigénat puis le cantonnement enferment la population autochtone dans un long isolement.

Bien sûr, une grande partie des décisions des gouverneurs ne sont en fait que la transcription des orientations du Ministère : Guillain ne se serait pas trouvé en conflit avec la mission[40] s'il n'avait pas eu à trouver des terres pour la Pénitentiaire ; Feillet n'aurait pas mis en place son ambitieux plan de colonisation s'il n'avait pas reçu l'ordre de fermer le bagne[41]. Mais il est indéniable que ces hauts-fonctionnaires des antipodes disposaient d'un véritable pouvoir de décision et qu'ils marquèrent tous de leur empreinte cette lointaine colonie de peuplement. En ce qui concerne les libertés locales, les gouverneurs les retardèrent sur ordre d'une part, les colonies étant par essence subordonnées aux intérêts de la Métropole et d'autre part, ils limitèrent ces libertés locales par esprit de pouvoir et par méfiance envers leurs administrés.

40. Dauphiné Joël : *Pouébo. Histoire d'une tribu canaque sous le Second empire*, L'Harmattan-ADCK, Paris, 1992, 270 p.

41. Anonyme : article sans titre dans *La France Australe*, Nouméa, 25 juin 1894. « Le chef de la colonie est lié par une foule de lois, décrets, règlements et instructions ministérielles qu'il ne peut enfreindre, sans engager gravement sa responsabilité et compromettre gravement sa carrière. Ce n'est donc pas de sa faute s'il n'a que des expédients à opposer à la détresse du pays. Comment voulez-vous qu'un député quelconque, que les hasards ou les marchandages de la politique auront fait ministre des colonies connaisse le vaste empire qu'il est appelé à gouverner,... Il ne le peut pas, c'est évident mais qu'importe ! C'est en maître absolu, jaloux de son autorité qu'il exigera que pas une paille ne soit déplacée sans son autorisation. D'ailleurs, le régime dont il relève, le régime d'essence jacobine, dont il est le grand prêtre veut qu'il en soit ainsi. Dans ces conditions quelle initiative peut avoir un gouverneur ? Aucune ».

Delfaut Jean-Baptiste (1831-190?)*

* « Delfaut Jean-Baptiste (1831-190? » dans *Océanie. Dictionnaire illustré des explorateurs et grands voyageurs français du XIXe siècle, Tome IV*, Comité des Travaux Historiques et Scientifiques, Paris, 2003, 407 p., p. 131-132.

Aîné de onze enfants, Delfaut se retrouve chef de famille lorsque son père, républicain et socialiste, est déporté aux îles Marquises après le coup d'état du 2 décembre. Il doit quitter le collège corrézien où il avait commencé ses études et, par protection, il est nommé archiviste à la Compagnie des chemins de fer du Midi. Lors d'une visite de l'Empereur à Bordeaux, il lui répond par des propos républicains. Révoqué, il s'engage en 1855 dans le deuxième régiment de génie à Montpellier. Sergent-major instructeur, il se rend en Algérie où il est blessé à deux reprises, ce qui entraîne sa citation à l'ordre du jour.

Vif et susceptible, il « répond » à un supérieur et en vient même à le bousculer. Ses camarades prennent fait et cause pour lui et ce sont cent-vingt-trois soldats qui désertent et vont proposer leurs services au Bey de Tunis, qui les accepte. De 1858 à 1861, ils organisent donc les troupes de génie du Bey. Delfaut rentre alors en France pour assister une de ses sœurs mourante. Sur le chemin du retour, il est arrêté à Alger. Trois mois après, il s'évade, et, de 1861 à 1865, il va fabriquer de fausses actions et de faux papiers d'état-civil sous le nom de comte de Belfort-Lebau. À nouveau arrêté, il est condamné pour faux en écriture publique à vingt et un ans de travaux forcés et, après quelques mois au bagne de Toulon, il rejoint la « Nouvelle » sur le *Fleurus* en 1867.

Recommandé par le commandant, à qui il a rendu de petits services d'écriture, et arrivant alors que l'implantation de l'administration pénitentiaire en est à ses débuts, le matricule 1275 devient l'écrivain particulier du surveillant-chef Lausanne. Lors du changement de gouverneur, il est renvoyé en 1870 dans le rang. Frappé peu après par un surveillant, il porte plainte. Sa réclamation n'ayant pas été suivie d'effets et les vexations continuant, il tue le dénommé Ambarreck.

Jean-Baptiste est alors condamné à quarante ans de travaux forcés dont cinq ans de chaîne. Il va vivre effectivement de 1874 à 1879 à l'île Nou en quartier de correction, avec double chaîne et accouplement. En 1879, il est transféré à Nouville, où il tente de s'évader. En 1880, il est envoyé à la ferme pénitentiaire de Fonwhary (La Foa) où il tente à nouveau de s'évader en passant par la côte est (Canala). L'année suivante, il essaye de s'évader par le débarcadère militaire de La Foa puis, en usant de faux papiers, par Nouméa. Il est alors renvoyé à l'île Nou, siège de l'administration pénitentiaire.

Toujours imaginatif, il trouve le moyen de rédiger une *Histoire de la transportation et de la colonisation pénale en Nouvelle-Calédonie*, aujourd'hui perdue, qu'il offre en 1882 au gouverneur Pallu de la Barrière nouvellement arrivé. Ce gouverneur humaniste prônant un bagne à visage humain, les chantiers routiers deviennent des expériences de regénération. Delfaut est envoyé en 1883 à Houaïlou, où il est affecté à l'un des camps mobiles chargés d'ouvrir le chemin muletier côte est – côte ouest (Houaïlou-Bourail).

Il se fait rapidement remarquer par ses conseils judicieux, et il propose, pour 15 000 F et le travail d'un nombre raisonnable de forçats, de finir cette route pour laquelle les ingénieurs demandaient d'énormes moyens. Il devient le symbole de la politique généreuse de Pallu de la Barrière, ce qui lui vaut d'être mêlé à la campagne de presse locale critiquant les mesures libérales du gouverneur. En 1884, le journal *Le Néo-calédonien* s'indigne que le camp où il travaille porte officiellement le nom de camp Delfaut. Ayant fini la route promise, il est autorisé à se rendre un mois en permission à Bourail, haut lieu du bagne, ce qui fait dire au même journal qu'un « pareil renversement de la raison et de la morale ne peut pas durer longtemps ».

Profitant du changement de gouverneur en 1884, ses détracteurs le font transférer au centre pénitentiaire agricole de Koniambo où il dirige les soixante forçats chargés de faire sortir de terre les premières installations. Lui qui n'évoque pratiquement jamais le monde mélanésien nous apprend alors qu'il installa sa petite troupe « dans des cases canaques abandonnées ». Il obtient peu après sa mise en concession et organise un syndicat des concessionnaires. Jalousé par les commerçants et les colons libres de Koné, il est rétrogradé de la première à la seconde classe et réintègre l'île Nou fin 1885. La fin du bagne approchant et l'âge l'ayant assagi en parole, son sort s'améliore. Il rédige ses mémoires en 1895-1896 et il décède dans les premières années du XXe siècle à l'île Nou, devenue un véritable asile.

Aucun éditeur n'ayant accepté l'un ou l'autre de ses deux manuscrits, similaires quant au fond mais différents quant à la présentation, ils passent après sa disparition de libéré en libéré jusqu'à ce que le jeune journaliste Alin Laubreaux fasse paraître l'un des deux manuscrits en feuilleton dans *Le Messager*[1].

Le narrateur « anonyme » relate à la troisième personne les trente ans de bagne d'un dénommé Daufelt, anagramme transparent de Delfaut, et remet souvent en cause le système carcéral. Delfaut-Daufelt considère en particulier qu'il faudrait limiter les peines à cinq années, favoriser durant les premiers temps la réclusion cellulaire dans de bonnes conditions d'hygiène, puis mettre en place un système de liberté conditionnelle progressive. Le premier historien calédonien, Clovis Savoie, dira une génération plus tard : « Le germe du bien était resté très vivace dans son cœur et il a fait tout le possible pour mériter et obtenir une liberté définitive qui lui a été refusée. Singulière récompense ! ».

1. Sans nom d'auteur : « Nos criminels dans les bagnes d'Outre-mer, étude physiologique sur les condamnés et le bagne en Nouvelle-Calédonie », manuscrit II, *Le Messager,* Nouméa, 1920-1921. Daufelt : *Les Damnés du Pacifique,* Kiwanis Club de Nouméa, Nouméa, 1974, 160 p. Delfaut / Daufelt : *Nos criminels... le bagne en Nouvelle-Calédonie,* manuscrit I, éd. Grain de Sable, Nouméa, 1996, 240 p.

La saga Mariotti*

* « La saga Mariotti » dans *Sagas calédoniennes. 50 grandes familles*, Éditions Dimanche Matin, Nouméa, 1999, 235 p., 158 à 161.

C'est en 1878 que Paul Louis Mariotti, jeune homme ombrageux de 19 ans aux yeux clairs et au regard franc, quitta la Corse suite à l'une de ces vendettas meurtrières qui l'avait amené à venger l'honneur de son père. Six ans après, ayant payé sa dette à la société, il quitta la vallée de la Fonwhary pour travailler sur mine avant de s'installer à Farino. Père de 12 enfants, il est à l'origine, avec son frère Pierre qui s'installa plus tard à La Foa, d'une famille aux multiples facettes dont les 160 à 170 descendants directs, répartis sur six générations, sont enracinés dans cette île des antipodes chère au cœur de l'écrivain Jean Mariotti.

Des origines corses et pénales

D'après la tradition familiale, le père de Paul Louis Mariotti s'étant marié avec une Italienne, sa famille le désapprouva bien qu'il restât à Campile. Décédé prématurément, sa veuve et ses deux fils furent plus ou moins déshérités. La veuve ayant refusé cette situation, elle fut condamnée pour diffamation en 1862. Aussi, lorsque Paul Louis atteingnit quinze ans plus tard l'âge de 18 ans, il alla se plaindre auprès de son oncle Giaffero Mariotti, qui le fit emprisonner trois mois pour vol de divers papiers. Le procureur note alors : « Déjà une vive mésintelligence régnait entre l'oncle et le neveu à la suite de contestations civiles qui les divisaient. Cette condamnation ne fit que l'accroître, et dès ce moment, Paul Louis n'attendait plus qu'une occasion favorable d'attenter aux jours de son oncle. Elle ne tarda pas à se présenter. En effet, dans la soirée du 22 septembre dernier (1877), Mariotti alla se poster dans un jardin bordant le chemin que Giaffero devait parcourir pour rentrer chez lui, et lorsque son oncle vint à passer, il déchargea sur lui son pistolet ».

Jugé à Bastia, si l'on en croit son fils Joseph il fut envoyé en Nouvelle-Calédonie non pas en raison de cet acte de vendetta bien naturel, mais parce qu'il répondit avec trop de véhémence aux juges. Du reste, sa notice individuelle nous apprend qu'il ne prit que « six ans de travaux forcés et six ans de surveillance » et ceci pourtant pour « crime d'assassinat », preuve s'il en était qu'il s'agissait pour les juges de l'expression spécifique d'un code de l'honneur aujourd'hui suranné. Et comme le dira bien plus tard Jean Mariotti : « Tuer un homme, c'est chose terrible et grande ». Quant à sa mère, ménagère de 59 ans inquiétée un temps pour complicité, elle fut finalement relaxée du moment que son fils avait accepté de quitter la prison Sainte Claire de Bastia pour « La Nouvelle ». Arrivé le 25 octobre 1878 à l'île Nou sur la *Loire*, Paul Louis fut bientôt transféré à la ferme agricole de Fonwhary et, dès 1881, sa conduite irréprochable lui permet d'être mis en concession. En effet, en trois ans il n'avait été puni que deux fois : en 1879 pour avoir « été trouvé possesseur de salade dont il n'a pu justifier la provenance » et en 1880 pour « paresse au travail ».

Paysan, fils de paysan, il sut mettre en valeur les 3 ha à lui confiés. Finalement, il fut libéré dès le 4 février 1884. De fait, il fut bientôt réhabilité et fut en 1910 élu président de la Commission municipale de Farino. Comme le dira bien plus tard Jean Mariotti : « Mon père était un homme solide qui ne s'effrayait pas facilement de quoi que ce soit. Il pensait avec l'orgueil d'un Corse (on nous reproche cet orgueil mais il nous aide quelquefois), que si l'un de ses fils n'était pas capable d'affronter ce que les autres affrontaient, c'était regrettable ».

Paul Louis convola d'abord en 1886 en justes noces avec Marie-Louise Hacques, fille du libéré Joseph. Ce dernier, originaire de Laval, était arrivé en 1877 et il obtint que son épouse et ses trois enfants viennent le rejoindre en 1881. L'une épousa à Nouméa une personne libre, Marie-Louise donna à Paul Louis six beaux enfants : Ange Paul (1887), Félicie Marie Louise, Félix Désiré (1890), Madeleine Faustine (1891), Joseph (1894) et Louise Eugénie (1896). Dans le registre H827 conservé à Aix-en-Provence, il apparaît qu'en 1895 « Le sieur Mariotti, réhabilité, possède une véritable fortune, acquise par les économies qu'il a su faire à Thio où il a longtemps été employé dans les mines. Autorisé à tenir cantine avec commerce d'épicerie et de liquides à emporter, il est aujourd'hui un des plus riches propriétaires du centre ». Quant au jeune frère de Paul Louis, Pierre, arrivé en Calédonie en 1894, il avait laissé sa femme et ses enfants en Corse. Après s'être installé à La Foa, dont il fut un temps président de la commission municipale, il prit pour compagne une femme malabar, Kamatchi Vaïtilingon, déjà âgée de 32 ans, dont il eut plusieurs enfants naturels, tel Ovide (1898).

Après la disparition tragique de Marie-Louise, noyée (accident ? suicide ?) dans la rivière de La Foa, Paul Louis Mariotti se met en ménage avec Marguerite, fille du libéré Pacifique Aïna arrivé dans la colonie en 1883. Originaire de la province italienne de Novare, père de deux filles et d'un fils, il avait été mis en concession en 1891, avait « construit sa case dans les délais et mis en état une grande partie de son terrain... étant donné qu'il est fatigué et déjà d'un certain âge ». Marguerite Aïna était toujours mariée à Louis Penotti, dont elle avait eu une fille, Inès, mariée à Marcel Luneau puis à Maurice Miossec. Marguerite trouva le bonheur auprès de Paul Louis avec qui elle eut six enfants : Faustine (1900), Jean (1901), Roger (1904), Olga (1906), Pierre (1908) et Marguerite (1911). Les premiers d'entre eux naquirent de « père inconnu », Paul Louis les reconnaissant après le décès de Louis Penotti.

La première famille de Farino

Le père Mariotti cultive et fait cultiver par des garçons de famille et des engagés asiatiques tous les produits agricoles nécessaires. Jean Mariotti précise : « L'incommodité et la lenteur des transports rendaient presque impossible l'échange des denrées périssables. Les légumes et les fruits ne se vendaient pratiquement pas. L'objet de tous les soins était le café, unique ressource de revenus pour le planteur »[1]. Par ailleurs il possède en 1895 12 000 pieds de café sous ombrage qui lui fournissaient 2 000 kg avant que l'*Hemileïa vastatrix* et la chute des cours ne détruisent ses espérances. Pour le plaisir, il avait planté des pieds de vigne et P. Bergès écrit en 1911 dans la Revue *agricole* qu'il avait goûté le vin de « Monsieur Mariotti père à Farino. Ce vin était excellent ». Sa fille Faustine se souvient qu'elle buvait en cachette avec son frère Jean le jus du raisin tout juste pressé : « Nous ne buvions pas de vin. Tout juste avions-nous le droit de le fouler, avant le pressage... Je me rappelle surtout de bons moments dans les vignes quand nous battions de la touque pour chasser les lunettes, ces petits oiseaux qui mangeaient tous les grains ». Enfin, il avait ouvert une petite tannerie, une cordonnerie et il exploitait une scierie au col d'Amieu, dans une simple case sur pilotis, couverte de paille et ouverte à tous les vents. Mais si la vie à Farino s'affirme tranquille, voire monotone, elle reste

1. « Jean Mariotti » (4 cassettes audio), *Bibliothèque sonore*, CTRDP, Nouméa, 1992, n° 7, 8, 9 et 10.

difficile. Jean Mariotti se souvient : « Après le repas du soir mon père aimait à rester allongé sous la vérandah en fumant la pipe. Ma mère et mes frères aînés lui tenaient compagnie. Pour moi, du plus loin que je me souvienne, je ne participais pas en toute tranquillité à ce moment de détente. De sombres histoires hantaient mon imagination. J'entendais trop souvent parler des exploits des évadés et en particulier de ceux du célèbre Zemmani et de sa bande. Vols, assassinats et incendies me couraient par la cervelle. Je me considérais comme le seul être raisonnable.. ». En ce qui concerne les commodités, l'on possède une description de celles-ci pour 1895 : « Maison brique ouvert magasin (cuisine et four en maçonnerie), hangar, poulailler... matériel : charrue, voiture à cheval, concasseur et décortiqueur de café, matériel de cantine, 40 poules, 12 porcs, 1 cheval. Valeur 12 900 F revenu 8 000 F situation brillante ».

Paul Louis rachète des terres aussi bien à des libérés qu'à l'administration, qui lui cède le lieu-dit « petit Farino », autrefois occupé par une tribu déportée après la révolte de 1878. Ses fils apprennent le « b-a-ba » du dialecte local parlé encore aujourd'hui par les tribus de Petit et grand Couli[2] et ils s'initient peu ou prou aux coutumes canaques. En effet, parallèlement à l'éducation maternelle, ils reçoivent celle, pratique et virile, des Canaques qui travaillent sur la propriété. Pour l'enfant, tout ce monde en marge de la vie des parents revêt un caractère séduisant et Jean Mariotti note : « Ceci ne s'embrouillait pas dans mon esprit. Je savais que quand j'avais franchi le seuil de la maison telle plante était bonne ou mauvaise selon que c'était du poison ou pas, mais quand, dans le sens inverse, j'avais franchi le seuil et que j'étais au dehors, là, je pénétrais dans un autre monde, et à cet âge-là, j'y étais beaucoup plus à l'aise, car ces plantes représentaient des tabous, des interdits, des moyens de donner ou d'ôter la puissance, de transformer l'homme, de lui donner le don d'ubiquité ». Jean Mariotti intériorisa cette découverte et bien plus tard il fera dire à un de ses personnages : « Cette tribu décimée par la peste, ce vieux sorcier qui

2. « Nous parlions leur *dialecte de Canala*, peut-être *mal mais suffisamment pour comprendre une conversation* ». Propos cités par Bogliolo François : *« Gare l'areu ». Sur les traces biographiques de Jean Mariotti*, Grain de sable, Nouméa, 1995, 111 p., p. 21.

s'obstinait à mourir plutôt que de fuir les lieux familiers, me montraient que jusqu'alors j'avais côtoyé une race sans la comprendre. Je comprenais, en songeant tout à la fois à la tribu anéantie, aux têtes coupées, à ces vieillards accroupis, que ce peuple était fils du paysage que je foulais en étranger, – bien que né dans l'île. ».

Les enfants des deux lits s'entendaient bien. C'est ainsi que l'un des aînés, Joseph, avait fabriqué un petit chariot avec une grosse corbeille et des roues, à laquelle il attachait un bouc. Tout d'abord il le tenait puis il s'emballait et les petits, Faustine et Jean, « Titine et Jeannot », tombaient dans l'herbe. Comme tous les enfants de leur âge, ils étaient grondés par leur mère Marguerite, et puis ils recommençaient. Le même Joseph était un bon joueur de billes et il les capitalisait. Il en avait toujours un grand nombre qu'il cachait près des habitations et il les prêtait à crédit à son frère Félix, en donnant 5 pour en réclamer ensuite 6 ou 7. Parmi les filles, Olga était un véritable garçon manqué et elle n'hésitait pas à faire le coup de poing. Comme elle était particulièrement têtue, elle était régulièrement punie, et un jour, son frère Félix lui mit la tête dans la soupe. Ce grand frère était connu pour sa fermeté de caractère et c'est ainsi qu'au bain il jetait les marmots là où ils n'avaient pas pied pour leur apprendre rapidement à nager. Un jour, il lança ainsi le fils Boucher tellement loin qu'il préféra nager maladroitement jusqu'à l'autre rive, où il se mit à crier : « Écrasez lui la tête avec une pierre ». Le père Mariotti souhaitait que ses enfants soient instruits. Aussi, dès qu'il en eut les moyens, il engagea un précepteur et il réussit à faire ouvrir une petite école tenue par la femme d'un surveillant militaire. Faustine Bernut se souvient de sa vétusté : « Nous étions moins d'une dizaine, assis par terre, notre ardoise sur les genoux. Et lorsqu'il pleuvait trop fort, notre institutrice nous emmenait dans sa maison ». Quant à Jean Mariotti, il constate que son « premier contact avec l'étude n'a pas été exempt de cocasserie… les précepteurs ou instituteurs étaient pour le moins originaux ».

Les plus jeunes des fils Mariotti firent leurs études dans la lointaine capitale d'où ils ne revenaient que pour les vacances de fin d'année. Ils prenaient alors la voiture des Messageries Automobiles qui mettait une journée pour arriver jusqu'à La Foa. Jean Mariotti note que

« dans les cols trop rudes, les passagers descendaient, allaient à pied et souvent aidaient à pousser la guimbarde qui teuff-teuffait comme elle pouvait en gravissant d'innombrables raidillons en lacets ». Puis les fils Mariotti finissaient ce long voyage à cheval. Certains d'entre eux devinrent comme Jean « ce produit hybride : fils d'un colon, un broussard, un sauvage qui a reçu l'éducation d'un civilisé ». En 1926, Jean Mariotti s'essaye à une approche autobiographique de ces retours épisodiques : « Marco se sentit vite à l'aise dans la grande maison de Farino. Et cela d'autant plus vite que le cercle de jeunes têtes fut plus attentif à ses récits, le soir. Marco trouva là des admirateurs et leur pardonna d'être moins intelligents que lui à la faveur de cette admiration. Elle montrait que, si ses frères et ses sœurs n'étaient pas des aigles eux-mêmes, ils avaient suffisamment de discernement pour reconnaître au sein de la famille la bête de race... Quelquefois, cependant, il se sentait mal à l'aise, quand l'œil bleu clair de son frère aîné s'attachait à lui. Luc était froid et ironique ; silencieux, toujours ; presque énigmatique. Son regard calme et moqueur impressionnait désagréablement Marco ». Ce grand frère, sans doute Joseph, connu pour son caractère taciturne et ses yeux bleus, semble avoir marqué J. Mariotti, qui au détour du récit d'un cyclone montre les liens très forts qui l'unissent au père :

« J'irai avec vous, dit Luc.

– Non ! Je te le défends, s'écria Mr Donato, c'est trop dangereux encore avec le vent qu'il fait. Je ne veux pas que tu t'exposes inutilement à te faire assommer par un arbre ou une branche. Reste ici avec ta mère.

– Inutile de me le défendre, j'irai ; repris Luc de sa voix nette et ferme.

Les yeux bleus eurent un regard que Mr Donato comprit.

– Viens, dit-il simplement. »

Leur père ayant perdu la plus grande partie de sa fortune dans ce cyclone, tous les enfants de la famille Mariotti l'épaulent. Certains aident à la scierie, d'autres rassemblent les troupeaux de bœufs sauvages. En effet, toute la famille Mariotti travaille dur, et lorsque la situation financière du père le permet, elle s'adjoint le concours d'engagés de toutes nationalités. C'est ainsi que J. Mariotti note : « Pendant la guerre je vis quand débarqua à Nouméa le superbe *destroyer* le *Yamakazé* un officier de marine ressemblant à s'y méprendre à un manœuvre japonais qui sous le nom de Kaboné traînait de station en station, offrant ses services pour un salaire dérisoire et acceptant les plus durs travaux. Ce Kaboné avait été employé chez mon père comme chez tant d'autres. Je le connaissais fort bien. Je n'osais reconnaître dans cet officier de marine notre Kaboné. C'était pourtant lui » (manuscrit non daté de *L'Or du Pacifique)*. Tous ces employés d'origine diverse obéissaient au maître-bouvier Orezzoli, « l'homme-qui-n'avait-peur-de-rien », armé de son grand couteau de chasse à la ceinture, de son fouet et de son grand chapeau.

Comme il se doit pour l'époque, la famille Mariotti était particulièrement attachée à son honneur, et lorsque fut venu le temps de payer le prix du sang pour la Mère patrie, tous les frères Mariotti en âge de porter les armes se portèrent volontaires. Descendus à la caserne Gally-Passebosc, ils leur faudra attendre le départ du premier contingent du Bataillon du Pacifique sur le *Sontay* qui mouille à Marseille en avril 1915. Joseph et son jeune frère Félix partirent pour le chemin des Dames ; Ange Paul pour le front d'Orient dont il ne revint jamais. Joseph et Félix furent incorporés au 5e régiment d'Infanterie Coloniale. Joseph futt bientôt cité à l'ordre de son régiment : « Pendant les journées du 4 au 6 septembre 1916 a fait preuve de courage et de dévouement en réparant constamment, de jour et de nuit, sous un bombardement violent les lignes téléphoniques coupées par le bombardement ». À Barleux il reçoit la croix de guerre. Revenus en 1917 comme permissionnaires, Joseph et Félix participèrent à la répression de la révolte de 1917 avant d'être libérés en décembre 1918. Parallèlement, leur cousin par le sang, Ovide Vaïtilingon, mourait pour la France le 8 octobre 1918.

Durant l'entre-deux-guerres, le patriarche s'éteint et, comme dans toutes les successions, des problèmes apparurent. Joseph, qui était resté après la guerre à Nouméa comme employé de commerce à la Société La Havraise, hérita de la plupart des terres familiales et sa belle-mère lui vendit en 1928 pour 5 000 F le lot 22 comprenant « une maison sur pilotis, faite en bois et couverte en tôle, un kiosque couvert en paille et diverses dépendances ». Le temps de la diaspora était venu, les fils et filles Mariotti quittèrent cette terre de Farino devenue insuffisante pour tous et, avec la crise des années 1930, même Joseph dut abandonner le petit commerce familial à l'enseigne de la « maison Mariotti », qui ne pouvait survivre dans un village dépeuplé. Endetté durablement, il devra à son épouse Estelle Cornaille[3] de retrouver un *store* à Thio puis à la Vallée des Colons. Seul resta Félix Mariotti, qui vécut la dure vie des petits colons subsistant en quasi-autarcie tout en restant rattaché au vaste monde par sa charge de gérant auxiliaire des PTT. Les mariages croisés sont fréquents à l'époque, du fait de l'isolement des centres de colonisation. Les sœurs Faustine et Olga Mariotti[4] épousent ainsi deux des frères Bernut alors qu'un autre Bernut convole avec la tante de leurs demi-frères, Louise Joséphine Hacques. Pareillement, si Augustin Déméné épousa une fille Mariotti, son neveu s'unit à Marie Elise Bernut.

De même, en 1940, Jean s'engage à 39 ans et son jeune frère Pierre, tout frais émoulu de l'École Navale, s'illustre tant durant la campagne de Norvège que lors de la retraite de Dunkerque en tant que commandant de la *Monique Camille*. À ce titre, il fut décoré de la légion d'honneur pour avoir entre autres « détruit sept engins blindés à Flessingues, le 7 mai 1940 » puis « abattu trois appareils ». Le Commandant Maurice Guierre, racontant Dunkerque, note le courage du jeune officier : « L'enseigne de vaisseau Mariotti n'est que l'un des nombreux chefs qui, là-bas, surent se faire aimer de leurs hommes jusque dans la mort ». Après un passage par Londres au deuxième bureau et après avoir accompli six missions parachutées en France occupée, cet enfant de Farino prend la direction du *Chevreuil* en 1943 sous le pseudonyme de Villebois. Après que son navire eut été réaménagé à San Pedro en Californie, il reprit la route de l'Atlantique et D. Ignatieff note qu'après plusieurs missions d'escorte de convois, il « se voit affecté à la tâche obscure de chien de garde des convois sur le rail Freetown-Casablanca et les Îles du Cap Vert ». Quant au Général de Gaulle, il cita en 1946 juste avant de quitter la direction du gouvernement provisoire l'aviso *Chevreuil* à l'ordre de l'armée de

3. « La saga Cornaille » dans *Sagas calédoniennes. 50 grandes familles*, Éd. Dimanche Matin, Nouméa, 1999, 235 p., p. 50 à 52. Joseph Mariotti eut deux filles, Jeanine et Denise. Cette dernière épousa à Nouméa en 1960 Jacques Angleviel, qui lui donna deux enfants, Frédéric (1961) et Frédérique (1963).

4. Cf. les propos anonymés d'Olga Bernut dans Merle Isabelle : *Expériences coloniales. La Nouvelle-Calédonie (1853-1920)*, Belin, Paris, 1996, 478 p.

mer : « Cette citation comporte l'attribution de la croix de guerre avec palmes pour les lieutenants de vaisseau Fourlinié, Villebois (Mariotti) et Teisseire ». Après la guerre, Pierre Mariotti revint comme commandant de la base navale de Nouméa et il fut élu au Conseil général de la Nouvelle-Calédonie. Très indépendant d'esprit dans un milieu social contraignant, il préféra reprendre du service actif. Lors de son départ définitif de Calédonie, un de ses collègues en politique, F. Lèques, lui dédia une « poésie aux pieds déréglés mais rimés » qui comprend le couplet suivant :

> « Dans notre milieu politique, il tenait une large place
> Par sa cordialité et le sourire constant sur sa face
> Il animait les débats avec quelques pointes de gaieté
> Riant de lui-même, riant de tout, sans méchanceté »

Le capitaine de corvette Mariotti se rendit donc en Tunisie où il reçut la croix de la valeur militaire avec étoile de vermeil lorsqu'il fut à nouveau cité à l'ordre de l'armée : « Chef de la défense de la base d'aéronautique navale de Bizerte, a fait preuve d'un dynamisme et d'un sens de l'organisation exceptionnels. Payant de sa personne, de jour et de nuit sur le terrain et sur les positions, faisant preuve de courage et de sang-froid, a obtenu le meilleur rendement des sections de la base et de la 11e compagnie du 8 RIA placées sous ses ordres au cours des opérations qui ont abouti au dégagement de la base stratégique de Bizerte du 19 au 23 juillet 1961 ». Il y rencontra Hélène, qui s'installa avec lui dans une gentilhommière des environs de Saint-Flour. Quant à sa sœur Olga, son mari Victor Bernut, volontaire du Bataillon du Pacifique devenu sergent-chef, fut tué à Bir-Hakeim. Elle éleva seule ses quatre enfants et leur inculqua le refus des injustices. Aussi, son fils Alain fut-il à la fin des années 1960 le directeur de *La Voix du cagou*, véritable *Canard enchaîné* local qui se voulait « le journal le mieux informé ».

Il est à noter que Farino resta le berceau de la famille Mariotti. C'est ainsi que Paul Louis fut le premier président de la commission municipale et que cette charge fut ensuite occupée par ses fils Joseph puis Félix, et enfin que son petit-fils Riquet assuma cette responsabilité jusqu'en 2001, ce qui lui valut d'être élevé chevalier puis officier de l'ordre national du mérite en 1987. Après la guerre, la famille Mariotti finit de se disperser, les générations se succédant et les plus jeunes perdant souvent leur nom pour celui d'autres familles tout aussi respectables. Agriculteurs, architectes, employés de bureau, universitaires, juristes, éleveurs, artistes ou instituteurs, les descendants de la famille Mariotti sont insérés dans le tissu des vieilles familles calédoniennes. Après le décès de Paul Louis en 1927, Joseph devint de fait le chef de la *familia*. Décédé en 1992 à 98 ans, il laissa la place à Faustine Bernut, bien connue pour son attachement à l'œuvre de son jeune frère Jean, qui décéda la dernière en 2001 à 101 ans. Cette dernière avait déclaré peu avant : « Je suis née « aux sapins », près d'une butte plantée de grands et beaux arbres, et l'on dit maintenant à Farino : « Chaque fois qu'un Mariotti meurt, un sapin tombe »[5].

Jean Mariotti, le plus célèbre écrivain calédonien.

Comme cela était alors la règle en brousse, il grandit dans une famille nombreuse, étant le huitième de douze enfants. C'est grâce à plusieurs interviews conservés à l'Institut National de l'Audiovisuel, et disponibles au CDP, que nous avons pu obtenir de Jean Mariotti ses confidences. « Je suis né, dira-t-il, une nuit de la Saint Barthélémy, dans une maison entourée de sapins ». Pour lui, « l'homme idéal c'était mon père, puisque c'était mon père qui donnait ses ordres. Mon père pour moi était à peu près aussi loin que Dieu. Je ne le tutoyais pas, je lui disais « vous », j'avais infiniment d'affection pour lui, mais encore plus de respect… Je ne parle jamais de ma mère car j'ai pour elle trop de tendresse, c'est à elle que je dois des qualités, si je puis en avoir, artistiques… Mais il y a des choses dont on ne doit pas parler, celles qui vous sont vraiment chères, et j'en ai trop dit déjà » *(Au cours de ces instants)*.

Né en 1901, il est bientôt remarqué par une jeune Mélanésienne, Watchouma, qui aurait bien voulu l'échanger contre son propre bébé. Avec l'école, ce fut le dépaysement brutal et l'auteur reprendra dans son livre *À bord de l'incertaine* une anecdote vécue, son institutrice, femme

5. Faessel Sonia : « Faustine Bernut » dans *Nos aînées racontent*, Province Sud, Nouméa, 1998, 151 p., p. 15.

de gendarme métropolitain, déclarant que le seul « vrai » été avait lieu en juillet. Dans son manuscrit *Marco* de 1926 il campe un jeune Calédonien qui lui ressemble trait pour trait. J. Mariotti note que son jeune personnage, « adolescent, peut-être artiste, taquinait le pinceau et lisait bien les vers romantiques ». De même, lorsque le principal du collège La Pérouse le réprimande, Marco « ne peut s'empêcher de sourire. L'Avenir, quelle fadaise ! Des examens ? à quoi bon ? Pour faire de lui, Marco Donato, un homme comme celui qu'il avait devant lui, un homme aux vêtements fatigués, traînant une existence incolore, entre quatre murs en la compagnie d'une brave femme un peu popote ».

En 1937, Jean Mariotti répond à un de ses lecteurs calédoniens : « Cela m'a ramené aux temps lointains du collège Lapérouse, alors que je ne songeais qu'à être capitaine de l'équipe de football et à dévorer tous les poèmes qui me tombaient entre les mains ». Jean Cacot connaissait cet interne tranquille, qui fit trois ans à l'atelier fer avant de continuer en 2e B. Jeune homme, il décide de découvrir cette Métropole qu'il idéalise. Il refuse donc la carrière d'ingénieur dont rêvait son père : « Savoir que pour la vie entière toute chose serait canalisée en fonction de certaines données inflexibles. Alors je suis parti, sans coup de tête. Je ne me suis pas évadé » (*Le bureau des rêves perdus*). Il relata d'ailleurs l'histoire de ce départ en un long et vibrant témoignage[6]. Joseph travaillant à Thio trouva la place souhaitée, « Et un cavalier, selon l'habitude des *stockmen* qui s'apostrophaient ainsi entre eux, m'a crié du haut de la montagne : « Ça y est, tu pars ! ». J'avais tellement envie de partir que pendant quelques instants j'ai laissé à terre le cerf que je venais d'abattre. Puis je l'ai tout de même chargé sur le cheval par un dernier reste de la conscience du chasseur ».

Jean Mariotti s'embarque pour la Métropole à vingt-et-un ans comme aide-cuisinier sur un vieux cargo, le *Calonne*. Arrivé en France, il y fait, pour vivre, toutes sortes de métiers : courtier en assurances ; directeur de colonie de vacances ; ajusteur outilleur dans une usine d'aviation ; détective ; manutentionnaire puis inspecteur de librairie chez Hachette ; fondé de pouvoir chez un marchand de caoutchouc.

6. Angleviel F. : « Un écrivain calédonien, Jean Mariotti » dans *Bulletin de la SEHNC*, n° 77, Nouméa, 1988, p. 25 à 31.

Comme il l'indique, « Chaque fois que je possédais bien un métier, il ne m'intéressait plus ». L'essentiel est ailleurs : dans l'amour, dans l'amitié. L'amour, Il le doit à la rencontre chez Hachette d'une émigrée russe, Ludmilla Karjinska, qu'il va bientôt épouser, folle jeune fille rousse aux yeux de jade. L'amitié, c'est avec Roger Richard qu'elle s'affirme, leur passion de la poésie les rapprochant. Jean Mariotti a en effet déjà publié en 1929 *Tout est peut-être inutile.* Ce premier roman révèle tous les dons du jeune écrivain. Autobiographie et idée du voyage illusoire, ce roman est semblable à la vie et, alors que Jacques, son double imaginaire, conserve précieusement le manuscrit de ses périples, le narrateur intervient : « Déchire le ou ne le déchire pas, c'est la même chose ; rien dans le monde ne sera changé pour cela ». En 1930, paraît, toujours chez Flammarion, *Takata d'Aîmos,* qui raconte la rivalité entre un sorcier canaque et un autre membre de sa tribu. En 1930, les oreillons le clouent au lit et lui ferment la porte de la paternité. En 1931, *Remords* dépeint le monde des libérés qu'avait connu son père qui était venu en Calédonie « avec sa vie antérieure, inconnue, sa vraie vie. Que faisait-il ici ? ». Le succès de la version anglaise de son conte « La tourterelle et le corbeau » édité à New York en 1939 lui permet de publier l'intégralité des *Contes de Poindi* chez Stock en 1941, et *Les Nouveaux contes de Poindi* en 1945. Parallèlement, il écrit juste avant la guerre *À bord de l'Incertaine*, ouvrage qui est publié malgré la censure en 1942.

Fait prisonnier sur la ligne Maginot, il va marcher de Nancy à Metz. Le 1er août 1940, il arrive avec ses compagnons de peine à la frontière allemande. Puis, ils traversent Sarrebruck et roulent 5 jours jusqu'en Silésie, près de la frontière de la Pologne, pour se rendre au *stalag* d'Altengrabow-Fallingsbotel. Jean Mariotti y reçoit le numéro 88832. Il ne s'inquiète pas de son sort, préférant utiliser sa connaissance de l'allemand pour participer à des opérations de sabotage et témoigner des conditions inexcusables des femmes et des hommes en provenance des pays de l'Est. C'est ainsi qu'un convoi de prisonniers russes arrive en 1941 : « La longue procession reprit sa marche titubante. Et, courant et beuglant, le long de ce pitoyable cortège, des hommes armés et bottés frappaient, beuglaient et, lassés de frapper et de beugler, tuaient. Un claquement sec et un corps de plus s'allongeait sur la neige… J'ai eu en mains les feuilles de décès imprimées à l'usage des Russes ;

elles montrent la belle organisation allemande ; elles portent une mention supplémentaire, une mention qui ne figure pas sur celles qui sont destinées aux prisonniers d'autres nationalités. Pour nous on établit la liste habituelle des causes de mort : maladie, accident, fusillade, etc., et pour les Russes, on prévoit un cas considéré comme possible et normal : mort de faim »[7].

En 1942, « le chef à l'oiseau » s'évade comme faux malade du *stalag* XI B pour s'engager dans la Résistance, XXe section, groupe Libération Nord, au titre duquel il participa à la libération de Paris. À la fin de la guerre, épuisé par les privations, il tombe très gravement malade. Aussi, ce n'est qu'en 1947 que paraît *Le Dernier voyage du Thétis*. Cette année-là, c'est le retour au pays pour y préparer le livre du centenaire de la prise de possession, dont la réalisation lui a été confiée par le Conseil général. Jean logea d'abord chez sa sœur Faustine, puis il se rendit à Sarraméa chez Electre Bonnard.

Après ce pèlerinage, il rentre à Paris en 1950 et il y fait paraître en 1952 son chef d'œuvre *La Conquête du séjour paisible*[8], puis en 1959 *Daphné* et en 1969 un recueil de poèmes, *Sans titre*. Rares furent ses parents à le visiter. Sa sœur de toujours, « Fausta », lui envoie depuis les années 1920 des nouvelles du Caillou et une aide pécuniaire non négligeable. Quant à lui, il prendra soin après la guerre d'une demoiselle Déméné, nièce orpheline et sans ressource, sortie deuxième de l'École Normale d'Orléans. Titulaire de la légion d'honneur pour ses faits d'armes, il est nommé en 1957 chevalier des Arts et des Lettres par J. Duhamel. Vice-président de la Société des Gens de Lettres, il anime à la radio une émission poétique intitulée « La Muse vagabonde ».

À la fin de sa vie il soigne sa femme « Milla », qui reste paralysée deux ans avant de décéder en 1974. Ayant épuisé ses dernières ressources morales et financières, il ne saura pas lui survivre. Après une première tentative, il prouve à Ludmilla le 21 juin 1975 qu'elle fut la seule à

7. Mariotti Jean : « Pages de carnet » dans *Prisonnier du soleil*, Grain de sable et Association pour l'édition des œuvres de J. Mariotti, Nouméa, 2004, 323 p., p. 115 à 127, p. 121.

8. Angleviel F. : « La conquête du séjour paisible. Première réédition calédonienne des œuvres de J. Mariotti » dans *Les Nouvelles calédoniennes*, Nouméa, 13/10/90, p. 32.

compter. Conteur, philosophe, romancier, poète, peintre de l'humanité, Jean Mariotti c'est tout cela et plus encore.

Homme de lettres avant tout, Jean Mariotti fut toujours ombrageux en ce qui concerne l'intégrité de ses textes. C'est ainsi que la couverture de son manuscrit de la *Suite florentine* porte la mention lapidaire suivante : « manuscrit massacré par la radio (sans mon autorisation), en mon absence. Bel exemple de ce que peuvent faire des critiques pleins d'eux-mêmes. à ne pas tenir compte de leurs coups de crayons idiots ». Dans le même ordre d'idée, toute la famille Mariotti a regretté qu'un pamphlétaire local mélangeant histoire et histoires ait cru bon, afin d'illustrer un libelle sur le pays du non-dit, de citer des événements douloureux sans aucun respect pour les proches des disparus.

Dès sa disparition, Jacqueline Sénès publia quelques beaux articles grâce aux souvenirs émouvants de sa sœur Faustine. Bientôt un collège de Nouméa prit le nom de l'écrivain. En 1988, l'Office des Postes et Télécommunications émit un timbre-poste à l'image de Jean Mariotti et une exposition orchestrée par F. Angleviel et F. Griscelli se tint à Farino. La SEHNC réédita en 1991, à l'initiative de son secrétaire F. Angleviel, *À la conquête du séjour paisible* et obtint qu'une nouvelle rue soit baptisée rue Jean Mariotti au Val Plaisance. En 1992, le CTRDP sortit sous forme de cassettes audio-visuelles l'intégralité des interviews et contes radiophoniques de Jean Mariotti. La réédition par la SEHNC de *Takata d'Aïmos* intervint en 1994 et début 1995 une Association pour l'édition complète des œuvres de Jean Mariotti fut fondée. Parallèlement, l'Association des Amis du Livre et de la Reliure édita, dans le cadre du vingtième anniversaire de la disparition prématurée de l'écrivain, un florilège d'extraits significatifs de son œuvre[9].

La réception des « Archives Jean Mariotti » de la Société des Gens de Lettres de France au Service Territorial des Archives de Nouvelle-Calédonie intervint en 1994. Ces douze cartons avaient été déposés à la SGLF en 1992 par Roger Richard, que J. Mariotti avait désigné avant de s'éteindre comme son légataire universel. On y trouve

9. Angleviel F. : « Bibliographie bibliophilique de l'œuvre de J. Mariotti » dans *À la découverte de Jean Mariotti*, Association des Amis du Livre et de la Reliure, Nouméa, 1995, 264 p., p. 242 à 263.

pêle-mêle de nombreux manuscrits, des brouillons de correspondance, des notes griffonnées, quelques lettres à lui adressées concernant son œuvre ou encore des documents de travail[10].

Grâce à ces archives, l'association dédiée à l'édition exhaustive de l'œuvre de J. Mariotti, sous la direction de Faustine puis de Catherine Bernut, a pu agrémenter les treize volumes parus entre 1996 et 2004 d'un utile appareil critique. Nul n'étant prophète en son pays, ces ouvrages sont la réalité d'une œuvre littéraire calédonienne – francophone et universelle – qui reste à découvrir.

10. Angleviel F. : « Première contribution à l'étude des « archives Jean Mariotti » de la Société des Gens de Lettres de France » dans *Bulletin de la Société d'Études Historiques de la Nouvelle-Calédonie*, n° 115, Nouméa, 1998, p. 59 à 82.

De l'engagement comme « esclavage volontaire ». Le cas des Océaniens, Kanaks et Asiatiques en Nouvelle-Calédonie, (1853-1963)*

* « De l'engagement comme « esclavage volontaire ». le cas des Océaniens, Kanaks et Asiatiques en Nouvelle-Calédonie (1853-1963) » dans *Journal de la Société des Océanistes,* n° 110, Paris, 2000, p. 65 à 81.

La commémoration du cent cinquantième anniversaire de l'abolition de l'esclavage dans les colonies françaises a fait l'objet de nombreuses études dans le monde. À première vue, l'Océanie a échappé à cette page si dramatique de l'histoire des pays du Sud, et pourtant, certains comparent le « *blackbirding* » qui toucha l'arc mélanésien à la traite négrière ou l'engagement des Mélanésiens et des Polynésiens à une véritable pratique esclavagiste. Il a donc paru souhaitable de faire le point sur la question en ce qui concerne la Nouvelle-Calédonie, la recherche historique s'étant trop longtemps focalisée uniquement sur l'épopée des pionniers ou sur les effets de la colonisation sur le pays kanak.

En raison de cette problématique, notre propos ne se veut point exhaustif sur le phénomène de l'engagement, mais va mettre l'accent sur sa composante kanake et océanienne, puis sur l'arrivée tardive mais massive des Asiatiques et, enfin, sur la manière dont l'engagement fut et dont il est aujourd'hui perçu par la population calédonienne[1]. Il s'ensuit que nous effectuerons en filigrane une comparaison entre l'engagement tel qu'il fut pratiqué en Nouvelle-Calédonie à partir de 1853 et l'esclavage tel qu'il avait été pratiqué jusqu'en 1848 dans la plupart des colonies françaises. Au-delà de l'évidente complémentarité de ces pratiques, peut-on dire que l'engagement était une forme d'esclavage temporaire et volontaire, avec tout son cortège d'injustices flagrantes, ou faut-il y voir un contrat de travail juridiquement fondé et librement accepté, dur pour le travailleur et excessif comme l'était l'époque, mais néanmoins respectable ?

---

1. Angleviel Frédéric & Mouilleseaux Mireille : *Les populations en Nouvelle-Calédonie au siècle dernier*, CTRDP, Nouméa, 1993, 41 p. ; Corre Bruno : « Les migrations en Nouvelle-Calédonie à travers les archives du service de l'immigration » dans *Migration et identité*, Actes du 1er colloque Corail, Université Française du Pacifique, Volume 1, fascicule 3-4, 1989, 142 p., p. 11 à 16 ; de Deckker Paul (Dir.) : *Le peuplement du Pacifique et de la Nouvelle-Calédonie au XIX*^e^ *siècle. Condamnés, Colons, Convicts, Coolies, Chân Dang*, UFP-L'Harmattan, Paris, 1994, 432 p.

L'engagement d'Océaniens comme réponse au manque généralisé de bras

A. Jeanneney peut encore écrire en 1893 que *« La Nouvelle-Calédonie est une colonie sans colon »*, et, ajouterons-nous, sans ouvrier de colonisation. En effet, s'il faut réfuter le mythe selon lequel la population autochtone fut dès l'origine réticente à travailler pour les nouveaux arrivants (*traders*, militaires puis colons), il faut constater que dès les années 1860, la plupart des Kanaks se refusèrent à travailler pour ceux qui les dépossédaient de leurs terres[2] ou pour ceux qui leur proposaient des salaires notoirement insuffisants. Par ailleurs, les Kanaks, en tant qu'hommes de guerre hors de toute économie marchande et, secondairement, en tant qu'hommes chargés des gros travaux agricoles, n'avaient ni l'envie ni toujours le temps de travailler pour la colonisation en marche. Ils se dérobèrent donc autant que possible à tout travail agricole, peu rémunéré et considéré comme dégradant, les plus curieux préférant se rendre à Nouméa, seul véritable centre urbain de l'île, pour y découvrir la modernité.

Certains Mélanésiens devinrent alors portefaix, policiers indigènes, employés de bureau et, malgré le fossé culturel, l'un d'entre eux devint dès les années 1860 moniteur-instituteur. Il y eut donc toujours des Kanaks pour travailler avec les différents agents de la colonisation, mais à mesure que les besoins croissaient, leur nombre s'avéra de plus en plus insuffisant. D'une part, ils vivaient mal leur sujétion officialisée par l'arrêté de janvier 1863 qui mettait en place l'engagement temporaire et rémunéré de 150 Kanaks par an, et surtout par l'arrêté du 6 mai 1871, qui prescrivait que tout indigène mâle de 18 à 25 ans était appelé à servir durant un an l'administration et que tous les hommes devaient une corvée de 5 journées de travail par an. Ces prestations en nature expliquent en partie les différentes révoltes des années 1860-1870. D'autre part, on constate tout au long du XIXe siècle une chute démographique dont l'importance varie d'après les auteurs, puisque s'ils sont d'accord sur le

2. Saussol Alain : *L'héritage, essai sur le problème foncier mélanésien en Nouvelle-Calédonie*, Société des Océanistes, n° 40, Paris, 1979, 493 p. ; Dauphiné Joël : *Les spoliation foncières en Nouvelle-Calédonie (1853-1913)*, L'Harmattan, Paris, 1989, 346 p. ; Dauphiné Joël : *Les débuts d'une colonisation laborieuse. Le Sud calédonien (1853-1860)*, L'Harmattan, Paris, 1995, 185 p.

nombre plancher de 27 000 Mélanésiens en 1921, leurs estimations quant à leur nombre lors des premiers contacts varient de 50 000 à 100 000 âmes[3]. Ceci amena les colons à chercher à l'extérieur de cette colonie trop peu peuplée la main-d'œuvre qui leur manquait.

Les premières introductions donnèrent lieu à de simples contrats passés de gré à gré entre quelques colons entreprenants et des Océaniens, généralement natifs des Nouvelles-Hébrides. Les exemples les plus connus restent ceux de Paddon et de Bérard, et il est significatif que les archives, pour ne pas parler de l'histoire avec un grand « H », celle-ci ayant toujours eu des raccourcis souvent injustes mais nécessaires, aient conservé uniquement le nom de ces deux employeurs et non ceux de leurs dizaines d'employés océaniens, dont le labeur fut le gage de leur bonne fortune. Le premier, avant même la prise de possession de 1853, faisait travailler une vingtaine de Néo-Hébridais à l'île Nou. Quant au colon Bérard, il recruta directement dans l'archipel voisin une quarantaine de Mélanésiens pour sa propriété de Boulari en 1856.

La population kanake aurait facilement pu fournir à cette époque les bras nécessaires, alors pourquoi ces engagements extérieurs ? La première réponse donnée par les archives porte sur la régularité et l'assiduité au travail prêtées aux insulaires en provenance des îles proches. Le capitaine Kanappe écrit ainsi à sa famille en 1879 : « Les Néo-Hébridais. On parle de leur sauvagerie, mais ceux qui vivent ici semblent sociables. Ils s'habituent à nos mœurs, deviennent de fidèles serviteurs, de bons ouvriers pour la culture, meilleurs que les Calédoniens. Cela s'explique peut-être parce que ceux que nous côtoyons se sont expatriés volontairement pour chercher du travail. Presque tous parlent un peu anglais. Ceux qui habitent à Nouméa essaient de se vêtir et surtout de se coiffer à l'européenne. Il faut les voir les jours de repos, réunis en groupes, pieds nus, en pantalons courts, ou sans pantalon, vêtus de paletots, vestons

3. Shineberg Dorothy : « Un nouveau regard sur la démographie historique de la Nouvelle-Calédonie » dans *Journal de la Société des Océanistes*, n° 76, Paris, 1983, p. 33 à 43 ; Kasarherou Christiane : *Contribution à l'étude de la démographie historique de la Nouvelle-Calédonie, 1853-1920*, CTRDP, Nouméa, 1988, 125 p. ; Sand Christophe : *« Le temps d'avant ». La préhistoire de la Nouvelle-Calédonie*, L'Harmattan, Paris, 1995, 356 p. ; Angleviel Frédéric : « Un nouveau regard sur la démographie kanak » dans *Chroniques du pays kanak,* Tome 1, Planète Mémo, Nouméa, 1999, 293 p., p. 32 à 37.

ou gilets, ou d'une simple chemise, mais toujours coiffés de chapeaux blancs à haute forme ».[4] La seconde réponse concernait la sécurité des établissements, les colons préférant s'entourer d'insulaires étrangers à la région, voire à la Grande Terre, étrangers dont le sort s'avérait de fait lié à celui de leurs maîtres. Or, il est à noter que la réputation guerrière des Mélanésiens, et plus particulièrement des Kanaks, suite au massacre de plusieurs navires santaliers, était établie dès les années 1840. Les révoltes liées aux injustes dépossessions foncières des années 1860 et à la grande révolte de 1878 accentuèrent chez les colons la peur de l'autochtone. Et de fait, ces derniers furent progressivement cantonnés dans les fonds de vallées et furent assujettis à partir de 1887 au code de l'indigénat. Cette législation discriminante, commune à la plupart des colonies françaises, leur interdisait, entre autres, de sortir des réserves instituées depuis 1868, en dehors du temps des corvées.

La colonisation ayant pourtant besoin de bras, différentes tentatives eurent lieu pour faire venir des travailleurs libres d'engagement. Bérard fit venir quelques Wallisiens en 1852, des planteurs réunionnais firent venir 500 Malabars entre 1858 et 1875[5], ou encore Joubert installa dans le Sud des Chinois en 1859. Ces tentatives échouèrent en raison de la lente croissance de cette colonie des antipodes, des difficultés de communication, du coût excessif des longs périples et de l'existence à portée de simples caboteurs d'une main-d'œuvre néo-hébridaise abondante, connue depuis le temps des santaliers pour sa robustesse et sa docilité. Par contre, ces introductions avortées firent apparaître le vide juridique de la colonie en ce qui concernait la main-d'œuvre immigrée. C'est ainsi que les Malabars profitaient du flou de la législation en vigueur pour rester en Calédonie lors de l'expiration de leur contrat. Et le directeur de l'intérieur de déclarer en 1880 : « Intempérant, ne s'attachant pas, adonné aux vols et au jeu, l'immigrant indien, introduit

4. Courtis Christine : *« Après 1878 : les souvenirs du capitaine Kanappe »*, SEHNC, Nouméa, 1984, 122 p.

5. *Lettre du gouverneur de la réunion au Ministre de la Marine et des Colonies*, 2 juillet 1864, CAOM, Nouvelle-Calédonie Série Géographique n° 173. 156 Indiens arrivent en 1869 ; 376 entre 1863 et 1870. Delathière Jemry : «Métissage forcé ou volontaire ? Un exemple d'acculturation rapide : les Indiens de Nouvelle-Calédonie » dans *Annales d'histoire Calédonienne*, n° 1, Les Indes Savantes, Paris, 2004, p. 107 à 103.

en Nouvelle-Calédonie, a grossi dans la ville de Nouméa, le nombre de malheureux vivant dans un état de demi-vagabondage »[6].

Cette situation particulière n'empêche pas les besoins en main-d'œuvre d'être toujours pressants, à un moment où la colonisation des Nouvelles-Hébrides n'en est qu'à ses balbutiements. Aussi, certains armateurs considèrent-ils que les Néo-Hébridais pourraient devenir une marchandise exportable. Dès 1865, un dénommé Austin fait venir 33 insulaires qu'il vend, ou plutôt dont il vend *a posteriori* le prix du voyage aux colons calédoniens intéressés. La même année, M. Henry, un colon des Nouvelles-Hébrides, passe une convention avec le gouverneur de la Nouvelle-Calédonie notifiant qu'en contrepartie de l'introduction de 100 Néo-Hébridais pour une somme forfaitaire de 2 500 F réglée par le trésor colonial, il obtiendra le monopole de l'exploitation du santal dans le Nord de la Grande Terre pour trois ans. Ces Océaniens sont engagés pour un an et leur rapatriement incombe à l'administration. Henry continue cette pratique plusieurs années en liaison directe avec les colons, et même lorsqu'il double en 1867 le prix de la recherche et du transport de sa marchandise humaine, l'administration coloniale couvre cette véritable traite, se contentant en 1869 d'imposer la visite d'un médecin pour s'assurer de la qualité de cette marchandise humaine. Lorsqu'en 1869 John Higginson prend la relève d'Henry, il obtient le relèvement du prix par tête à 75 F, justifiant cette augmentation par la concurrence « déloyale » des marchés australiens et fidjiens[7].

En 1869, une commission prépare une législation adéquate s'inspirant de celle des Antilles et de la Réunion, qui comportait certaines dispositions inspirées du temps de l'esclavage. Son travail débouche sur l'arrêté du 26 mars 1874 (n° 123) « réglant les conditions de l'introduction des travailleurs asiatiques, africains et océaniens et le

6. *Rapport du directeur de l'intérieur au Ministre de la Marine et des colonies*, 14 avril 1880, Paris, CAOM Nouvelle-Calédonie, Affaires politiques 282.

7. Une abondante littérature scientifique existe tant sur le *blackbirding* que sur les « Kanaka » du Queensland ou de Fidji, en voici trois exemples. Finnane Mark & Moore Clive : « Kanaka slaves or Willing Workers ? Melanesian workers and the Queensland criminal justice system in the 1980s » in *Criminal Justice History*, n° 13, 1992, p. 141 à 160 ; Moore Clive : *Kanaka : A history of Melanesian Mackay*, Port Moresby, 1985 ; Lal Brij & Munro Doug (eds.) : *Plantation Workers. Resistance and Accomodation*, University of Hawaii Press, Honolulu, 1993, 343 p.

régime de leur protection dans la colonie ». Cet arrêté crée entre autres un service de l'immigration, précise que les débarquements ne pourront s'effectuer qu'au seul port de Nouméa, et met en place une quarantaine de trois jours au bout de laquelle les immigrants sont immatriculés et confiés à leurs engagistes. Ceux-ci doivent à leurs employés le logement et l'habillement, une ration détaillée de nourriture, les soins médicaux, le rapatriement et les frais éventuels d'inhumation. L'engagé doit travailler 12 heures en été et 11 à la saison fraîche. S'il commet une faute ou s'il déserte, il est punissable de l'atelier de discipline.

Les 200 à 500 Néo-Hébridais qui travaillaient en permanence à Nouméa depuis 1856 sont donc les premiers assujettis à cette nouvelle législation et, si elle canalise et normalise leur immigration, elle n'empêche pas son développement rendu nécessaire par l'expansion économique de la colonie. Cette dernière manquant toujours de bras, ils travaillent comme domestiques ou employés à Nouméa, comme ouvriers agricoles et comme mineurs. Longtemps, les historiens se sont focalisés sur leur présence sur mine, jusqu'à ce que les travaux très minutieux de D. Shineberg[8] aient prouvé qu'ils irriguaient toute l'économie locale, et qu'un quart seulement d'entre eux était employé sur mine.

À partir de 1880 ils furent toujours plus de deux mille dans la colonie jusqu'à la fin du XIXe siècle. L'administration interrompit seulement deux fois leur introduction, officiellement en raison de rixes et de l'hostilité anglaise, en réalité en raison du désir de résoudre le problème de l'emploi des libérés. La pétition des colons de 1882 est très explicite quant à la position des engagistes : « Ils sont d'un naturel paisible, docile, foncièrement honnête et suffisamment laborieux, surtout si on les compare aux Canaques de la Nouvelle-Calédonie et des Loyalty. Ils constituent pour nous une sorte de gendarmerie naturelle »[9]. De même, un rapport officiel de 1883 est explicite en ce qui concerne la réussite de l'implantation

8. Shineberg Dorothy : *Ils étaient venus chercher du santal*, SEHNC n° 3, Nouméa, 1973, 452 p. ; *ibid* : « French Labour recruiting in the Pacific Islands » dans *JSO*, n° 78, Paris, 1984, p. 45 à 50 ; « Noumea no good, Noumea no pay » dans *Journal of Pacific History*, Volume 26, n° 2, Canberra, 1990, p. 187-205 ; *La main-d'œuvre néo-hébridaise en Nouvelle-Calédonie, 1865-1930,* SEHNC, n° 61, Nouméa, 2003, 440 p.

9. *Pétition des colons de la Nouvelle-Calédonie contre la suppression de l'immigration néo-hébridaise*, 6 juillet 1882.

de ces Océaniens, tant dans l'intérieur de l'île qu'en ville : « Le Néo-Hébridais est partout et peu de maisons en sont privées »[10]. En revanche, il a fallu attendre 1993 pour que la Société des Océanistes publie les premiers résultats des recherches de D. Shineberg, travail minutieux qui prouve qu'ils furent plus de 14 000 Néo-Hébridais à résider en Nouvelle-Calédonie au XIXe siècle, ce terme générique englobant des Salomonais pour 10 % du chiffre total. Cette découverte donne une nouvelle dimension au fait colonial, qui s'appuya grandement sur ce travail quasi-servile que l'historiographie traditionnelle minimisa dans les années 1970. De plus, près de la moitié décédèrent sur place, fait dû à un taux de mortalité très élevé de 5 à 10 % par an lié aux mauvaises conditions de vie : insalubrité des logements, alimentation officielle peu diversifiée et, de plus, souvent trafiquée, travail pénible, voire épuisant ou dangereux.

Les jeunes gens de 18 à 24 ans représentaient les ouvriers les plus recherchés, mais il est à noter une demande particulière pour les femmes et les jeunes enfants, qui différencie le « *kanaka trade* » vers la Nouvelle-Calédonie du courant principal d'émigration forcée qui irriguait les plantations de cannes à sucre du Queensland. 10 % des engagés sont donc des femmes et, du fait qu'elles arrivaient dans une société au *sex ratio* fortement déséquilibré en faveur des hommes, les Néo-Hébridaises étaient recherchées comme concubines. Du reste, le déporté J. Caton note en 1873, lorsqu'il présente la situation matrimoniale d'un jeune fonctionnaire : « Comme la plupart des naturels du chef-lieu, sa popinée est originaire des Nouvelles-Hébrides ; elle a été amenée avec une partie de sa tribu surprise en un coup de piraterie pour compléter une cargaison d'esclaves et vendue aux enchères à Nouméa. Pour deux cents francs, un commerçant qui avait besoin d'une servante a acquis Noura qu'il occupe et nourrit pendant la journée mais qui est libre d'aller où il lui plaît sa tâche finie. Un certain nombre d'ouvriers et de déportés, des colons mêmes ont comme Vergne de ces filles indigènes pour maîtresse. Elles sont en général, douces, dociles et coûtent peu »[11].

10. Commission de l'immigration : *Rétablissement de l'immigration néo-hébridaise et des archipels voisins*, rapport au gouverneur, Archives du Centre des Archives d'Outre-Mer (CAOM), Affaires politiques.

11. Caton Joannes : *Journal d'un déporté 1871-1879 de la commune à l'île des Pins*, Éditions France-Empire, Paris, 1986, 486 p., p. 243.

Une autre particularité du trafic était la proportion élevée de recrues très jeunes. Durant les premières années, l'âge légal était fixé à 6 ans, puis il passa en 1893 à 9 ans et en 1904 à 10 ans. La raison de l'introduction de ces enfants, qui représentaient 40 % de certains contingents, est due à une disposition réglementaire autorisant les engagistes à garder ces enfants jusqu'à leur majorité. Cette pratique évoque fortement l'esclavage, de par son mépris de l'individu et de par sa transformation en marchandise. Il n'est donc pas étonnant qu'un ami de Victor Schoelcher l'informe en 1880 de cette pratique afin qu'elle soit si possible interdite[12].

Les premiers recrutements furent réalisés par des capitaines australiens du Queensland selon la technique du *« blackbirding »*, s'apparentant à la traite des noirs. En effet, si certains Hébridais partaient volontairement, il apparaît que l'enlèvement était fréquent. Puis le gouvernement français interdit cette pratique et il fut décidé qu'un commissaire du gouvernement surveillerait le recrutement à bord des navires. Cette moralisation s'avère relative, puisque nombre de recrues étaient payées à leurs aînés en fusils Snider, et que nombre de jeunes enfants étaient encore engagés prétendument par charité sous le prétexte qu'ils étaient orphelins[13]. L'engagement durait 2 à 5 ans et chaque navire pouvait ramener 2 à 300 engagés. L'engagiste payait 300 F au recruteur, puis il devait verser 15 francs par mois au Néo-Hébridais, qui était par ailleurs logé, habillé et nourri.

Cette population très travailleuse s'installa peu, car ces travailleurs venaient avant tout pour rentrer au pays avec un fusil et d'autres biens occidentaux. De plus, en 1879, on comptait encore seulement 100 femmes pour 2 400 hommes. Par ailleurs, les salaires étant plus faibles que dans le Queensland, il se disait dans les îles : *« Noumea no good, Noumea no pay »* . En deux mots, tout indique que de nombreux employeurs considéraient qu'un fois qu'ils avaient réglé le prix du passage, c'est-à-dire, en langage courant, qu'ils avaient acheté

12. *Lettre de L. Marchand à V. Schoelcher*, 2 février 1880, Bibliothèque Nationale, les papiers de V. Schoelcher.
13. Hagen A. : « Voyage aux Nouvelles-Hébrides et aux îles Salomon » dans *Le tour du monde*, Volume LXV, Paris, 1893, p. 354.

le travailleur, ils avaient suffisamment payé. En principe, les salaires devaient être versés régulièrement devant le syndic. Ceci fut rarement appliqué en brousse et certains engagistes omettaient même de donner une somme minimum lors de la fin de l'engagement. Or, tout Hébridais qui rentrait chez lui sans une malle pleine de marchandises occidentales était en butte à l'hostilité de sa tribu et celle-ci perdait confiance dans les capitaines recruteurs. Ceci explique que les inspecteurs mobiles envoyés de Métropole aient lutté contre ces pratiques[14]. Même bien traité, l'engagé menait une vie dure et difficile car il n'était pas habitué à faire des travaux pénibles et répétitifs à heures fixes. De même, il ignorait la langue véhiculaire locale et apprenait un *bichelamar* rudimentaire.

L'introduction des Hébridais se réduit après le décret du 11 juillet 1893 car les capitaines recruteurs demandent désormais des prix trop élevés pour les colons, alors que la concurrence de la demande australienne les obligeait à toujours aller chercher des hommes plus au nord de l'archipel et plus dans l'intérieur des terres. Ceci explique l'arrêté du 9 août 1898 fixant les conditions à partir desquelles les immigrants océaniens peuvent obtenir l'autorisation de résider librement dans la colonie au bout de huit ans. Ce courant d'immigration se tarit avec le début de la grande crise économique de 1929, les besoins étant moindres, alors que les fonctionnaires du Condominium refusaient de plus en plus de laisser partir cette main-d'œuvre nécessaire à leurs propres colons[15].

Enfin, la réduction drastique de cette main-d'œuvre est aussi due à l'entrée en lice tardive des Kanaks. À partir de l'arrêté du 8 août 1882, l'engagement peut concerner les indigènes, en particulier loyaltiens. La plupart des dispositions de cet arrêté sont analogues à celles contenues dans celui de 1874 : établissement de contrats d'engagement, délivrance d'un livret, fixation des rations et des salaires. Application est donc faite aux indigènes du statut réservé normalement aux travailleurs exotiques, ce que déplore le secrétaire général du territoire dans la séance du Conseil

14. *Lettre du commandant Gadaud au Gouverneur de la Nouvelle-Calédonie*, Nouméa, 22 octobre 1892, Archives du Service Historique de la Marine, BB4-1996.

15. Adams Ron : « Indentured labour and the development of plantations in Vanuatu : 1867-1922 » dans *JSO*, n° 82-83, Paris, 1986, p. 41 à 64.

général du 25 novembre 1911. Jusqu'aux années 1920, le nombre des engagés kanaks resta inférieur à celui des Néo-Hébridais. C'est ainsi qu'en 1887, on compte 2 498 travailleurs engagés dont 1 746 Hébridais, 338 Loyaltiens et seulement 249 Indigènes de la Grande Terre. En effet, le code de l'indigénat interdit aux Mélanésiens de quitter leurs réserves, ce qui ne facilite pas leur engagement. Du reste, une décision du 1er septembre 1893 prescrit aux gendarmes de délivrer un laissez-passer à tout Loyaltien désirant se rendre à Nouméa pour s'y engager. Concernés par l'arrêté de 1898 autorisant la résidence libre aux engagés les plus méritants, ils font l'objet d'une circulaire incitant les grands chefs à user de leur autorité pour faciliter l'engagement pour quatre mois de jeunes adolescents destinés à ramasser le café sur la Grande Terre, à raison de 15 F par mois plus la nourriture. Épisodiquement, des grèves éclatent, preuve des conditions difficiles faites aux Kanaks. C'est ainsi que l'inspecteur des colonies M. Meray note : « Lorsqu'est intervenu l'arrêté du 3 mars 1902, décidant que dans le règlement trimestriel des salaires à faire aux engagés de race loyaltienne le tiers des sommes dues par les engagistes serait versé à la caisse de l'immigration, pour être seulement remis à l'engagé, par un agent de l'Administration, à son retour, à la fin de son engagement, dans son île d'origine, une véritable grève éclata à Thio, où je me trouvais, parmi les hommes de Lifou, occupés par la Société « Le Nickel ». Pour l'apaiser, il fallut un télégramme du chef du service des affaires indigènes, déclarant que l'arrêté ne saurait avoir un effet rétroactif »[16]. La Nouvelle Politique Indigène mise en place par les gendarmes-syndics des affaires indigènes[17] dans les années 1930 entraîna des restrictions à l'engagement des Loyaltiens. Suite à l'arrêté de novembre 1936 (n° 1192) le nombre des engagés ne peut excéder le tiers des hommes valides d'une tribu, l'âge minimum est porté à vingt ans et la durée de l'engagement est limitée à deux ans. L'engagement est interdit aux femmes, sauf celles qui ont plus de trente ans et qui sont sans enfant. Aujourd'hui encore, l'histoire de cette migration intérieure reste

16. *Rapport de l'inspecteur des colonies Maurice Meray à Monsieur le Ministre des Colonies*, Nouméa, 26 mai 1902, CAOM H1859.

17. Lambert Jean-Marie : *La nouvelle politique indigène en Nouvelle-Calédonie. Le capitaine Meunier et ses gendarmes, 1918-1954*, préface de Paul de Deckker, Harmattan, coll. Mondes Océaniens, Paris, 1999, 240 p.

à faire[18]. Parallèlement, tous les engagés océaniens sont concurrencés sur mine par les engagés asiatiques.

Le travail sur mine et l'engagement des asiatiques

La raréfaction des travailleurs néo-hébridais et la recrudescence des besoins, car « la mine est dévoreuse de bras »[19], oblige l'administration, qui s'était contentée jusque là de contrôler l'immigration, d'en devenir un acteur. C'est en 1891 qu'un premier groupe de 768 Indochinois, dont 479 bagnards de Poulo Condor, mi-pirates, mi-prisonniers politiques, est introduit pour le travail sur mine[20]. Cette première introduction fut un véritable désastre : 96 engagés décèdent alors qu'ils sont encore au dépôt ; l'origine pénale de la majorité d'entre eux fait hésiter les engagistes ; les derniers Tonkinois ne sont engagés qu'un an et demi après leur arrivée. Afin d'éviter des problèmes similaires, le service de l'immigration de la colonie impose à l'avenir qu'aucune personne ne soit introduite sans réservation préalable par un engagiste. En majorité, ces Indochinois venaient du Nord Viêt-nam que l'on appelait alors le Tonkin. Leurs motivations furent surtout économiques, comme le confirme Jean Vanmai : « Au Nord Viêt-nam surpeuplé, ... avec le manque de travail, les inondations successives, le chômage, donc le ventre creux et les conditions de vie extrêmement difficiles, ceux qui entendirent parler d'un recrutement de main-d'œuvre pour la Nouvelle-Calédonie, se précipitèrent aux bureaux des engagements. Ils

18. Guiart Jean : *Les Mélanésiens devant l'économie de marché. Du milieu du XIXe siècle à la fin du millénaire*, Le Rocher à la voile, Nouméa, 1998, 192 p. ; Corre Bruno : *Histoire du service des affaires indigènes de Nouvelle-Calédonie : affaires indigènes, indigénat et politiques indigènes de 1856 à 1954, assimilation ou ségrégation ?*, DEA, Université Française du Pacifique, Nouméa, 1997, 108 p.

19. Devambez-Armand Véronique : « Les recrutements : chronologie de la main-d'œuvre immigrée sous contrat en Nouvelle-Calédonie (1869-1939) » dans de Deckker Paul (dir.) : *Le peuplement du Pacifique et de la Nouvelle-Calédonie au XIXe siècle, op. cit.*, p. 208 à 217 ; *Main-d'œuvre et colonisation en Nouvelle-Calédonie (1858-1950)*, DEA d'histoire, Université d'Aix en Provence, 1992.

20. Barbançon Louis José et Dezambez Véronique : « L'arrivée des Vietnamiens en Nouvelle-Calédonie. Les damnés du Cheribon » dans *Paroles de la Grande Terre et des îles*, Nouméa, n° 1 et 2, 1991, p. 43 à 45 et p. 49 à 51 ; article repris en parti dans : *« Nouvelles Calédonies .. d'avant 1914 »*, Éd. Pacifique, 1992, 174 p., p. 103 à 105.

étaient tous volontaires pour partir vers le *Tân Thê Gioi,* c'est-à-dire le « nouveau monde »[21].

Ces Tonkinois furent surtout embauchés par les sociétés minières qui se développèrent rapidement après 1874, date de la première exploitation de nickel. Cette immigration fut dès l'origine sous contrat, les relations entre l'engagé et son patron, l'engagiste, de même qu'avec l'administration, étant entièrement fixées par un contrat très complet dont les termes étaient définis par la loi. À partir du 20 juin 1895, un arrêté spécifique réglemente l'engagement des Indochinois, soumis par ailleurs à la législation propre aux indigènes non citoyens français. Les Tonkinois étaient astreints à demeurer sur leur lieu de travail, ils ne devaient pas quitter leur village d'attache, ils devaient être rentrés dans leurs baraquements à 8 heures du soir et ils pouvaient être soumis à des amendes ou à des punitions corporelles. Tous leurs déplacements et les moindres incidents étaient par ailleurs consignés dans un livret spécifique, pièce administrative qu'il était indispensable de posséder pour pouvoir être embauché. Ce document conservé par l'engagiste, comme le livret ouvrier métropolitain de la même époque, comportait une copie du contrat type qui s'affirmait comme un carcan mais aussi comme une protection si les engagés étaient en mesure de le déchiffrer. C'est ainsi que plusieurs articles protègent leurs droits :

> « Article 3 : Le fait de placer l'ouvrier tonkinois sous la direction ou la surveillance soit d'un employé indigène noir, soit de toute personne ayant été condamnée à deux reprises par un tribunal criminel ou correctionnel pour sévices contre des indigènes ou des ouvriers entraînera d'office à la requête de l'ouvrier, la résiliation de son contrat.

21. Vanmai Jean : « Chân Dang » dans de Deckker Paul (dir.) : *Le peuplement du Pacifique et de la Nouvelle-Calédonie au XIXe siècle, op. cit.*, p. 294 à 303. Vanmai Jean : *Chan-Dang. Les Tonkinois de Calédonie, au temps colonial*, SEHNC n° 24, Nouméa, 1980, 387 p. ; *Fils de Chan-Dang*, Éditions de l'Océanie, Nouméa, 1983, 292 p. ; Vanmai Jean : *« Centenaire de la présence vietnamienne en Nouvelle-Calédonie, 1891-1991 »*, CTRDP, Nouméa, 1991, 105 p.

Article 8 : Les femmes ne seront employées qu'à des travaux convenant à leur sexe et correspondant à leurs forces.

Article 15 : Les familles ne pourront, en aucun cas, être séparées ».

Si la plupart des engagés tonkinois peinent sur mine, quelques-uns sont embauchés dans les stations d'élevage, par les services publics (construction, réfection des chaussées, etc.) sur des navires ou chez des particuliers, surtout pour les femmes. En effet, il était prévu que dans chaque convoi, l'on trouverait environ 10 % de femmes, afin d'éviter des problèmes de mœurs et afin de faciliter une éventuelle installation. Ainsi, le pantalon bouffant noir et la blouse marron des Indochinoises devint une partie intégrante du paysage, tout comme le chapeau conique des Annamites. Malgré des conditions de vie et de travail souvent très dures, ces travailleurs continuèrent à débarquer à l'îlot Freycinet et à se rendre « au dépôt de l'Orphelinat » pour y trouver un engagiste, car le salaire moyen de 12 piastres pour les hommes et de 9 piastres pour les femmes était, si l'on en croit le gouverneur Guyon, trente fois plus élevé que celui qu'ils auraient pu obtenir en Indochine. Une partie du salaire était retenue par les employeurs afin de constituer le « pécule » qu'ils touchaient uniquement au moment de leur départ.

Quant aux termes du contrat, ils comprenaient la liste précise des vêtements qui devaient leur être alloués tous les ans ou par exemple les quantités de nourriture qui leur étaient délivrées quotidiennement. Ces articles correspondaient à des conditions d'existence normales, mais la réalité fut souvent tout autre. La nourriture se composait en fait généralement de riz et de quelques rares morceaux de viande, les logements étaient souvent insalubres et quant à la couverture réglementaire, elle était si mince et de si mauvaise qualité que la Colonie entière avait fini par lui donner le nom de *« couverture ration »*. Résignés, les Indochinois se nommèrent eux-mêmes *« Chan Dang »* ce qui en vietnamien signifie « Pied engagé » ou encore au sens large du terme « engagé sous contrat ».

Comme d'habitude en matière de main-d'œuvre engagée sous contrat, ces derniers s'accompagnaient de peines pénales. L'absentéisme, le refus de travail ou l'insubordination étaient des motifs pour punir les engagés de 8 à 60 jours d'ateliers de discipline au chef-lieu. Comme pour cela il fallait un jugement et un long déplacement, la plupart des engagistes, pas toujours sûrs de leur bon droit, préféraient avoir recours à leurs propres formes de discipline, soit des amendes et le châtiment corporel[22]. Et lors du procès d'un employeur accusé de cruauté en 1882, il est rappelé par celui-ci que le commissaire de l'immigration lui-même gardait un fouet à plusieurs cordes derrière sa porte et s'en servait pour les Néo-Hébridais récalcitrants qu'on lui apportait[23]. Mais pourquoi acceptaient-ils cette vie de misère ? J. Vanmai estime que « le salaire, dérisoire de nos jours, mais si élevé pour eux en ce temps-là, en économisant bien, et ils savaient le faire, leur permettrait d'acheter un morceau de terre et construire une petite maison lorsqu'ils seraient de retour au pays. Ils étaient jeunes, la vie recommencerait de plus belle ».

Les contingents furent modulés par l'administration pour suivre l'évolution en dents de scie de la santé de l'économie calédonienne et donc du marché du travail[24]. Par ailleurs, une prudence toute cartésienne amena les autorités civiles à diversifier les sources d'approvisionnement en main-d'œuvre, afin d'éviter la formation de trop fortes minorités ethniques. Ce même souci d'équilibre explique la difficulté des démarches qu'il y avait à entreprendre pour les Vietnamiens qui désiraient s'installer. De fait, seuls 139 d'entre eux avaient réussi à obtenir le statut fort envié de résident libre en 1939. Les engagés indochinois arrivent massivement surtout après la Première Guerre mondiale, quand les

22. Courbet (gouverneur) : *Rapport sur l'immigration Néo-Hébridaise destiné au Ministre de la Marine*, Nouméa, 17 février 1882, CAOM, Série Géographique carton 63.
23. Anonyme : « la chronique du tribunal » dans *Le progrès de la Nouvelle-Calédonie*, Nouméa, 12 février 1882, Service Territorial des Archives de Nouvelle-Calédonie (STA).
24. « Graphique concernant la main-d'œuvre tonkinoise » STA 37W368, document reproduit dans Boyer Sylvette et Véronique Armand-Devambez : *La main-d'œuvre immigrée asiatique sous contrat en Nouvelle-Calédonie*, Archives Territoriales de Nouvelle-Calédonie, Cellule d'animation pédagogique, Nouméa, 1994, np. Buttet Catherine : *Histoire d'un échec ? Mise en valeur et pouvoirs publics en Nouvelle-Calédonie de 1870 à 1914,* thèse d'histoire, Université d'Aix-Marseille I, Aix en Provence, 1996, 581 p.

Japonais ne sont plus prisés et que la situation est devenue si mauvaise en Indochine que l'engagement devient une alternative au chômage[25]. Ils arrivent par énormes contingents de 500 à 900 travailleurs et bientôt les navires à vapeur qui font la ligne Saïgon-Nouméa transportent cette marchandise humaine dans les deux sens. V. Devambez considère que leurs conditions furent particulièrement difficiles : « Soumis à des contremaîtres violents et racistes, ils sont considérés uniquement comme une force de travail dont l'acquisition coûte peu cher, donc dont la disparition importe peu. Le *coolie* est remplaçable et il est utilisé jusqu'à la limite de ses forces »[26]. Cette détérioration de la situation, qui peut paraître paradoxale puisque l'on se rapproche de la période contemporaine, s'explique par la taylorisation de l'économie minière et par la mise en place progressive d'un corps de contremaîtres européens nés dans la colonie, rudes pour eux-mêmes et pour les autres. L'un de ces contremaîtres, retraité depuis 1961, confia en 1972 au journal de sa compagnie : « On habitait au pied de la mine et il fallait plus de deux heures pour arriver sur les chantiers. Naturellement, les chefs de mine et les contremaîtres devaient y être les premiers pour le pointage de 6 heures du matin... On travaillait neuf heures par jour sur la mine et nous n'avions droit qu'à une semaine de congés par an. Laissez-moi vous dire qu'il n'était pas question de sortir le soir : nous étions bien trop crevés... Il faut dire que la main-d'œuvre de l'époque, japonaise et tonkinoise, était impeccable... et personne ne rechignait jamais sur la mine où, femmes et hommes, tous travaillaient avec un bel ensemble. Je le répète, c'était dur... mais si sympathique ! »[27].

---

25. *Lettre du Vicaire apostolique du Tonkin maritime à l'évêque de Nouvelle-Calédonie*, Hanoi, 6 mai 1921, Archives de l'Archevêché de Nouméa, AAN 143-1. Anonyme : *Le problème de la main-d'œuvre en Indochine*, Dépêche coloniale, monographies, Paris, 1927, 22 p. « Nous nous trouvons donc en réalité en présence de régions surpeuplées, qui ne peuvent pas subvenir aux besoins de leur population, si frugale qu'elle soit. Des disettes périodiques sévissent, et les salaires payés par l'industrie naissante du pays demeurent, bien entendu, très inférieurs à ceux que les Tonkinois pourraient trouver en Cochinchine » p. 6.
26. Devambez-Armand Véronique : « Les recrutements : chronologie de la main-d'œuvre immigrée sous contrat en Nouvelle-Calédonie (1869-1939) », *op. cit.*, p. 208 à 217, p. 214.
27. Anonyme : « Georges Bouyé évoque son passé » dans *SLN Informations*, n° 12, Nouméa, 1972, 52p, p. 18 à 20.

L'enracinement réel des Tonkinois, mais aussi celui des Javanais, date de la Deuxième Guerre mondiale. La rupture des contacts entre la Nouvelle-Calédonie gaulliste et l'Indochine empêche alors tout rapatriement malgré les nombreuses réclamations ou même des grèves[28], et en 1945 la durée d'engagement de ces milliers d'hommes et de femmes était largement dépassée. Le gouvernement français accorda alors le 15 juin la résidence libre à tous les travailleurs sous contrat.

Parallèlement, le même besoin en main-d'œuvre pour les mines amena les Japonais, qui firent l'objet d'un traitement privilégié. Les six cents premiers travailleurs japonais débarquent en 1892 à Thio pour la SLN, porteurs d'un contrat libre bien plus clément que le contrat d'engagement des autochtones en provenance des empires coloniaux. C'est ainsi que leur salaire est le double de celui d'un Tonkinois et que le navire qui les débarque apporte six mois de vivres adaptés au goût nippon. Ils avaient l'espoir d'obtenir de meilleures conditions de travail qu'à Hawaii mais très vite ils déchantèrent[29]. Suite à leurs plaintes, un officier médecin fut envoyé de Tokyo en inspection et il constata que les conditions de vie étaient satisfaisantes, pour peu que l'on supprime le travail le dimanche et les punitions corporelles, appliquées trop libéralement aux *coolies* asiatiques. Le règlement de ce premier conflit permet l'arrivée d'autres convois, mais après la grève de 1901 menée par les ouvriers Japonais de Thio mécontents de la dureté des contremaîtres, la SLN préfère employer d'autres communautés. Il est vrai que depuis la dépêche ministérielle du 12 avril 1900 les Nippons, qui bénéficient d'une représentation consulaire à Nouméa, ont obtenu que leur contrat de 4 ans débouche sur la liberté d'établissement et de circulation, l'indépendance de l'Empire du soleil levant et le rôle joué par le Japon dans la crise des Boxers expliquant leur statut d'étrangers protégés.

Une convention de commerce passée en 1911 entre la France et le Japon, promulguée en 1913 en Nouvelle-Calédonie, donne du reste

28. Kurtovitch Ismet : *La vie politique en Nouvelle-Calédonie de 1940 à 1953*, thèse d'histoire, Université Française du Pacifique, Nouméa, 1999, 690 p.
29. Kobayachi Tadao : *Les Japonais en Nouvelle-Calédonie. Histoire des émigrés sous contrat*, SEHNC, publication n° 48, Nouméa, 1992.

aux Japonais pleine et entière liberté de séjourner et de commercer en Calédonie. Cette convention les autorise du reste en 1916 à intégrer l'armée au titre de la Légion Étrangère, alors que les Tonkinois, en tant que sujets français, intégrèrent le Bataillon du Pacifique et que les Indonésiens, en tant que sujets néerlandais, ne purent que rester dans la colonie. Entre 1892 et 1919, plus de 6 000 Japonais entrent en Nouvelle-Calédonie en tant que travailleurs contractuels. Les conditions étaient dures : dix heures de travail par jour avec une heure de pause pour le repas de midi et l'obligation d'accepter deux heures supplémentaires rémunérées si nécessaire. Le contrat individuel type, beaucoup plus court que le contrat d'engagement, comprend des articles bien différents de celui-ci, articles qui ne sont pas toujours au bénéfice du contractuel : « Article III : ... (A) les salaires seront payés directement et mensuellement au travailleur ; Article V. En dehors de ce qui est dit ci-dessus à l'article précédent, le travailleur devra se pourvoir à ses frais à tous ses autres besoins, (nourriture, habillement, etc.) ; Article XIII. Le travailleur paiera lui-même les frais de voyage aller et retour du Japon en Nouvelle-Calédonie »[30]. En général, le travail d'extraction consistait comme pour les autres engagés à creuser le sol avec des pioches et des marteaux puis à trier le minerai et à le mettre dans des sacs de jute ou dans des caisses. Cette communauté fut la seule à compter rapidement un grand nombre de travailleurs libres, et leur succès explique en partie la rigueur avec laquelle ils furent tous arrêtés et déportés en Australie au début de la Seconde Guerre mondiale, leurs biens étant mis sous séquestre.

Seuls les Japonais, et secondairement quelques Chinois, échappèrent au carcan de l'engagement. Ce dernier fut la règle et nombreux furent les recruteurs qui essayèrent de diversifier les colonies d'approvisionnement. Généralement leurs propositions restèrent à l'état de projet, l'administration imposant un engagement préalable, mais quelques convois atypiques arrivèrent en Calédonie. On retrouve leur trace dans les archives mais leur souvenir a disparu de la mémoire collective, en

30. Anonyme : *Il y a 100 ans ... et maintenant. Des relations commerciales et culturelles entre le Japon et la Nouvelle-Calédonie chaque jour plus fortes*, Province Nord de la Nouvelle-Calédonie et Éditions Delroisse, Paris, 1992, 144 p.

raison des faibles effectifs concernés et du retour quasi-systématique des engagés concernés dans leurs colonies d'origine au bout de cinq ans. L'inspecteur M. Meray note ainsi en 1902 qu'une « procuration est intervenue entre MM. de Béchade, négociant à Nouméa, et Quaintenne, agent recruteur à Pondichéry, pour diriger sur Colombo, au prix de 215 F pour les adultes, 140 F pour les enfants de 12 à 16 ans, et 40 F pour les enfants de 5 à 12 ans, cinq cents individus de race hindoue, qui seraient ensuite embarqués, à raison de 7 F par jour sur les paquebots des Messageries Maritimes à destination de Nouméa... Il a été ainsi dirigé sur la Nouvelle-Calédonie, du 19 septembre 1901 au 29 avril 1902, neuf convois, s'élevant ensemble à 442 individus. Sur ce nombre, 43 ont dû être rapatriés à Pondichéry, comme incapables d'effectuer un service quelconque. Par suite de l'absence presque complète de main-d'œuvre en Nouvelle-Calédonie, tous ces Indiens se trouvent actuellement placés... J'ai interrogé de nombreux colons sur l'emploi qu'ils tiraient de cette main-d'œuvre. Tous l'ont déclarée incapable d'être occupée sur les mines, insuffisante du point de vue agricole, utilisable pour les travaux de domesticité. Ils reprochent aux hommes, en dehors de leur faiblesse physique, un caractère difficile et souvent raisonneur et un certain penchant à l'ivrognerie et au vol. Je suis bien obligé d'avouer, par réciprocité, que pour les salaires mensuellement consentis, soit, en plus du riz afférent à la nourriture, 21 F pour les hommes, et 15 F pour les femmes et les adolescents, il me semble difficile de trouver de bons serviteurs et de se montrer exigeant. Quoi qu'il en soit, on préfère de beaucoup aux engagés indiens les travailleurs javanais ».

En ce qui concerne l'engagement des Javanais, il fut initié par le gouverneur Feillet lorsqu'il généralisa le 19 novembre 1895 le système de l'immigration sous contrat, souhaitant ainsi obtenir une baisse du prix initial de chaque engagé. Par ailleurs, cet arrêté précise que « dans aucun cas, il n'en sera accordé pour le travail des mines », ceci afin de permettre aux nouveaux colons de louer des bras pour leurs caféries. Enfin, les engagistes payent à l'avance la moitié des frais de passage, qui comprennent une avance en florins afin de laisser un petit pécule aux familles, et le texte les oblige à accepter les travailleurs qui leur seront expédiés par le consul de France à Batavia. En effet, les futurs engagés devraient choisir eux-mêmes leurs futurs engagistes, preuve s'il en était que l'heure était à une certaine humanisation administrative du système. Dans la réalité, les engagés durent souvent partir sans contrats nominatifs préalables, ce qui nous rappelle que les lois, et à plus forte raison les arrêtés, sont significatifs d'une norme recherchée, mais aussi des manquements fréquents à ces actes législatifs. Qui plus est, si les frais d'introduction s'élevaient initialement à 125 F, l'administration dut bientôt les élever à 230 F.

Le premier contingent de 170 Javanais arrive à Nouméa en 1896 sur le vapeur *Saint Louis* affrété par la compagnie Ballande, après vingt jours de mer. Au bout de trois jours de quarantaine à l'îlot Freycinet, ils sont transférés à Nouméa où les colons informés par la presse peuvent « venir choisir leurs *coolies* au dépôt »[31]. Chacun d'eux avait un numéro matricule et longtemps celui-ci leur servit d'état-civil. Leur ration quotidienne est composée comme suit : 1 kilo de riz, 250 g de poisson salé ou 300 g de viande, 24 g de sel, 50 g de sucre et 3 g de thé. Ils bénéficient, ou plutôt il reçoivent, une dotation annuelle de vêtements : une couverture de laine, et pour les hommes une chemise de laine, deux chemises de coton, deux pantalons de coton ou de toile et deux chapeaux. Jusqu'en 1899, les Javanais furent employés dans les plantations de café, chez les agriculteurs et comme domestiques. Le problème de la main-d'œuvre sur mines étant loin d'être résolu alors que la culture du café connaissait une sévère crise, ils furent ensuite embauchés pour le roulage et le transport du minerai. Au terme de leur contrat (cinq ans puis ultérieurement trois ans renouvelables), ils retournaient dans leur colonie d'origine. Quant à ceux qui souhaitaient rester, non seulement ils perdaient leur droit au rapatriement, mais il leur fallait payer les frais d'introduction d'un nouveau travailleur, ce qui rappelle étrangement le système du rachat mis en place aux Antilles à la fin de la période de l'esclavage. Qui plus est, peu nombreux étaient ceux qui étaient autorisés à bénéficier de la résidence libre instituée en 1898 pour les Océaniens et seulement le 19 mars 1909 pour les Asiatiques.

Chaque communauté est liée par des contrats types légèrement différents et, par exemple, celui de 1920 appliqué aux Javanais comporte un article 5 composé comme suit : « les congés seront de un

31. Anonyme : « arrivées » dans *la France Australe*, Nouméa, 30 novembre 1901.

jour par semaine et de trois jours à l'occasion du nouvel an javanais »[32]. De même, le gouvernement néerlandais s'inquiète un peu tard en 1924 de la situation déplorable des engagés javanais et s'il obtient que leur salaire rejoigne celui des Indochinois ou que leur trafic passe par la Compagnie royale des Indes Néerlandaises, il se désintéresse de leur traitement quotidien. Considérés comme travailleurs et dociles, ils sont souvent mieux traités que les autres engagés et le Conseil général s'avère favorable à ce qu'ils obtiennent la résidence libre[33]. Il est vrai que les notables calédoniens souhaitaient que « cette main-d'œuvre ne parte avec leur épargne à l'expiration de leur contrat »[34] alors que F. Doumenge remarque dès 1966 que le gouverneur hollandais souhaitait une limitation au rapatriement de l'épargne, craignant de voir « certains éléments de retour au pays soulever des mouvements de revendications et de réactions après avoir bénéficié de revenus plus élevés et de meilleures conditions de vie et de travail ». Enfin, en 1937, l'église catholique met à la disposition de cette communauté en voie d'installation un prêtre hollandais. Longtemps marginalisés dans le travail comme dans les loisirs (couvre-feu de 20 heures) ou dans la peine (hôpital annexe des travailleurs exotiques et indigènes), les engagés redeviennent en 1946 des travailleurs à part entière.

Des « victimes de l'histoire » aujourd'hui reconnues

De 1874 à 1945 les engagés, tant océaniens qu'asiatiques, ont été constamment enserrés dans un réseau réglementaire qui s'est régulièrement amélioré en ce qui concerne les salaires, le travail et les rations de nourriture. En revanche, la longueur de la durée du contrat, les difficiles conditions d'obtention de la résidence libre ou encore les punitions potentielles restèrent à peu près inchangées. Ainsi, avec un certain décalage, le système de l'engagement évoluait comme l'ensemble de la société. Aussi, lorsque la Seconde Guerre mondiale

32. Baudoux Georges : « Les Javanais en 1920 » dans *Bulletin de la Société d'Études Historiques de Nouvelle-Calédonie*, n° 24, Nouméa, 1975, p. 41 à 54.
33. *Rapport annuel du gouverneur au Ministre des Colonies sur la main-d'œuvre javanaise*, Nouméa, 11 juillet 1928, CAOM, Affaires Économiques, carton 12.
34. *Comptes rendus du Conseil Général*, Nouméa, 19/11/95, STA, registre de 1895.

fit souffler un vent de liberté sur le Pacifique Sud, l'engagement n'avait-il plus qu'à disparaître. Mais comment fut-il perçu hier et aujourd'hui ?

Hier, les représentants du colonat s'affirmaient favorables au travail des engagés, tout en méprisant ces immigrants qui faisaient leur aisance. Un conseiller général souhaitant réviser à la baisse le salaire des Javanais avant même leur arrivée ne déclarait-il pas en séance : « Ces races primitives sont incapables de faire le travail d'un Européen »[35]. Les propos de Vigoureux sont eux aussi tout à fait transparents lorsqu'il indique sans fard dans son ouvrage intitulé *La vie du colon en Nouvelle-Calédonie* : « **Travailleurs néo-hébridais.** – C'est une excellente main-d'œuvre mais qui revient à un prix relativement élevé en raison des frais d'introduction qu'il y a lieu de payer. Cet inconvénient est, il est vrai, compensé en partie par la durée de l'engagement qui est ordinairement de cinq ans. **Javanais.** – Cette main-d'œuvre peut rendre de bons services dans une caféierie ; elle est douce, soumise et le revient n'est pas très élevé. Son introduction a rendu service aux agriculteurs. **Tonkinois.** – Main-d'œuvre qui n'égale pas celle des Hébridais et Javanais en raison du caractère de la race mais qui, cependant, intelligemment conduite, peut rendre des services. **Indigènes calédoniens.** – Il ne faut guère compter sur l'appoint de cette main-d'œuvre qui, bonne, parfois, pour donner un coup de main, est paresseuse en diable et travaille quand bon lui plaît. En général et, ici, c'est une opinion personnelle que j'émets, je dirai : Tant vaut le maître, tant valent les domestiques ».

Et de fait, lorsque l'administration fit mine d'arrêter l'immigration océanienne en 1882 après le débarquement d'un contingent de Néo-Hébridais, captifs et pour la plupart malades, s'apparentant plus à de la traite qu'à un recrutement de travailleurs, les colons signèrent massivement et sans scrupule une pétition pour son maintien[36], alors

35. *Comptes-rendus du Conseil Général*, Nouméa, 16 novembre 1895, STA, registre de 1895.
36. *Pétition des colons de la Nouvelle-Calédonie contre la suppression de l'immigration néo-hébridaise*, Nouméa, 6 juillet 1882, CAOM, Série Géographique carton 27.

qu'ils se plaignaient encore la veille du mauvais état de santé des arrivants et de devoir payer une soulte élevée aux capitaines recruteurs. Du reste, l'administration ne trouvant pas de travailleurs libres en quantité suffisante, rouvre la porte à la main-d'œuvre hébridaise, « la seule avantageuse et la seule assez abondante et bon marché. L'avenir de la colonie semble lié au rétablissement de cette main-d'œuvre, surtout pour le planteur de café. Il s'agit d'une question de vie ou de mort et l'on fonde beaucoup d'espérances sur cette culture »[37]. De fait, Fida Muljono-Larue a estimé qu'en 1896 un engagé coûtait un peu moins de 3 francs par jour, ce qui correspondait au coût d'un transporté (lorsqu'un colon faisait appel à la main-d'œuvre pénale) et ce qui était comparable au coût d'un valet de ferme en France métropolitaine, comparaison qui ne prend pas en compte la cherté de la vie aux antipodes[38]. Donc, l'engagé était la bonne affaire que les défenseurs de cette pratique prétendaient[39]. Quant à l'administration, elle avait d'abord évité de s'occuper du transport pour contrôler les opérations à partir de l'arrivée au port. Puis elle avait mis des commissaires du gouvernement à bord des navires recrutant des Océaniens et elle s'appuyait sur le service de l'immigration de l'Indochine ou sur les consulats français du Japon et des Indes néerlandaises pour réguler les envois. Elle bénéficia directement du système à partir de la mise en place, le 27 février 1909, d'un fonds de prévoyance alimenté par des versements mensuels équivalents au dixième du salaire des engagés. Enfin, à partir de 1926 les *coolies* furent contraints de se constituer un pécule, 30 % de leur salaire étant retenu pour leur être rendu à la fin du contrat. Ils devinrent ainsi les créanciers involontaires de la colonie, et

37. *Rapport de la commission pour l'étude de la colonisation libre*, Nouméa, 4 avril 1883, CAOM, Affaires politiques, n° 282.
38. Muljono-Larue Fida & Larue Bernard : « Les Javanais en Nouvelle-Calédonie » dans de Deckker Paul (dir.) : *Le peuplement du Pacifique et de la Nouvelle-Calédonie au XIXe siècle, op. cit.*, p. 218 à 235, p. 228. Cf. aussi Muljono-Larue Fida : *L'histoire de l'immigration des Javanais sous contrat en Nouvelle-Calédonie de 1896 à 1950*, Centre Territorial de Recherche et de Documentation Pédagogiques, Points d'histoire n° 10, Nouméa, 1996, 118 p.
39. Anonyme : « Les immigrants qu'il nous faut » dans *La France Australe*, Nouméa, 21 janvier 1891, STA. « Ce ne sont pas seulement des cultivateurs ou des ouvriers professionnels qu'il nous faut ; ce sont des mineurs ».

ceci sans aucune rétribution financière. On notera que durant l'entre-deux-guerres personne ne suggère que l'immigration puisse servir de contrepoids politique aux Mélanésiens, l'accent étant prosaïquement toujours mis sur le manque chronique de bras.

En revanche, les ouvriers européens étaient hostiles aux *« trafiquants de chair humaine »* qui introduisaient dans la colonie des travailleurs océaniens ou asiatiques, main-d'œuvre abondante et bon marché, qui enlevait leur pratique aux artisans et aux ouvriers. Par exemple, en 1900, un Tonkinois coûtait à son entreprise 1 F 40 par jour alors qu'un ouvrier moyen européen revenait en moyenne quatre fois plus cher. Ceci explique que certains fonctionnaires cherchent à la fois à réduire les écarts salariaux et à humaniser progressivement les contrats, qui se modifièrent lentement en faveur de l'engagé. C'est ainsi que le contrat type de 1920 précise, dans l'article 2, que désormais : « la journée de travail sera de neuf heures ». À l'époque, l'engagement n'était qu'un exemple d'exploitation de l'homme par l'homme et la situation des travailleurs libres n'était pas beaucoup plus reluisante en ce qui concerne les conditions de travail. Néanmoins, leur statut d'hommes libres et le manque de bras leur permettaient de monnayer au mieux leur force de travail. Ce phénomène concerne les ouvriers européens mais aussi les travailleurs chinois, originaires d'un pays sans doute pauvre, mais indépendant. C'est ainsi que l'on recense, en 1866, 89 Chinois dans la colonie, qui sont venus s'y installer librement, ou qu'en 1884, la Société Le Nickel recrute contractuellement, à un prix élevé pour l'époque, 165 Chinois venus de Macao. L'absence de femmes amena les quelques Chinois qui restèrent dans la colonie à se marier localement et leur descendance s'intégra rapidement aux autres communautés, les enfants métis disparaissant des statistiques lors de leur accession à la citoyenneté.

L'implantation des Indonésiens fut plus difficile, car si dès 1907 deux d'entre eux ont commencé à exercer le maraîchage à la Vallée des Colons, il faut attendre 1939 pour que 10 % d'entre eux puissent s'installer, le plus souvent pour pratiquer le jardinage. Et de fait, l'administration note à la même époque que les quelques Européens qui travaillaient dans ce domaine, après avoir essayé sans succès de faire interdire par le Conseil général certaines professions aux résidents libres, avaient préféré changer d'activité. Parallèlement, une minorité de journalistes s'oppose à l'engagement, au nom des principes humanitaires les plus élémentaires *(L'Avenir)* ou pour préserver la paix sociale dans les colonies d'origine. C'est ainsi qu'un journaliste de l'*Indochine Française* critique l'engagement de condamnés politiques tonkinois en 1891 : « Dans un intérêt de sécurité publique, nous avons le droit de déporter les Annamites à Obock ou en Algérie ; nous n'avons pas le droit de les livrer à l'exploitation d'un industriel »[40]. Une véritable campagne de presse dirigée par l'*establishment* indochinois s'oppose même en 1924 à la pratique de l'engagement. La Colonie reçut alors en mission d'inspection l'administrateur Delamare, qui parlait couramment la langue annamite, et qui obtint tant en Nouvelle-Calédonie qu'aux Nouvelles-Hébrides une notable augmentation des rations. Et comme tout dans l'administration finit par un rapport, le gouverneur Guyon de conclure « Cette campagne serait peut-être justement entreprise dans le but de maintenir en Indochine les bas salaires et de retenir sur les lieux de leur misère, une foule famélique qui dispense certaines entreprises privées de faire les frais d'un machinisme approprié aux lois et aux faits de la vie économique moderne »[41].

La Seconde Guerre mondiale fut une période de transition. D'une part les conditions matérielles des engagés s'améliorèrent grandement. C'est ainsi que la durée de la journée de travail est réduite d'une heure, que les devoirs de l'engagiste sont plus strictement établis et contrôlés, qu'un congé payé de maternité de trente jours est accordé aux engagées et qu'une indemnité est mise en place en cas d'accident du travail. Il a du reste été récemment démontré (I. Kurtovitch, 1999) que cette amélioration sensible entraîna une réquisition massive de la force de travail mélanésienne. D'autre part, les engagés arrivant progressivement au bout de leur contrat de cinq ans, et ne pouvant en aucune manière être rapatriés, ils demandent de plus en plus instamment les libertés de circulation et d'entreprendre. Certains engagistes acceptent

40. Anonyme, dans *L'Indochine Française*, 26 décembre 1890.

41. Moret Janine : « Les Asiatiques en Nouvelle-Calédonie » dans *Bulletin de la SEHNC*, n° 19, Nouméa, 1974, p. 60.

de notables augmentations pour les conserver, d'autres s'appuient sur l'état de guerre pour les contraindre à rester à leurs postes (ouvriers spécialisés à Doniambo, ouvriers agricoles sur les stations d'élevage). La gendarmerie favorise le *statu quo*, ce qui entraîne selon les lieux grèves (ponts et chaussées) ou évasions (SLN). Finalement, le régime de l'engagement, atténué dès 1945 pour les Asiatiques, disparaît le 3 mai 1946, l'arrêté 544 donnant « la liberté entière de circulation à tous les indigènes de race océanienne, ressortissants français ».

Après la guerre, le *Bulletin du commerce*, journal de la Chambre de commerce, protesta contre le rapatriement des engagés asiatiques, affirmant en particulier que « les Javanais qui font partie de notre vie quotidienne sont parfaitement heureux ici. Les faire partir reviendrait purement et simplement à nous priver de notre moyen d'existence ». L'auteur ajoutait par ailleurs que le « mythe de semi-esclavage » dans lequel certains disaient qu'ils étaient maintenus était faux. Il faut attendre 1948 pour que les lignes maritimes soient pleinement rétablies et pour que leur rapatriement soit possible. Plus de 7 600 Indonésiens travaillaient alors en Nouvelle-Calédonie et 2 000 furent rapatriés cette année-là. D'autres auraient voulu partir, mais la colonie manquant toujours de bras et le système de l'engagement arrivant à sa fin, les autorités profitèrent de la pénurie de navires pour échelonner les retours. Le Conseil général et les représentants du monde économique favorisèrent la reprise de l'engagement, et en 1949, 495 Javanais arrivèrent encore sur la base de contrats de trois ans nettement plus avantageux pour les intéressés. Mais la situation avait changé : le nouvel État indonésien n'était pas favorable à cette pratique dévalorisée liée à la colonisation et depuis 1945, l'engagement avait cessé d'exister en tant que système accepté, favorisé et contrôlé par l'administration. Le dernier rapatriement administratif à titre grâcieux intervient en 1953 et il reste alors sur le Caillou 3 500 Indonésiens qui s'y installent définitivement, l'accession à la citoyenneté française leur étant facilement attribuée.

Par contre, le cas de la communauté tonkinoise, dénommée désormais vietnamienne, se régla différemment car elle provenait d'un état associé de l'Union française. Aussi, l'administration était-elle favorable à leur installation définitive et elle n'organisa que deux convois de rapatriés, en 1949 et 1950. Les anciens engagés deviennent donc *ipso facto* des résidents libres pour qui la situation change du tout au tout. La seule obligation à laquelle ils sont soumis depuis l'arrêté du 7 septembre 1910 consiste à l'obligation de se présenter à l'administration deux fois par an pour faire viser le livret afférent à leur nouvelle condition et pour justifier de revenus suffisants. L'indépendance du Viêt-nam en 1954 changea progressivement la situation, car de nombreux fonctionnaires de la coloniale devinrent hostiles à cette communauté alors que des Calédoniens s'inquiétaient de leur réussite économique, en particulier dans le commerce de détail. Des manifestations anti-viets furent organisées et les rapatriements tant attendus par la majorité des Vietnamiens furent alors programmés entre 1960 et 1963.

Jean Vanmai, qui fit alors le choix de rester, se rappelle : « Partirent… tous ceux qui ne pouvaient supporter plus longtemps cette hostilité ouverte, alors qu'ils avaient largement contribué au développement du Territoire. Partirent également ceux qui étaient bercés par la propagande du Viêt Minh et qui refusaient obstinément d'entendre la voix des prêtres vietnamiens et des missionnaires du gouvernement du Sud-Viêtnam, venus pourtant à Nouméa pour leur dire ce qu'est le véritable communisme… Partirent aussi les autres, les sans opinions, tout simplement parce que le bateau était là, les places étant gratuites… Nombreux aussi étaient ceux qui voulaient retrouver la terre des ancêtres quoi qu'il puisse leur arriver, pour mourir chez eux, sur le sol qui les avait vu naître »[42]. Seulement 1 500 Vietnamiens décidèrent alors de rester. Le fait qu'ils soient majoritairement catholiques et non communistes explique l'extinction de la campagne anti-viet alors que l'administration favorisa leur naturalisation[43]. Les Japonais ayant été déportés durant la Seconde Guerre mondiale[44], seuls leurs enfants nés

42. Vanmai Jean : « Chân Dang », *op. cit.*, p. 299.

43. Ward Alan : « La Nouvelle-Calédonie de 1945 à 1955. La politique de l'emploi et l'immigration », dans Spencer Michael (dir.) : *Nouvelle-Calédonie. Essai sur le nationalisme et la dépendance*, L'Harmattan, Paris, 1988, 304 p.

44. Palombo Philippe : *Pearl Harbour et la présence des Japonais en Nouvelle-Calédonie*, DEA Espaces, temps et sociétés du Pacifique insulaire, Nouméa, 1994, 74 p. Ibid. : La présence japonaise en Nouvelle-Calédonie (1890-1960), ANRT, Thèse à la carte, Lille, 2003, 583 p.

sur le territoire et donc de nationalité française restèrent. Les quelques Néo-Hébridais qui s'étaient installés dans les années 1900-1920 finirent de s'agréger au patchwork calédonien.

En dépit d'origines culturelles différentes, de conditions d'entrée et de statuts variés, certaines constantes prévalent. Dans tous les cas, la majorité repartit dès qu'elle en eut la possibilité. Pour ceux qui sont restés, le faible nombre de femmes a favorisé le métissage. Or, les coutumes se transmettant essentiellement par les mères[45], les racines se sont progressivement diluées. Et comme l'écrit Fida Muljono-Larue, « C'est sans doute dans la cuisine que survivent le mieux ces passages et de nombreux plats servis en Nouvelle-Calédonie depuis bien longtemps témoignent d'une origine exotique : les nem, le bami, le carri, etc. rappelant la part importante qu'ont pris tous ces travailleurs à la constitution de Territoire »[46]. Par ailleurs, Jacqueline Sénès, à la recherche d'un discours consensuel, présente le portrait d'une grand-mère Malabare, corsetée de satin noir. Elle avait des dictons terribles : « Z'affaires cabris, moutons mêle pas ! » Ou encore : « Quoi ça y connaît pas, touche pas ! » Et avec de telles sentences, elle avait élevé sa marmaille. On peut aujourd'hui encore savourer le vieux cliché où ses petits-enfants sont réunis, pauvres, proprets et pieds nus, autour d'une table de planches rudes éclairée d'une seule lampe à pétrole. Ces petits métis populaires représentent déjà l'amorce de ces Calédoniens de brousse, bien inconsidérément nommés de nos jours « les Caldoches » sans comprendre vraiment ce qu'ils furent : des peuples colorés tournés vers des vertus très simples. Au cours des temps le mélange se fera plus complexe, plus nuancé, plus riche, laissant à tous, en dénominateur commun, un attachement forcené à cette terre d'immigration où ils eurent à survivre durement ».[47]

---

45. Armand Véronique : « Femmes immigrées sous contrat » ; Association Javanaise : « Portraits de javanaises » ; Association Vietnamienne : « Portraits de Vietnamiennes » dans *Regards de femmes*, Musée de la ville de Nouméa, Nouméa, 1998,167 p., 70 à 73.
46. Muljono-Larue Fida et Bernard : « La diversité des communauté » dans *Nouvelles-Calédonies ... d'avant 1914*, Éd. Pacifique, 1992, 174 p., p. 95 à 102.
47. Sénès Jacqueline : *La vie quotidienne en Nouvelle Calédonie de 1850 à nos jours*, Hachette, Paris, 1985, 363 p.

Le temps de l'engagement s'achève donc définitivement en 1963. Il est tout à fait significatif que l'historiographie, discrète durant la période coloniale sur les réalités de l'engagement « des races tropicales », ait omis d'en faire état durant les trente années qui suivirent. Et si les commémorations du centième anniversaire de l'arrivée des communautés asiatiques sont arrivées à point nommé, il semble que l'élément déterminant de la reconnaissance de cet épisode difficile de l'histoire de la Nouvelle-Calédonie fut la fracture causée par les événements politiques que ce territoire a connus entre 1984 et 1988. On remarquera par ailleurs que les commémorations commencèrent par la communauté japonaise et que les seuls engagés étrangers qui n'ont pas fait l'objet d'études localement sont les Néo-Hébridais, dont le sort pourrait par trop rappeler le sort fait aux Kanaks à la même époque. Aujourd'hui, seuls les anciens ont vécu le temps des contremaîtres et des matricules, et ils s'avèrent réticents à évoquer des souvenirs souvent difficiles[48].

Quant aux jeunes générations, elles redécouvrent l'engagement à travers les écrits d'historiens issus de leurs communautés, tels J. Vanmai, F. Muljono ou C. Adi. Et dès 1986, les rédacteurs anonymes de la plaquette souvenir éditée lors de l'inauguration du foyer vietnamien, précisaient : « Nous avons eu, à un moment donné, la tentation de soustraire à votre appréciation quelques chapitres jugés « délicats ». En accomplissant cela nous aurions commis une trahison envers l'histoire calédonienne... nous vous livrons donc cette étude dans son intégralité... Nos anciens, pionniers de notre récente histoire, ont investi dans le développement leurs souffrances et leurs espérances »[49].

On peut donc considérer que l'histoire de cette main-d'œuvre servile sans identité reconnue fut une histoire martyre, mais qu'elle

48. Pannoux Stéphane : « Elle n'est pas connue dans la communauté javanaise en tant qu'engagée. Toute sa vie elle refusa de parler de ce passé comme si celui-ci, parce que douloureux, restait infamant ». « Mme Kromosentiko dite Bah Tiko » dans *101 biographies pour comprendre la Nouvelle-Calédonie*, Îles de Lumière, Nouméa, 2006, à paraître, 2 p.

49. Anonyme : *Les Vietnamiens en Nouvelle-Calédonie*, Amicale Vietnamienne de Nouvelle-Calédonie, Nouméa, 1986, np.

s'est transformée au fil des temps en une histoire triomphante, du fait que ces fils de *coolies* accédèrent à des catégories sociales aisées et que ces communautés ont su conserver leur identité culturelle. Ce fait est paradoxalement plus fort dans la communauté la plus discrète, les Indonésiens ayant pu conserver des liens étroits avec Java, alors qu'ils bénéficient aujourd'hui encore d'une implantation témoin en brousse et qu'ils ont su préserver une certaine endogamie.

De fait « esclaves volontaires » ou même véritables « esclaves temporaires » dans le cas des enfants-boys des Nouvelles-Hébrides au XIXe siècle, travailleurs immigrés durant l'entre-deux-guerres, résidents libres après la Seconde Guerre mondiale, citoyens à part entière depuis les années 1970, tous les engagés sous contrat ont vu très nettement leur situation évoluer durant les quatre-vingts années concernées. Au fil des ans, la société calédonienne se poliçant et l'administration renforçant les contrôles, la vie des engagés s'éloigna de celle des esclaves pour dettes pour s'apparenter à celle des travailleurs immigrés.

Cette humanisation progressive suit avec un décalage certain l'évolution du droit du travail en France métropolitaine. Un journaliste écrit ainsi en 1890 avant l'arrivée des Tonkinois : « La réglementation du travail ne peut être la même dans les colonies que dans la métropole, parce qu'il y a une question de races... Imposer la condition de l'engagement à un ouvrier Européen, ce serait violer en sa personne la liberté individuelle, qu'il regarde avec raison comme son droit le plus sacré. Mais d'autre part, si l'on veut traiter l'Asiatique, l'Africain ou l'Océanien sur le même pied que l'Européen, on commet une grossière erreur »[50]. L'engagement pose donc d'une part la question de la dureté du fait colonial envers les travailleurs, qu'il faut toujours replacer dans le contexte de l'époque. D'autre part, cette pratique pose la question du sort des descendants des engagés, généralement bien meilleur que celui des travailleurs, voire de la petite bourgeoisie, de leur pays d'origine.

50. Anonyme : « L'immigration asiatique » dans *La France Australe*, 8 novembre 1890, STA.

L'engagement fut donc bien une forme d'esclavage volontaire, accepté comme tel parce que temporaire et porteur d'espoirs. Le père Zimmermann, prêtre spécialement attaché à la communauté javanaise, confiait du reste en 1941 que ces derniers vivaient dans « une espèce d'esclavage ». Plus de 5 % des engagés ont payé de leur vie leur rêve d'une vie meilleure.

Quelques-uns ont été exploités par des engagistes malhonnêtes et sont repartis quasiment sans rien, leurs rêves brisés. La grande majorité est repartie avec le pécule qui leur permit d'accomplir leurs modestes rêves : une rizière au Tonkin, une pleine malle de pacotilles diverses et un fusil pour Mallicolo, un petit commerce à Java.

La plupart des engagés de 1936, 1937, 1938 et 1939 restèrent en Nouvelle-Calédonie et, à force de labeur[51], y réussirent au-delà de leurs rêves les plus fous, André Dang étant le symbole de leur réussite. Prénom français, nom vietnamien, rouleur sur mine, puis propriétaire d'une station service, puis concessionnaire automobile, puis importateur d'engins miniers, et enfin président et actionnaire de la Société Minière du Sud Pacifique.

Si l'on souhaitait élargir le débat, il faudrait comparer la pratique de l'engagement avec les rares cas d'esclavage traditionnel rencontrés en Océanie[52], avec les contrats de travail offerts aux Gilbertins à Tahiti[53] ou encore avec le *Pacific island labour trade* anglo-saxon à destination des Fidji et du Queensland. De même, il serait utile de comparer les conditions des engagés à celles des immigrants libres. Enfin, si l'engagement participa hier involontairement à l'enrichissement ethnique de

51. Anonyme : « Policy of the nickel company. Concern felt for future of N. Caledonia » in *Pacific Islands Monthly*, juillet 1945, p. 38. « these infortunate people have been housed in ill-constructed, smelly, overcrowded wooden tenement buildings several stories high, at the back of the smelters (fours) – a repetition of factory slum conditions under the usually tranquil skies of the south Pacific ».

52. Lécrivain Valérie : « Captifs, femmes louées et enfants vendus. Les prémices de l'esclavage en Mélanésie » dans *L'Homme*, n° 152, Paris, 1999, p. 29 à 51.

53. Delbos Georges : *Nous mourons de te voir !*, Fayard, collection le Sarment, Paris, 1987, 406 p., chapitre « le recrutement des travailleurs aux Gilbert », p. 71 à 92. *Ibid* : « Entre violence et réglementation, le recrutement de la main-d'œuvre en Océanie au dix-neuvième siècle » dans *Violences océaniennes*, L'Harmattan, Paris, 2004, 233 p., p. 77 à 118.

la Nouvelle-Calédonie, l'arrivée de 700 *boat people* vietnamiens dans les années 1975-1985[54] et de 110 réfugiés chinois en 1997[55] transformèrent et modifieront encore demain la composante asiatique de ce pays en devenir.

54. Anonyme : « L'association d'entraide indochinoise » dans *Les Vietnamiens en Nouvelle-Calédonie, op. cit.*, « Ces nouveaux arrivants, ont su peu à peu, avec une volonté décuplée par les épreuves endurées, s'adapter à leur vie nouvelle et se fondre dans la communauté calédonienne. La Nouvelle-Calédonie, pour eux, désormais n'est pas seulement l'Île de Lumière, mais elle est devenue aussi terre d'asile et de liberté ». D'autres témoignages s'avèrent moins optimistes, tel celui de Pierre : « L'aide de la communauté ? Appelez cela comme cela si vous voulez. Mais la réalité me semble différente. J'ai travaillé plus de quatorze heures par jour dans la confection et la restauration pour un salaire de misère. C'était de l'exploitation… et ceux qui sont arrivés récemment. Faute de dominer suffisamment bien, le français, faute de ne pouvoir s'inscrire à l'APE et de postuler aux mêmes offres d'emploi que les Français, ils sont finalement contraints au travail au noir et à l'exploitation par certains de ceux qui les ont précédés », interview par Bonetti Olivier, *Week-end*, n° 45, 12 février 2000, p. 13. L'arrivée de ces Vietnamiens « de la première génération » relança étude de la langue et pratiques culturelles. Cf. par exemple Antoine Charlotte : « L'association bouddhique a accueilli 350 personnes » dans *Les Nouvelles Calédoniennes*, Nouméa, 7 février 2000, p. 7.
55. Angleviel Frédéric : « 1997, l'année des réfugiés chinois » dans Collectif : *Le Mémorial calédonien, Tome X. 1988-1998*, Planète Mémo, Nouméa, 1998, 602 p., 270 à 273 ; « « Take one, take all ! » the mediatization of the first Chinese boat people's case in New Caledonia, 1997-1998 » in *Asia-Pacific Media educator*, n° 6, University of Wollongong, Wollongong, 1999, 150 p., p. 40 à 48. Leur arrivée a entraîné l'apparition de nouvelles pratiques culturelles. Cf. par exemple Bonnefoy de Sandrine : « Une première qui a attiré plus d'un millier de curieux. Le dragon dans les rues de Nouméa » dans *Les Nouvelles Calédoniennes*, Nouméa, 7 février 2000, p. 8 ; Grosjean Sandrine : « Dégustation de nouilles japonaises le 1er de l'an chinois » dans *Les Nouvelles Calédoniennes*, Nouméa,

Chu-Van Ngoc (1911-1988)*

« Chu-Van Ngoc, (1911-1988) » dans *Une histoire en cent histoires. L'histoire calédonienne à travers 100 destins hors du commun*, catalogue d'exposition, Bambou édition & GRHOC, Nouméa, 2004, 110 p., p. 68.

Né le 15 juillet 1911 à Dao Khe, dans le Nord Viêt-nam, il était le cadet d'une nombreuse famille. Couturier comme son père, il devient militaire avant de s'engager en 1937 comme travailleur en Nouvelle-Calédonie.

Le matricule 1072, accompagné de son épouse Chu Thi Mai, est envoyé travailler à Voh, dans la mine 215. Ils faisaient partie des rares couples civilement et religieusement mariés parmi les nombreux célibataires engagés. Leur bonne éducation (ils savaient tous les deux lire, écrire et compter, ce qui était rare à l'époque) leur a fait jouer un rôle important dans leur communauté.

Très vite chargé de travaux de précision, comme le raccordement des câbles de téléphériques, il fabrique durant ses heures de liberté des paniers en bambou qu'il échange dans la tribu d'Oundjo contre des poulets. Il travaille ensuite au minage des roches sur la mine Chagrin au nord de Koumac. Ingénieux, il se met à fabriquer des nattes sur un métier à tisser de son invention avec de l'herbe à gendarmes jusqu'à ce qu'il soit dénoncé pour « commerce illégal » en 1943.

Les Vietnamiens ouvrant une grève de solidarité sur mine, l'administration le relâche, à condition qu'il s'exile à Pam. Là, il se lie d'amitié avec Jim Song, descendant direct d'un enfant adoptif de Paddon. Ce dernier lui fournit du poisson avec lequel il fabrique du *nuoc mam* à l'eau de mer. Ce produit, riche en éléments nutritifs, fut exporté avec succès vers Nouméa. Ayant obtenu l'autorisation de résidence, il se lance avec son fils aîné Laurent dans le colportage, avec un camion proposant toutes les marchandises usuelles occidentales qu'il troquait contre les produits locaux : fruits, poissons, volailles, tubercules.

Bientôt, il ouvre un magasin au Faubourg Blanchot afin de vendre lui-même les produits ramenés de brousse. Il y crée une activité de tailleur et de restauration et, avec l'aide de ses dix enfants, continue de se développer. À la fin des années 60, il crée une activité de maraîchage et d'élevage de poulets fermiers et de cochons au Mont-Dore. Les décennies suivantes verront se créer successivement l'Impérial, les Salons Majestic, la quincaillerie Chuvan frères.

Ses 5 garçons et 5 filles lui ont donné 25 petits-enfants et 16 arrière-petits-enfants. Grâce aux liens du mariage, pratiquement toutes les ethnies du territoire et même la Nouvelle-Zélande et l'Australie sont représentées dans cette famille typiquement calédonienne.

L'éclairage électrique comme élément de la modernité. Le cas de Nouméa et du désert calédonien, 1854-1965*

* F.A. & Tuck Caroline : « L'éclairage électrique comme élément de la modernité. Le cas de Nouméa et du désert calédonien, 1854-1965 » dans Actes du colloque *L'électrification outre-mer de la fin du XIXe siècle aux premières décolonisations* et Société Française d'Histoire d'Outre-Mer, Association pour l'Histoire de l'Électricité en France, Paris, 2002, 664 p., p. 125 à 133.

Il a toujours existé un certain décalage entre les métropoles européennes et leurs colonies, ainsi que des décalages certains entre les chefs-lieux de ces colonies et leur *hinterland*. La Nouvelle-Calédonie et sa capitale Nouméa sont un exemple de retard technique en raison de leur éloignement et du surcoût financier de toute entreprise dans une région aussi isolée. Paradoxalement, ce retard avéré sur le plan international, pouvait alors paraître comme une novation sur le plan régional, voire un symbole de modernité brandi par les acteurs locaux de la colonisation. Aussi, après une rapide présentation des cinquante ans d'éclairage au gaz de la ville de Nouméa, nous étudierons les efforts pour y transposer l'énergie électrique industrielle à des fins domestiques et la période pionnière de l'éclairage électrique, alors monopole de la capitale.

La première révolution de l'éclairage au gaz, 1883-1932

Nous rappellerons pour mémoire que la colonie naissante utilisa d'abord comme source d'éclairage bougies et lampes à pétrole. Les plus riches, généralement regroupés dans le chef-lieu créé en 1854, Nouméa, utilisaient libéralement le pétrole, alors dénommé huile minérale, grâce à divers types de lampes à pied ou à colonne ainsi qu'à de nombreuses et belles suspensions. Un premier éclairage des rues fut alors assuré par des réverbères à pétrole jalonnant les rues ou placés aux carrefours. La presse critiquait souvent l'insuffisance du nombre de points de lumière et la mauvaise qualité de ce mode d'éclairage donnant une flamme instable et fumeuse. Les Nouméens demandent donc régulièrement à leur municipalité, soit de multiplier les réverbères à pétrole, soit de passer à l'éclairage au gaz.

C'est en 1882, après soumission de plusieurs projets[1], que le conseil municipal du chef-lieu donne l'autorisation à la *Noumea Gaz Society* dirigée par l'entrepreneur australien Walker de construire une usine à gaz et les canalisations nécessaires à travers la ville afin d'améliorer l'éclairage public et de permettre aux particuliers qui le souhaiteraient de se brancher au réseau général. Après plusieurs péripéties, un contrat

1. Mohamed-Ben-Talleb demandait par exemple 38 centimes par réverbère et par jour et par bec. 50 centimes par lampes, par bec et par jour.

pour quinze ans et de 47 articles est signé le 22 février 1883 entre M. William, mandataire de M. Walker, et le Maire de Nouméa Jean-Baptiste Dézarnaulds. Ce contrat fut vu et soumis à l'approbation du gouverneur Pallu de la Barrière en Conseil privé. Walker construit une usine à gaz dans un vallon entre la baie de l'Orphelinat et la baie des pêcheurs, vallon aujourd'hui encore dénommé « vallon du gaz ». Parallèlement, neuf kilomètres de conduites sont posés pour éclairer les rues et quelques bâtiments publics.

C'est le 13 mars 1883 qu'a lieu l'inauguration de l'éclairage de la ville par le gaz et l'aspect nocturne de Nouméa s'en trouve complètement transformé. Au début, seules les rues étaient éclairées, mais la population entendait elle aussi profiter pleinement de cet éclairage à l'intérieur des habitations et les demandes de branchement individuel furent nombreuses. À l'occasion des fêtes, la mairie de Nouméa s'embrase d'étoiles lumineuses entourant deux magnifiques RF (République Française). Avec le gaz, Nouméa s'éclaire, s'illumine et se chauffe[2]. Pas partout hélas, car faute de moyens financiers, beaucoup de foyers continuent à utiliser le pétrole pour l'éclairage et le bois ou le charbon de bois pour la cuisine.

Selon l'usage, le contrat qui lie M. Walker à la municipalité lui accorde le monopole de l'éclairage au gaz et une allocation mensuelle afin qu'il assure l'éclairage public. C'est ainsi que dans l'article 9 du contrat précité, on peut lire : « Le service de l'éclairage consiste à allumer tous les soirs les réverbères placés en ville et les lanternes nécessaires pour indiquer les barrages, tranchées, chantiers ou dépôts de la Municipalité encombrant la voie publique et à surveiller toute la nuit la non extinction des dits réverbères ou lanternes »[3]. L'article 10 nous indique qu'en 1883 le nombre de réverbères était de 80 dans toute l'étendue de la ville et que la moyenne des lanternes exposée chaque soir aux abords des tranchées était de 5. L'article 16 précise que : « Les lampes de réverbères devront être allumées dans toutes les limites de

2. Tuck Caroline : *Le début de l'éclairage jusqu'à l'électrification de la ville de Nouméa (1872 à 1945)*, mémoire de licence, Université Française du Pacifique, 1997, 40 p.
3. Contrat entre la ville de Nouméa et Monsieur Walker, Nouméa, 1882. Archives de la ville de Nouméa, dossier Société du Gaz, éclairage de 1882 à 1894, côte 10W288.

la ville, ainsi que celles des lanternes, aux heures fixées ci-dessous : du premier janvier au 31 mars, à 7 heures du soir ; du premier avril au 30 septembre, à 6 heures du soir. Le service de l'allumage devra être fait toutes les nuits ; il ne sera admis aucune exception pour les nuits où la lune éclaire suffisamment ».

Le 28 février 1885, la société considérée fit faillite et son réseau fut tour à tour repris et agrandi par plusieurs entreprises locales. En outre, le cahier des charges évolua et, par exemple, le contrat de 1886, s'il est plus court (28 articles), s'appesantit sur les obligations de l'entrepreneur. L'article 17 comprend les précisions suivantes : « afin d'assurer la non extinction des lampes, ainsi que la régularité de la lumière amenée toujours à son maximum et pour opérer tout remplacement de verres, lampes, en un mot, pour la bonne exécution de l'éclairage de la ville, l'entrepreneur sera tenu d'avoir un veilleur de nuit, dont les rondes régulièrement faites, seront constatées par jetons délivrés au bureau de police. Ce veilleur portera avec lui, pendant les dites rondes, un petit fanal allumé. Les verres de ce fanal seront de couleur rouge. »

Comme on peut s'y attendre, le réseau public s'accrut régulièrement et si la dépense n'est que de 16 000 francs pour le budget municipal de 1887, l'inscription du budget de 1913 s'élève à 45 000 francs[4]. Le réseau des canalisations passa à 13 kilomètres et, après la Première Guerre mondiale, l'éclairage public devait être assuré par 50 becs de gaz d'une puissance de 130 bougies et 300 becs de gaz de 70 bougies.

Un éclairage électrique longtemps attendu, 1899-1932

Dès mai 1899, l'ingénieur électricien Cornet offre à la Municipalité de doter la ville de Nouméa de l'éclairage électrique dans des conditions que le conseil municipal adopte à l'unanimité. M. Cornet n'attend plus que l'autorisation de l'administration. Cette autorisation n'étant jamais venue, le projet Cornet est abandonné et Nouméa continue à s'éclairer au gaz. Grâce au procès-verbal de la séance du conseil municipal du 5 juin

4. Archives de la ville de Nouméa, Contrat du gaz de 1913 à 1921, côte 10W289.

1908, nous apprenons que : « Dans la séance du 8 juillet 1907, à la suite du dépôt devant le conseil municipal d'un projet d'éclairage de la Ville au moyen de l'électricité, le maire alors en exercice, M. Charles Loupias, demandait au conseil s'il était d'avis de substituer l'éclairage électrique à l'éclairage au gaz. La réponse fut affirmative à l'unanimité... Le 18 mars 1908, M. le maire Oulès déposait sur le bureau du conseil le cahier des charges pour l'éclairage électrique, rédigé et adopté par le conseil en commission plénière... dans la séance du 15 mai 1908, vous nommâtes une commission spéciale de l'éclairage ». Et le procès-verbal de la séance suivante du 9 juillet d'enterrer le projet de L. Curier[5] : « Il est incontestable que jusqu'ici la ville de Nouméa a été plutôt mal éclairée, bien que des prix exorbitants fussent payés à la compagnie tant par la ville que par les particuliers. Cette défectuosité était due surtout à la mauvaise répartition des lampes, à leur trop faible puissance éclairante et à leur trop grande dissémination... Il ne semble nullement démontré à la commission que l'éclairage électrique donnera à Nouméa des résultats économiques supérieurs à ceux que donnerait l'éclairage au gaz. En France nombre de villes moyennes s'éclairent au gaz et s'en trouvent bien. L'éclairage électrique ne présente un avantage financier, réel, indiscutable, que dans les puissantes agglomérations... si notre cité est une grande ville par son étendue, elle n'est malheureusement qu'un gros village par sa population ». En 1909 la question d'un éclairage électrique fut à nouveau posée lors du renouvellement de la concession pour dix ans de l'éclairage au gaz. En raison des difficultés techniques que cela aurait entraîné à l'époque, de l'étroitesse du marché, des pressions de la société concessionnaire et du désintérêt des capitaux locaux pour un tel projet, la municipalité dut renouveler la concession de l'éclairage au gaz.

En 1923, la ville s'est agrandie, la population a augmenté, les usagers du gaz sont de plus en plus nombreux et le potentiel prévu par le contrat de 1882 est largement dépassé. Toute extension du réseau dans les nouveaux quartiers est exclue. Le point de rupture semble alors

5. *L. Curier au maire de Nouméa*, Nouméa, 9 juillet 1907. Archives de la mairie de Nouméa, 10W292. « La ville de Nouméa jusqu'à présent fut éclairée au gaz. Cet éclairage qui a coûté fort cher n'ayant pas eu de concurrent. La municipalité en sa séance du 8 juillet fut unanime en faveur d'un projet d'éclairage électrique ; qui est en même temps un progrès et aussi un avantage économique pour la municipalité et les particuliers ».

atteint. Ce sont les raisons pour lesquelles M. Marx Lang, maire de Nouméa, adresse le 30 décembre 1923 une lettre à la *Société Le Chrome* pour lui demander quelles sont ses intentions en matière de fourniture d'électricité nécessaire à l'éclairage public. En effet, cette société, fondée par M. Lucien Bernheim en 1902, obtient du Conseil général en 1906 l'autorisation de créer un lac artificiel à la Plaine des Lacs et d'établir à cet effet tout barrage utile à la production d'énergie hydro-électrique dans le bassin de la rivière Yaté. Mais il était stipulé dans l'article 2 du contrat de concession que la *Société Le Chrome* devrait, à partir de Yaté, assurer l'électrification de Nouméa si demande lui en était faite. Les travaux de construction du barrage, du tunnel et de la centrale électrique de Yaté sont, en 1923, suffisamment avancés pour que M. Lang prenne les devants vis-à-vis de la *Société Le Chrome* afin de faire jouer ce fameux article 2. La *Société Le Chrome* ne répondit jamais à cette lettre.

Le 23 décembre 1923, M. Ducasse, devenu maire de Nouméa, adresse une nouvelle demande à la *Société Le Chrome* qui, un an après, oppose une fin de non-recevoir. En mai 1927, troisième lettre de la Municipalité à laquelle la *Société Le Chrome* répond un an après en expliquant qu'elle n'a rien à faire avec la Municipalité de Nouméa et qu'aucune demande de ce genre ne lui a été faite par le Conseil général qui, pour la Société, a seul compétence en la matière. Les rapports se dégradent, les conseillers municipaux s'énervent, la presse s'empare de l'affaire qui prend une telle tournure que le Conseil général met en demeure la *Société Le Chrome* d'honorer la clause de l'électrification de Nouméa à partir de Yaté. La *Société Le Chrome* ne peut plus se dérober et répond négativement.

En 1929, la question se posa à nouveau car la *Société du Gaz* demandait un renouvellement pour 20 ans de sa concession sans qu'il soit question d'apporter des améliorations sensibles à son réseau. Et le maire de Nouméa d'envisager à nouveau l'éventualité d'une installation électrique dans la ville. En avril, la Municipalité est saisie conjointement par la *Société d'Électrification Industrielle* et par *l'Union Rurale* d'une demande de concession pour l'électrification de Nouméa s'appuyant sur la création d'une centrale de 800 CV ainsi que sur l'installation d'un réseau complet de distribution par des lignes haute tension de 3 000 volts et des lignes de basse tension de 127 volts, le tout dans le cadre d'une concession de 40 ans. Quatre mois après le dépôt de cette offre, un contrat fut signé entre la Municipalité et le groupe demandeur pour une concession de 50 ans, et ceci avec le plein accord des autorités de la Colonie.

Ce n'est qu'en 1931 que le chef-monteur et ingénieur électricien Maurice Monnier arrive à Nouméa et mène les travaux de construction de la centrale électrique nécessaire, là où l'actuelle se trouve encore aujourd'hui. Il dirige aussi la mise en place d'un réseau de distribution par câble souterrain de 3 000 volts, l'installation de postes de transformation et l'implantation de postes de distribution par 5 fils sur poteaux métalliques dressés le long des trottoirs. La Colonie mit à sa disposition un prêt à court terme de 100 000 FF[6]. Durant l'année des travaux, l'éclairage au gaz continua à fonctionner, de plus en plus mal en raison du manque grandissant d'entretien, et il disparu sans bruit ni regrets apparents à la fin 1932[7]. Aujourd'hui, du Nouméa éclairé au pétrole, il ne reste rien. Du Nouméa éclairé au gaz, il ne reste que quelques « becs de gaz » que d'heureux particuliers ont pu conserver et installer dans leur jardin.

La période pionnière de l'Unelco, 1932-1965

La centrale comportait trois groupes diesel 3 000 volts totalisant quelques 500 CV, moteurs de fabrication suisse Winterthur à injection

---

6. *Lettre du secrétaire général du gouvernement au maire de Nouméa*, Nouméa, 25 novembre 1931. Archives de la mairie de Nouméa, 10W297. « Allocation par la Colonie d'une avance de cent mille francs à la société anonyme l'Union Électrique Coloniale ». *Arrêté n° 1214 du gouverneur J. Guyon accordant une avance de cent mille francs à la société anonyme « l'Union Électrique Coloniale » à Nouméa*, Nouméa, 30 novembre 1931. convention annexée : « Article 2 : les fonds sont destinés à la continuation et à l'achèvement des travaux d'électrification de la ville de Nouméa... Article 3 : les fonds effectivement avancés, ne sont pas productifs d'intérêts. Ils sont remboursés, en un ou plusieurs versements au gré des crédits, au cours d'une période de trois mois à compter du 1er décembre 1931. Le tout ou la fraction restant due est exigible au plus tard le 1er mars 1932 ».
7. *Directeur de l'agence Calédonie-Hébrides au maire de Nouméa*, Nouméa, 11 septembre 1932. « J'ai l'honneur de vus faire connaître que j'ai renoncé totalement, depuis le 7 courant, à l'usage du gaz », Archives de la ville de Nouméa, Extension réseau d'électricité de 1932 à 1934, côte 10W294.

pneumatique, solution technique sur le point d'être périmée à l'époque. En quittant la France, M. Monnier avait, paraît-il, reçu des ordres très simples du siège social qui pourraient se résumer ainsi : « Débrouillez-vous, nous ne voulons pas entendre parler de vous ». Se débrouiller, il fallait le faire car, en ce temps-là, les 20 000 km qui séparent la Métropole de la Nouvelle-Calédonie représentaient un obstacle considérable. Les habitants, impatients de recevoir l'électricité chez eux, n'attendent pas que l'usine thermique soit terminée pour faire poser, chez eux, les installations nécessaires. Au 1er mars 1932, tous les réseaux sont en place, la centrale est prête à fonctionner et la mise en route est prévue pour avril. C'est également au 1er mars 1932 que les sociétés concessionnaires : *Union Électrique Rurale, Compagnie Financière, Consortium financier, G. Lousteau et Cie* fusionnent en une seule société : « *L'Union Électrique Coloniale* », plus connue sous l'abréviation de UNELCO[8].

Parallèlement, le 5 avril 1932, l'avion trimoteur *Biarritz* réalise la première liaison aérienne Paris-Nouvelle-Calédonie, se posant dans la plaine de La Tontouta. La grande foule qui est montée à la Tontouta ovationne les trois aviateurs et leur fait un cortège d'honneur pour rentrer à Nouméa. À cette occasion, la Municipalité et l'Unelco décident d'honorer à leur tour l'équipage du *Biarritz* en les accueillant dans une ville baignée de lumière. Aussi, le 5 avril 1932, toutes les rues et places de Nouméa sont-elles éclairées à l'électricité. Cette grande première ajouta à l'allégresse populaire, les Nouméens ne reconnaissant plus leur ville couverte d'une « lumineuse toile d'araignée ». Le lendemain, Nouméa retrouva l'éclairage « blafard » des becs de gaz et ce pendant 11 jours encore, puisque l'exploitation officielle de l'Unelco commença le 16 avril 1932.

---

8. Extraits des statuts : « L'Union Électrique Coloniale a été constituée en Société d'Études le 9 mars 1929, au capital de 100 000 F. Elle a porté son capital à 8 000 000 le 28 décembre 1929, puis à 20 000 000 le 9 mars 1930. Objet. L'Union Électrique Coloniale poursuit comme but la mise en valeur de nos colonies en tirant partie du maximum de leurs richesses naturelles (chutes d'eau). Elle étudie, organise et dirige des entreprises de production, transport, distribution et utilisation d'énergie électrique ».

L'aspect de Nouméa change alors la nuit avec ses rues désormais largement éclairées par 415 réverbères. Dès le mois de mai 1932, la mairie est illuminée[9]. À l'intérieur des habitations, les habitudes sont complètement modifiées : lumière à profusion, rapide, propre ; commodités, rapidité, propreté pour le repassage avec le fer électrique. La fée électricité est domestiquée[10]. Limitée à quelques heures par jour (18 à 22 h), la distribution à plein temps fut adoptée dès que l'UNELCO[11] compta 250 abonnés. Le 26 juin 1933, Jean Morault arrive à Nouméa pour succéder à Monnier qui laisse un réseau entièrement installé, fonctionnant bien, et 400 abonnés.

La mairie fut apparemment satisfaite du service public assuré par l'UNELCO puisque la correspondance « contentieux » s'avère réduite. En 1932, quelques problèmes intervinrent en ce qui concerne l'organisation du service, le maire signalant : « Il m'est signalé des différences sensibles entre les heures de l'allumage et de l'extinction. Samedi soir il faisait bien nuit quand la Vallée du Tir a été éclairée. Ce matin, lundi 9 mai, le poste Quartier Latin s'est éteint bien avant le jour »[12]. En 1934, le directeur de l'UNELCO s'excuse des baisses de tension du réseau : « Les affaiblissements constatés durant la journée dans la tension du courant proviennent de la mise en route des moteurs industriels. Nous ferons notre possible pour que nos clients « Force

9. *Réponse de la société Aux Chantiers Navals de l'Océanie à l'appel d'offre pour l'électrification de la mairie de Nouméa*, Nouméa, 20 mai 1932 ; en annexe : *Conditions pour l'électrification du bâtiment principal de la mairie, conditions acceptées par la société Aux Chantiers Navals de l'Océanie*, Nouméa, 20 mai 1932. Proposition pour la somme forfaitaire de 4 424 F en respect des 9 articles imposés. Les travaux réalisés pr J. Rampal et deux engagés javanais commencèrent le 26 mai et s'achevèrent le 11 juin 1932. Archives de la mairie de Nouméa, 10W295.

10. Maucour Pierre : *Histoire des sociétés Unelco et Socometra*, document dactylographié, Paris, 1988, 38 p.

11. 1935 est l'année de naissance de l'Union Électrique d'Outre-Mer sous sa forme actuelle. Cette année-là, la Société Sud-Lumière, qui possédait déjà l'Industrielle Coloniale, procéda à l'absorption par cette dernière de l'Union Électrique Coloniale, société en déconfiture dont Sud-Lumière avait acquis le contrôle absolu. Toutes deux étaient des sociétés de production et de distribution d'électricité hors Métropole.

12. *Lettre du maire de Nouméa au directeur de la société UNELCO*, Nouméa, 9 mai 1932. Archives de la mairie de Nouméa, 10W296.

motrice » évitent de faire marcher leurs moteurs en surcharge au moment du démarrage »[13].

En 1939, la mairie se plaignant du prix des fournitures, le directeur de l'UNELCO se décharge en partie sur les difficultés d'approvisionnement : « Au sujet de la consommation exagérée d'ampoules, nous sommes obligés de constater que tant qu'il a été employé des lampes « Delta » les remplacements se faisaient après 1 500 ou 2 000 heures, du jour où la marque des lampes a été changée la durée moyenne a été ramenée à 800 ou 900 heures (note manuscrite en marge : « et même beaucoup moins »). En France cette durée moyenne est jugée suffisante car on préfère employer des lampes poussées qui pour une même consommation donnent un éclairage beaucoup plus intense, à Nouméa, pour éviter des remplacements trop fréquents il serait nécessaire d'employer des lampes normales et même légèrement sous-voltées ». Note manuscrite en marge : « Tout ceci n'empêche pas les variations exagérées du voltage ce qui abrège certainement la durée des lampes de toutes marques »[14].

Le réseau répondra, à force d'ingéniosité, à la surcharge imposée par la présence américaine durant la Seconde Guerre mondiale (1942-1946). À la fin du conflit, l'état du réseau s'avère déficient car, par manque de moyens, aucun entretien sérieux n'avait pu être assuré. En raison de cet arriéré, les difficultés techniques se prolongèrent assez longtemps après la fin des hostilités. Le problème n'était pas vraiment financier, la Nouvelle-Calédonie ayant une réserve en devises (dollars américains) impressionnante pour l'époque. Néanmoins, le maire de Nouméa reste prudent et note en 1948 en marge d'un rapport de ses services techniques notant la nécessité d'étendre le réseau électrique : « Nous ne devons pas hésiter à envisager la dépense que vous avez estimée à 150 000 frs. Nous nous efforcerons d'y faire face par des compressions de dépenses ailleurs »[15]. Finalement, la direction de

13. *Lettre du directeur de l'Unelco au maire de Nouméa*, Nouméa, 22 juin 1934. Archives de la mairie de Nouméa, 10W294.
14. *Lettre du directeur de l'UNELCO au maire de Nouméa*, Nouméa, 20 juin 1939. Archives de la mairie de Nouméa, 10W296.
15. *Note d'un chef de service au maire, Au sujet de l'éclairage public,* Nouméa, 20 août 1948. Archives de la mairie de Nouméa, 10W296

l'UNELCO envoie en 1950 à la mairie : « Le plan des extensions au réseau électrique de Nouméa, plan que nous comptons réaliser dans un délai de 4 à 5 mois. Avant 1940, la demande totale en puissance atteignait, aux heures de pointe, 260 KW, alors qu'actuellement, elle atteint 870 KW. La centrale prévue primitivement devait fournir une puissance de 500 CV. La Centrale en service de 800 CV est encore nettement insuffisante, la pointe actuelle atteignant 1 200 CV environ. Une partie de l'énergie étant fournie par la Société Le Nickel, nous avons pu satisfaire les demandes des usagers mais les prolongements des réseaux basse-tension ne nous permettent plus de fournir le courant à une tension normale comme prévu au cahier des charge. Nous devons vous signaler qu'un nouveau groupe de 1 200 CV a été commandé... Avant-guerre, le nombre de postes de transformation 3 000/220-127 volts était de 9, totalisant une puissance installée de transformateurs de 350 KVA. Depuis 1942 nous avons construit 5 nouveaux postes »[16].

Parallèlement, dans sa centrale de Doniambo, *la Société des Hauts Fourneaux de Nouméa*, qui devint ultérieurement la *Société Le Nickel*, avait une production obligée de gaz de cokerie à partir de charbons australiens nécessaires à sa métallurgie. Ce gaz constituait un excellent combustible pour une centrale à vapeur ; aussi était-il rationnel qu'UNELCO songe à y puiser son énergie de base de préférence à l'utilisation, moins fiable, des diesels de sa centrale. Discuté à Paris depuis 1938, le contrat ne fut cependant mis en application sur place qu'au moment où Nouméa connut une réelle pénurie de gasoil durant la Seconde Guerre mondiale. Par ailleurs, pour sa filiale *Le Chrome*, la *Société Le Nickel* avait fini d'aménager, en 1926, une petite centrale hydro-électrique sur la rivière Yaté située sur la côte est (côte au vent, 2 mètres de précipitations). Mais le regroupement de ses activités de traitement à proximité de Nouméa l'avait conduite à ne plus utiliser cette centrale. Toutefois, la guerre ayant finalement entraîné une pénurie de charbons importés, la *Société Le Nickel* décida de remettre en activité la centrale de Yaté et de transporter le courant hydraulique par une ligne de 80 KM sous 90 KV vers son usine de Doniambo. Ce raccordement

---

16. *Unelco au maire de Nouméa*, Nouméa, 9 mai 1950. Archives de la mairie de Nouméa, 10W294.

sera réalisé après la guerre, en 1950, et ce n'est donc qu'en 1951 qu'UNELCO obtient de l'Autorité Concédante la mise à disposition des 1 100 KW hydrauliques en provenance de ce barrage.

En effet, une mission EDF avait recensé en 1950 les ressources hydro-électriques de la Nouvelle-Calédonie. Elles s'avérèrent maigres. Néanmoins, cette mission avait conclu à l'intérêt du réaménagement complet du barrage de la Yaté et, à cette occasion, de créer une société d'économie mixte, la *Société Néo-Calédonienne d'Energie*, ENERCAL. Cette société, constituée sous l'égide de la Caisse Centrale, avait deux particularités : UNELCO ne participa pas au capital et donc n'eut pas de place au Conseil ni accès aux programmes ; parmi les fondateurs d'ENERCAL, se trouvait une société privée, la *Société Le Nickel*, et cela en rémunération de l'apport de sa concession de Yaté. Avec un partenaire privé à son Conseil, il eut été malséant pour ENERCAL de faire preuve d'un esprit un peu trop opposé aux entreprises privées. ENERCAL a donc tout simplement ignoré UNELCO. Cependant, l'absence d'UNELCO des discussions qui ont eu lieu au sein d'ENERCAL, a eu, pour elle, une conséquence grave : celle de n'avoir été prévenue que très tardivement de la nécessité qu'il y aurait, au cours des travaux, d'interrompre, au moins à deux longues reprises, la fourniture hydraulique à partir du vieux barrage qui continuait à être maintenu en service pendant une grande partie de ces travaux. Au moment de la première interruption, la centrale thermique de Nouméa, même tournant à 100% (marche pratiquement impossible à soutenir), ne pouvait, et de loin, satisfaire la demande de la ville au moment de la pointe. Pour pallier la carence de l'Autorité Concédante qui devait contractuellement assurer ses besoins, UNELCO fut contrainte, pour maintenir la continuité du service, de renforcer elle-même sa Centrale. Apparemment prise de court, UNELCO installa, dans un espace exigu, un groupe à turbine à gaz alimenté par deux générateurs à pistons libres Sigma. Ce groupe était installé à la place d'un vieux moteur à injection pneumatique.

Dès la mise en service du nouveau barrage, en septembre 1959, la situation redevint normale puisque le barrage, comportant quatre groupes de 17 000 KV, permettait d'injecter sur Nouméa plus de 60 000 KW par une ligne à 150 KV. La part garantie à UNELCO fut portée à 4 000 KW, très suffisante pour les besoins de l'époque. La mise en service du nouveau barrage avec la définition de secours thermique à assurer, entraîna une négociation avec l'Autorité Concédante, qui aboutit à un avenant signé le 17 juin 1962. Cet avenant prévoyait qu'UNELCO renforcerait sa Centrale, toujours considérée comme centrale de secours ; c'est alors qu'elle a commandé, en 1962, deux groupes rapides mis en service en juin 1965. Ces groupes étaient théoriquement destinés à n'être que des groupes de secours, mais, à ce moment-là, la *Société Le Nickel*, qui par suite du remaniement de ses sources d'énergie, avait de gros besoins de courant, se portait preneur de tous les KWH qu'UNELCO pourrait lui fournir.

La période pionnière de l'éclairage public à Nouméa s'achève en 1965, alors que commence la période pionnière de l'éclairage en Calédonie. En effet, l'intérieur (de la Grande Terre) et les îles (Loyauté), souvent regroupés sous le même vocable de « brousse », sont restés en marge de ces évolutions. Seuls quelques villages miniers et quelques stations d'élevage isolées possèdent alors de petites usines thermiques (transbordeur de Thio) ou des groupes électrogènes (domaine de Ouaco).

Un nouveau front pionnier s'ouvre alors le long de la route territoriale n° 1, puis le réseau atteint l'intérieur des vallées et enfin les tribus des îles Loyauté. L'électrification de Nouméa s'avéra donc tardive en raison de l'isolement de la Colonie et pourtant elle fut perçue localement comme l'un des éléments clés de la supériorité technique de la vieille Europe. Et de fait, les Anciens, tant Kanaks que Broussards, se rappellent encore aujourd'hui de l'émerveillement que constituait pour eux l'arrivée dans la « Ville ».

TROISIÈME PARTIE

La Nouvelle-Calédonie contemporaine

Les anti-indépendantistes calédoniens et le premier septennat de F. Mitterrand,

ou comment une majorité locale s'opposa aux choix de la majorité nationale*

* « Les anti-indépendantistes calédoniens et le premier septennat de F. Mitterrand, ou comment une majorité locale s'opposa aux choix de la majorité nationale » dans *François Mitterrand et les territoires français du Pacifique (1981-1988)*, Les Indes savantes, Paris 2003, 580 p., p. 269 à 278. Version intégrale.

« La République, c'est d'abord la **liberté** pour les populations de choisir leur destin, c'est ensuite **l'égalité** entre les citoyens, qu'ils soient d'origine canaque, européenne ou tahitienne, et c'est enfin la **fraternité** et non l'exacerbation des tensions sociales ». Cette déclaration du RPR Didier Julia le 22 mars 1984 est significative de la position de l'opposition nationale et de la majorité locale lorsqu'elle furent confrontées durant le premier septennat de F. Mitterrand à la volonté d'évolution statutaire des cadres nationaux du parti socialiste et du désir des 30 % d'indépendantistes calédoniens d'accéder rapidement à l'indépendance, en refusant le principe démocratique, « un homme, une voix », au profit d'un vote réservé aux seuls premiers arrivants, ou au mieux ouvert aux « victimes de l'histoire ».

Au vu de la difficulté à traiter une période aussi controversée relevant de l'histoire du temps présent, nous présenterons les partis anti-indépendantistes avant l'élection du candidat François Mitterrand, puis nous aborderons ce que les loyalistes ont appelé la période de déstabilisation socialiste (1981-1984) avant d'étudier les réactions des partis favorables au maintien de la Nouvelle-Calédonie dans l'ensemble français lorsque le FLNKS mit en place un boycott actif qui dériva rapidement en une véritable situation insurrectionnelle (1984-1988).

Nous nous demanderons pourquoi, en dépit des nombreuses interventions du gouvernement socialiste en faveur d'une évolution progressive vers l'indépendance et en faveur des partis anti-indépendantistes les plus modérés, le Rassemblement Pour la Calédonie dans la République (RPCR) devint alors non seulement le parti majoritaire mais aussi le seul parti véritablement pluriethnique de Nouvelle-Calédonie.

La réorganisation des partis anti-indépendantistes

Conscient de l'émiettement des partis favorables au maintien de liens étroits avec la Métropole, le 17 avril 1977, Roger Laroque et Jacques Lafleur annoncent devant 5 000 personnes la création prochaine d'un Rassemblement Pour la Calédonie (RPC) dont la vocation est de rassembler les multiples petits partis loyalistes de l'époque (Entente Démocratique et Sociale, Mouvement Libéral Calédonien). Le RPC tient son premier congrès à Pouembout le 31 juillet de la même année et Roger

Laroque en est élu président, Jacques Lafleur étant le secrétaire général de ce nouveau parti politique qui se veut « le parti calédonien ». La rédaction de la charte du « Rassemblement » en 1977 notait déjà que la « promotion mélanésienne » et la réforme foncière étaient une nécessité.

Dès les élections territoriales de septembre 1977, le RPC devient le plus important des groupes de l'Assemblée territoriale avec 12 sièges sur 35, faisant entre autres élire les deux premières femmes de cette assemblée. Le nouveau Conseil de gouvernement dirigé, par Dick Ukeiwé comporte cinq RPC et deux UC. En 1978, Jacques Lafleur est élu député d'une des deux nouvelles circonscriptions dès le premier tour avec 55 % des voix. Il est à noter que le découpage décidé à Paris permit à l'Union Calédonienne de conserver un siège de député dans la deuxième circonscription.

Le 21 juillet 1978, le RPC se transforme de par la volonté de Jacques Lafleur en Rassemblement pour la Calédonie dans la République (RPCR) en présence de Jacques Chirac. Lionel Cherrier, devenu sénateur suite à la disparition d'Henri Lafleur, refuse d'adhérer à cette nouvelle formation du fait de ses préférences nationales (VGE). En septembre 1978, les élus du RPCR au Conseil de gouvernement démissionnèrent afin de signifier leur protestation contre le premier projet d'impôt direct. À la suite de cette décision, de nouvelles élections du Conseil de gouvernement ont lieu. Cette fois-ci, deux autres partis loyalistes se présentent : la liste UDF de Mr Mura et la liste pour « Une nouvelle société calédonienne » dirigée par MM. Nagle et Morlet. Suite à cet émiettement des voix, les anti-indépendantistes perdirent la majorité au conseil de gouvernement (3 élus pour le RPCR) au profit d'une majorité UC (3 élus) et Parti Socialiste Calédonien (PSC, 1 élu). Néanmoins, l'alliance du RPCR avec l'Union Nouvelle Calédonienne (UNC) de Jean-Pierre Aïfa leur permet de diriger l'Assemblée (19 sièges contre 10). Par le jeu des démissions, Maurice Lenormand (créateur de l'UC en 1953) monte au Conseil de gouvernement et en est élu vice-président.

Le fait que le secrétaire Général de l'UC P. Declercq annonce en juin 1979 que « l'indépendance passe maintenant avant tout pour nous » va avoir des conséquences inattendues, des Calédoniens de toutes tendances idéologiques rejoignant le RPCR afin de défendre avant tout la Calédonie dans la France. C'est ainsi que dès le lendemain, le socialiste Alain Bernut appelle à voter RPCR aux élections à venir.

Les dernières élections ayant montré la forte balkanisation des partis politiques locaux, le statut Dijoud du 29 mai 1979 met une barre située à 7,5 % des suffrages pour qu'un parti soit autorisé à participer à la répartition des sièges à pourvoir. Ceci obligea les petits partis à se regrouper en fédérations. Ainsi, l'UNC de Jean-Pierre Aïfa, l'Union Démocratique (gaulliste) de Gaston Morlet et le Parti Républicain de Lionel Cherrier fondent en 1979 la Fédération pour une Nouvelle Société Calédonienne.

Lors des élections territoriales du 1er juillet 1979, les centristes de la FNSC progressent avec 7 sièges, le RPCR en obtient 15 et le Front Indépendantiste 14. La convention signée entre les deux partis anti-indépendantistes prévoit une alternance à la présidence de l'Assemblée territoriale tandis que la vice-présidence du Conseil de gouvernement restera au RPCR. Aussi, J.-P. Aïfa (FNSC) est reconduit à la présidence de l'Assemblée territoriale et le RPCR ainsi que la Fédération pour une Nouvelle Société Calédonienne se partagent les sept sièges de conseillers de gouvernement sous la responsabilité de D. Ukeiwé. Cette nouvelle majorité vote dès janvier 1980 une taxe de solidarité de 15 % sur les revenus supérieurs à 372 000 fcfp par mois.

En 1980, les relations entre le RPCR et la FNSC se tendent en raison du refus du RPCR de s'engager dans une politique territoriale d'emprunt et de leurs mésententes quant à l'application de la réforme foncière. Dès cette époque, le président du RPCR, J. Lafleur, favorable à une réforme foncière progressive et évolutive, prônait des idées en avance sur son électorat.

En juin 1981, J. Lafleur est réélu député au premier tour avec 54 % (16 289 voix) des suffrages. Son *outsider* Stanley Kamerlynck (FNSC) avait obtenu 5 549 voix. Dans la deuxième circonscription, Rock Pidjot (UC, 6 348 voix) attend le second tour pour être élu devant le RPCR Henri Wetta (5 252) et le LKS Nidoish Naisseline (3 517). Le candidat de la FNSC, le sénateur Lionel Cherrier, n'avait obtenu que 1 248 voix au premier tour.

Le changement de politique de l'État

Lors des élections de mai 1981, au clivage droite-gauche de la Métropole correspondait dans les esprits le clivage anti-indépendantiste-indépendantiste de l'archipel calédonien. Le gouvernement socialiste élu cette année là en Métropole sait que la majorité des Calédoniens ont voté pour VGE (49 % au premier tour puis 66 %).

Les anti-indépendantistes s'inquiètent, car si la cinquante-huitième des 110 propositions pour la France du candidat F. Mitterrand n'évoquait pas nommément de possibles indépendances outre-mer (changement, identité, droits à réaliser leurs aspirations) et si sa profession de foi était aussi généreuse que floue (dialogue, identité, droit d'être soi-même), les propositions du programme commun de gouvernement signé en juin 1972 avec le Parti communiste français[1] et les promesses du projet socialiste de 1979 étaient encore dans les mémoires.

Sur le plan technique, l'historien n'ayant pas de textes ministériels favorables à l'indépendance, il ne peut que constater l'absence de discours indépendantiste officiel. Sur le plan du ressenti et de l'approche sémantique des textes, il est patent que les propos de la grande majorité des élus socialistes et les documents ci-dessus s'avèrent favorables aux droits de l'Homme, au droit des peuples à disposer d'eux-mêmes et par cela même à l'autodétermination des populations d'outre-mer. Or, si au lieu de s'en tenir à la règle la plus répandue qui correspond au principe démocratique habituel « un homme, une voix », le gouvernement national prenait en compte les desiderata des partis indépendantistes quant à la participation unique des peuples premiers lors des référendums d'autodétermination, toutes les évolutions statutaires deviendraient alors

1. Extrait du programme commun : « Le gouvernement reconnaîtra le droit à l'autodétermination des peuples des DOM et des TOM. Les nouveaux statuts seront discutés avec les représentants des populations concernées et devront répondre aux aspirations de celles-ci... ». Le projet socialiste : « En ce qui concerne les territoires d'outre-mer (TOM) le parti socialiste, qui soutient déjà les forces progressistes, est à l'écoute de toutes les propositions émanant des populations locales en ce qui concerne l'évolution des statuts actuels. Si les peuples d'outre-mer expriment le souhait d'accéder à l'indépendance, le parti socialiste au pouvoir leur assurera la possibilité selon les modalités par eux choisies, tout en leur offrant l'établissement de liens avec la France dans le cadre d'une structure mutuellement consentie ».

possibles. Ceci explique la satisfaction et les espoirs des indépendantistes calédoniens après l'élection du candidat socialiste à la présidence de la République ainsi que la suspicion des anti-indépendantistes.

Dès sa nomination, le secrétaire d'État Henri Emmanuelli se voulut apaisant, envoyant le télégramme suivant à J. Lafleur : « Avant toute chose, il sera tenu compte de la volonté exprimée par la population de rester dans le cadre de la République et les liens existants de solidarité seront préservés et renforcés ». Pourtant, le nouveau haut-commissaire Christian Nucci favorisera les partis indépendantistes et essayera de créer une nouvelle majorité locale plus proche de la nouvelle majorité nationale.

Parallèlement, C. Nucci participe à la fragilisation du RPCR (démissions de Frank Wahuzue puis de Marie-Paule Serve) et amène la FNSC à dénoncer le 15 juin 1982 l'accord de gouvernement RPCR-FNSC afin de donner de 1982 à 1984 la majorité au Front Indépendantiste dirigé par J.-M. Tjibaou. Leur contrat de gouvernement s'intitulait : « Un gouvernement de paix civile, de fraternité et de développement ». Jacques Lafleur démissionne le 6 juillet 1982 de son siège de député afin de redonner la parole au peuple dans la pure tradition gaulliste. Il est réélu le 5 septembre avec 91,42 % des voix exprimées, ce qui signifie clairement que l'électorat de la FNSC se désolidarise du virage à 180° de l'état-major de ce parti.

Parallèlement, l'assassinat du secrétaire général de l'UC, Pierre Declercq, le 19 septembre 1981, entraîne deux jours plus tard l'interruption du tour cycliste, certains indépendantistes considérant qu'il s'agit d'un assassinat politique. L'affaire n'ayant jamais été élucidée, les indépendantistes feront de P. Declercq un martyr politique, malgré les déclarations de soutien des partis anti-indépendantistes. Puis le 10 janvier 1983, à l'occasion d'une opération de maintien de l'ordre en vue d'assurer la récupération du matériel d'une scierie, plusieurs coups de feu interviennent. Deux gendarmes mobiles sont tués et six personnes sont blessées lorsque les habitants répondent par des coups de feu à la charge des mobiles. Le syndrome de Koindé explique le refus ultérieur de nombreux fonctionnaires d'autorité de prôner des mesures autoritaires, paralysés par l'idée d'un autre drame qu'on pourrait leur imputer.

Le RPCR et l'association Fraternité Calédonienne invitèrent toutes les populations calédoniennes à se joindre à une manifestation silencieuse en hommage à la mémoire des deux « gendarmes lâchement assassinés ». C'est 4 000 à 5 000 personnes qui déposèrent de nombreuses fleurs au pied du monument aux morts le 14 janvier 1983. Le RPCR s'étonna que les témoignages de sympathie venus de Métropole soient bien moins nombreux que lors de l'affaire Declercq. Les élections municipales de mars 1983 montrèrent que la carte politique de la Nouvelle-Calédonie était plus complexe qu'un simple duel entre deux blocs opposés : anti-indépendantistes et indépendantistes. Nouméa et le Mont-dore auront deux conseils municipaux entièrement RPCR. Pour les 30 autres communes, 10 sont acquises par le FI, 4 par le RPCR, 7 par des élus sans étiquette politique et 9 par des groupes pluriethniques unis par la gestion communale.

Le nouveau secrétaire d'état aux DOM-TOM, Georges Lemoine, s'attacha à rechercher un consensus en Nouvelle-Calédonie. Il réussit à réunir du 8 au 12 juillet 1983 autour d'une table-ronde à Nainville-les-roches les principales composantes politiques calédoniennes. La déclaration finale fut acceptée par l'UC (les autres partis indépendantistes étaient absents) et la FNSC, mais refusée par le RPCR. Le refus du principal parti loyaliste fut expliqué dans *Les Nouvelles calédoniennes* par J. Lafleur :

> « Notre présence était donc l'affirmation de notre représentativité et prouvait que nous n'étions pas disposés à laisser à d'autres, qui l'étaient moins que nous ou pas du tout, le monopole de l'expression populaire... Évidemment, cette comédie, permettez-moi l'expression « bien orchestrée à l'avance par Medetom » et la FNSC, a présenté quelques aspects intéressants en matière coutumière notamment, mais trop de points sont restées obscurs, trop de questions sans réponse, ... En revanche, quelle surprise d'apprendre que nous serions « acceptés » nous, Calédoniens, parce que victimes de l'histoire ! ».

En septembre de la même année, J. Lafleur précisa sa pensée à l'Assemblée nationale : « Le statut que vous allez proposer, devrait être, selon vous, évolutif et de transition. Qu'entendez-vous par là... ? La crainte est que vous ne vouliez en définitive, vous défaire de la Nouvelle-Calédonie, à moindres frais, en organisant comme l'avait si bien commencé M. Nucci, le découragement général, l'aggravation de la situation économique, le dépeuplement de ce pays en incitant certains de ses habitants à le quitter. Transition, peut-être, vers un nouveau système électoral baptisé démocratique, où la minorité devient majorité par un savant découpage géographique et la manipulation politique ».

324 grands électeurs étaient inscrits aux sénatoriales du 25 septembre 1983. Sur 319 suffrages exprimés, le candidat RPCR Dick Ukeiwé en obtint 173 dès le premier tour face au candidat de la FNSC L. Cherrier, qui obtint 114 voix grâce au soutien de l'UC, du FULK et du PSC, alors que le candidat indépendantiste du LKS, Jacob Kapea Nepamoindou, n'en obtenait que 32. Afin de montrer sa solidarité, l'opposition nationale, majoritaire au Sénat, fit élire D. Ukeiwé au bureau du Sénat.

Lorsque le ministre G. Lemoine vint présenter son statut en Nouvelle-calédonie, non seulement le RPCR boycotta sa venue, mais lorsqu'il présenta son projet devant l'Assemblée territoriale, ni le RPCR ni le Front Indépendantiste n'étaient présents. *A contrario*, le RPCR rassembla 30 000 personnes contre le futur statut dans les rues alors que le Front Indépendantiste mobilisait 5 000 sympathisants. Le sénateur D. Ukeiwé présenta le point de vue du RPCR devant le Sénat le 7 décembre 1983 :

> « À l'évidence, ce statut n'est voulu par personne. Ni par les indépendantistes qui trouvent (à juste titre sans doute) que les propositions que vous avez exposées demeurent extrêmement timorées par rapport aux promesses imprudentes que vous et vos amis leur aviez faites avant le 10 mai 1981. Ni par les nationaux, que je représente dans cette assemblée, c'est-à-dire plus des deux tiers de la population, que vous avez marginalisés politiquement depuis deux ans. Vous avez souhaité d'autres interlocuteurs que les partisans de la France. Eh bien, vous les avez. Mais à l'Assemblée territoriale, il y a quelques jours, ces gens qui vous doivent tout, vous ont tourné le dos et ont quitté l'hémicycle avant votre discours... Quoi qu'il en soit, Monsieur le Ministre, je vous remercie au nom des Calédoniens, d'avoir eu la délicatesse de comparer, à la télévision locale, la présence française en Nouvelle-Calédonie à l'occupation nazie en France. Je laisse à mes collègues le soin d'apprécier la valeur de cette forte image. Je relève simplement qu'elle est en contradiction totale avec le discours prononcé à l'Assemblée territoriale le 20 mai dernier, et au cours duquel vous déclariez que la France n'avait pas à rougir de son action en Calédonie ».

L'ambiguïté que note ici D. Ukeiwé trouvera sa solution tardive dans le préambule de l'Accord de Nouméa, signalant les ombres et les lumières de la colonisation.

C'est à cette époque qu'apparaissent le Front Calédonien, puis le Front National. Le premier est dirigé par le Métropolitain Claude Sarran qui critiqua vivement le projet Lemoine : « L'administration socio-communiste entend disposer en Nouvelle-Calédonie d'un laboratoire pour ses expériences collectivistes, après élimination de l'opposition et avant de livrer les derniers habitants à l'internationale marxiste, sous couvert de « décolonisation » »[2].

Le discours de la majorité électorale locale est relayé à Paris par l'opposition nationale. C'est ainsi que Didier Julia, député et délégué national RPR aux DOM-TOM, préconise dans le *Figaro* du 22 mars 1984 un statut librement accepté :

> « La Nouvelle-Calédonie donne un exemple saisissant de la volonté du Gouvernement de mener une politique totalement contraire aux vœux de l'ensemble des populations... Il se trouve que le gouvernement a voulu créer, depuis 1981, un ordre nouveau en Calédonie avec les méthodes employées dans les démocraties dites populaires de l'Est. Il a nommé un Haut-Commissaire doté de tous les pouvoirs d'un gouvernement du second Empire, il a agi directement de Paris et par voie d'ordonnance sur les structures économiques, sociales et fiscales du Territoire... Or, la seule solution vraiment démocratique et porteuse de paix sociale aurait consisté en une démarche totalement inverse : il ne fallait pas manipuler scandaleusement l'Assemblée territoriale, sans d'ailleurs parvenir à la rallier au socialisme, mais décentraliser les pouvoirs et les responsabilités ».

« Les années de cendre », 1984-1989

Lors des élections territoriales du 18 novembre 1984, malgré l'annonce de boycott actif par le FI et la destruction symbolique d'une urne à coups de hache par Éloi Machoro à Canala, la participation fut de 57,5 %. Le RPCR obtint à lui seul 27 851 suffrages, soit 70,87 % des voix. La majorité des sièges lui revint donc, soit 34 sièges sur 42. Sur les onze partis ayant des candidats, seul quatre obtinrent suffisamment de voix pour être représentés : le RPCR obtint 34 sièges sur 42, le LKS 6 sièges (2 879 voix soit 7,33 %), le Front National (Paix, Fraternité et Liberté) 1 siège (2 379 voix soit 6,03 %) et l'Union pour la Liberté dans l'Ordre (parti faisant suite à la défunte FNSC) 1 siège (1 748 soit 4,45 %). La quasi-disparition des électeurs de l'ex-FNSC fait du RPCR le seul parti loyaliste qui compte, et son président J. Lafleur devient *de facto* le porte-parole de tous les Calédoniens désirant rester français.

2. *Les Nouvelles Calédoniennes*, 21 décembre 1983.

Dick Ukeiwé fut élu président du gouvernement par 35 voix, le RPCR ne pouvant que constater le vote favorable du FN tout en regrettant le choix de J.-P. Aïfa (ULO) de s'abstenir. Le gouvernement de ce Loyaltien loyaliste comportait neuf ministres, dont quatre Mélanésiens. Après l'investiture, il déclara au Haut-commissaire : « Depuis bientôt dix jours, l'ordre public républicain est bafoué sur l'ensemble du Territoire. Le gouvernement, garant de la sécurité des personnes et des biens, de la libre circulation et des libertés, n'assure plus sa mission. Le pays est livré aux terroristes qui brûlent, qui saccagent en toute impunité, qui investissent les lieux publics et qui détiennent en otage des représentants de l'État ». Il se faisait ici l'écho d'un problème qui sera récurrent durant toute la première période des événements politiques, c'est-à-dire les consignes extrêmement précautionneuses données par les fonctionnaires d'autorité aux forces de l'ordre. Permettaient-elles d'éviter une escalade sans fin des conflits ou étaient-elles un signe de faiblesse et de laxisme ?

Suite à ces élections, le Front de Libération National Kanak et Socialiste qui a remplacé le FI franchit un pas supplémentaire dans l'activisme en laissant ses militants multiplier les occupations de terres en « brousse », en investissant des gendarmeries, en dressant des barrages, en prenant des otages. Dès le 20 novembre 1984, la gendarmerie fait le constat que « le stade de maintien et de rétablissement de l'ordre est désormais dépassé, pour faire place à une situation insurrectionnelle sans toutefois que l'on ait observé l'usage délibéré d'armes à feu contre les forces de l'ordre ».

Le juge François Seymur recense 1800 actions violentes (dont 257 incendies et 950 vols de biens ou d'armes) ainsi que 31 morts (16 Kanaks, 14 Européens et un Japonais) entre novembre 1981 et novembre 1982[3]. Les pouvoirs publics ont choisi de temporiser comme en témoignent deux « affaires » particulières : la séquestration du sous-préfet des îles Loyauté (21-29 novembre) et l'occupation de la commune de Thio. La violence semble l'emporter sur l'ensemble du territoire : le 30 novembre, un Européen et un Mélanésien sont tués lors

3. Seymur François, *Contribution à l'histoire des faits politiques et sociaux en Nouvelle-Calédonie (Pacifique Sud) depuis la IVe république (1945-1990),* thèse de sciences politiques, Université de droit de Bordeaux I, 1991, 1373 p.

d'affrontements à Ouégoa. Le 5 décembre 1984, un groupe de sept métis loyalistes de Hienghène, excédés par les actions violentes du FLNKS, intercepte deux véhicules et tue dix Mélanésiens indépendantistes. Par contrecoup, le loyaliste Jean-Marie Sangarne est assassiné à Hienghène le 10 décembre. L'assassinat le 11 janvier 1985 d'Yves Tual, jeune broussard abattu d'une balle dans la tête sur la propriété familiale, engendra de violentes manifestations anti-indépendantistes à Nouméa.

C'est à ce moment que le président de la République donna son accord à l'opération de neutralisation d'Éloi Machoro, leader indépendantiste responsable de l'occupation de Thio, en marche vers la côte ouest à la tête de 35 militants armés du FLNKS. Un groupe du GIGN était venu spécialement de Métropole pour cette opération et, sur l'ordre d'Edgard Pisani, ils firent les sommations d'usage avant de tirer : Éloi Machoro ainsi que son lieutenant Marcel Nonnaro sont alors mortellement atteints. D'autres morts et d'autres actes de violence eurent encore lieu mais si la tension reste vive, il apparaît que la spirale de l'affrontement brutal entre militants des deux bords, voire entre membres des différentes communautés, est brisée. Dans le même temps, des conflits moins médiatisés interviennent entre des indépendantistes modérés de l'Union Calédonienne et des indépendantistes plus virulents (PALIKA, FULK) : fusillade faisant dix blessés à Lifou le 19 octobre 1985, démission du député UC Rock Pidjot de tous ses mandats le 29 octobre, embuscade tendue à des militants UC par des membres du PALIKA à Lifou le 4 novembre : 3 blessés graves.

Le statut Fabius-Pisani, qui ne tenait nullement compte du projet de statut du RPCR[4], est promulgué le 23 août 1985. J. Lafleur exprima avec vigueur son mécontentement le 20 août 1985 devant l'Assemblée nationale : « Nos débats se trouvent entachés d'une véritable violation

4. Pour le RPCR, ce Plan pour l'avenir de la Nouvelle-Calédonie « n'est pas seulement un projet de statut juridique qui assure une autonomie importante du Territoire dans la République. C'est aussi un plan pour retrouver la concorde et créer les conditions du développement économique, social et culturel de la Nouvelle-Calédonie et de ses régions... Les hasards de l'histoire ont fait ici leur œuvre et ont déterminé l'existence d'une extraordinaire mosaïque humaine, avec ses vivants et ses morts rassemblés sur la même terre, avec ses diversités considérables, mais aussi avec l'unité que constitue une commune inspiration chrétienne ». *Les Nouvelles Calédoniennes*, 27 mars 1985.

de la Constitution et je me demande quelle peut être la validité de nos délibérations... Je savais que les gouvernements socialistes avaient pour habitude de ne pas respecter les lois qu'ils avaient eux-mêmes fait voter, concernant la Nouvelle-Calédonie, mais je n'osais pas imaginer que l'on irait, pour forcer une terre française à devenir étrangère, jusqu'à violer la Constitution elle-même ».

Aux élections territoriales du 29 septembre 1985, le nouveau découpage permet aux indépendantistes de diriger trois des quatre nouvelles régions. En revanche, le RPCR garde la majorité au niveau du Congrès du territoire qui regroupe les élus des quatre régions, la région sud beaucoup plus peuplée (85 000 habs soit 60 %) comprenant 45 % des sièges. Les indépendantistes représentent 34,82 % des suffrages et ils contrôlent désormais les 9/10e du territoire, ce qui ne fut point accepté par les non-indépendantistes. À la demande de D. Ukeiwé, le FN avait accepté de retirer sa liste dans la région centre. Dans cette région, le dépouillement donna 45,4 % pour le FLNKS, 41,82 % pour le RPCR et 6,59 % pour la liste OPAO (ex-FNSC) de Jean-Pierre Aïfa. Ce dernier déclara le soir même sur RFO radio : « Il arrive un moment où les partis modérés sont laminés et ne sont plus écoutés. Vous avez la radicalisation à gauche et à droite, et les centres ne sont plus écoutés ».

Dans une interview accordée à la radio libre RRB le soir des élections, J. Lafleur critiqua « la troisième force... des individus mi-hommes mi-femmes... qui croient aux mirages ». Quant à J.-M. Le Pen, il fit l'analyse suivante : « Le piège tendu en Nouvelle-Calédonie par le traître Pisani a fonctionné : trois régions sur quatre sont désormais aux mains des séparatistes du FLNKS. Malgré le retrait patriotique de sa liste par le Front national, le RPCR est battu dans la région centre par le FLNKS. Il apparaît donc clairement qu'en refusant l'accord que lui proposait le Front National, le RPCR porte la responsabilité de l'échec des loyalistes dans cette région » (*Les Nouvelles Calédoniennes*, 30/09/85). Ce refus du RPCR, similaire à celui du RPR au niveau national, s'explique par sa critique de tous les extrémismes. Lors de l'installation du conseil de la région centre à La Foa, le sénateur D. Ukeiwé se déclara « prêt à travailler, mais pas dans le cadre de la préparation à l'indépendance ». Légaliste, il acceptait de siéger avec les membres du FLNKS mais il considérait que le statut Fabius-Pisani « violait la démocratie puisque l'on pouvait être majoritaire au congrès et minoritaire dans les régions… Ce statut a été fait contre nous, le découpage savant des régions a été fait pour atteindre ce but ».

À cette époque charnière, de nombreux ténors de l'opposition nationale viennent en Nouvelle-Calédonie, rassurant la majorité locale malmenée. Lors d'un déplacement RPR-UDF, François Léotard déclara ainsi :

> « Voilà, chers amis calédoniens, ce que nous souhaitons être avec vous dans les six mois à venir : Forts, Vigilants, Rassemblés. Soyez Forts, car on ne peut battre que ceux qui sont déjà affaiblis dans leur volonté. Soyez Vigilants, car on ne peut tromper que ceux qui ont laissé leur énergie se dissoudre. Soyez Rassemblés, car on ne peut détruire que ceux qui sont déjà divisés »[5].

Dès lors, les loyalistes attendent avec impatience les élections législatives, considérant qu'elles entraîneront l'alternance et un avenir prometteur. Effectivement, le 16 mars 1986, la majorité nationale change, impliquant la mise en place de la première cohabitation.

En Nouvelle-Calédonie, J. Lafleur est réélu député le 16 mars 1986, le deuxième siège étant pour la première fois lui aussi dévolu au RPCR (Maurice Nénou) en raison de la perte de vitesse du FLNKS. Il est à noter que la radicalisation extrême de l'époque amena l'OPAO de Gabriel Païta (et de J.-P. Aïfa) à se joindre au LKS dans une liste intitulée l'Union des indépendantistes alors que la majorité des voix du Front National se reportait sur la liste RPCR-Union Loyaliste de J. Lafleur. La liste conduite par François Neoere, ex-leader du Front National, n'obtint que 1 155 voix alors que ce parti avait recueilli 5 263 voix lors des territoriales.

Dès sa nomination en tant que ministre des DOM-TOM, Bernard Pons met en chantier un nouveau statut qui correspondrait aux souhaits de la majorité locale, mais qui ne fut promulgué que le 22 janvier 1988. Dans l'intervalle, il publia la loi du 17 juillet 1986 prévoyant un référendum d'autodétermination qui eut lieu le 13 septembre 1987. Malgré les consignes de boycott des indépendantistes il y eut 59 % de participation, dont 98,3 % de oui pour la maintien de la Nouvelle-

5. *Les Nouvelles Calédoniennes*, 26 septembre 1985.

Calédonie au sein de la République française. Le premier ministre remercia entre autres les « 141 magistrats et membres de la commission de contrôle qui, par leur présence sur le terrain, dans les bureaux de vote, ont garanti aux yeux du monde entier la régularité du scrutin et l'authenticité du choix qui a été exprimé. Un choix clair et déterminé ». Quant à B. Pons, il déclara :

> « On m'a beaucoup dit que ce référendum ne réglerait rien – c'est vrai qu'il ne règle pas tous les problèmes, mais il aura un mérite, celui de substituer un ÉTAT de droit à une situation de fait. Personne ne peut plus dire qu'il n'y a pas de majorité en Nouvelle-Calédonie, mais une stratification de minorités. Nul ne peut nier désormais qu'il existe une large majorité pour le maintien de l'île dans la France ».

La période qui s'ouvre n'est toujours pas exempte de violences et trois gendarmes sont tués (tribu de Néami puis tribu de Tiaoué) ainsi qu'un Mélanésien de la tribu de Saint-Louis. Il est à noter que le nombre de morts entre d'une part les anti-indépendantistes et les forces de l'ordre, et d'autre part les indépendantistes, s'équilibre. Cet équilibre du malheur facilita sans doute le retour au calme.

En mai 1988, F. Mitterrand est réélu Président de la République. En Nouvelle-Calédonie, il n'avait recueilli au deuxième tour que 9,7 % des suffrages. Au même moment, ont lieu les élections régionales marquées par l'affaire d'Ouvéa et le boycott actif des élections par la grande majorité des indépendantistes (13 bureaux fermés). La participation est néanmoins de 58,29 % (59,1 % lors du référendum de 1987 avec boycott passif). Au niveau des résultats, l'absence de listes indépendantistes et l'exaspération de certains électeurs expliquent un certain éparpillement des votes entre le RPCR, le Front National et le Front Calédonien. Finalement, le RPCR Obtient 35 sièges, à sa droite le Front National 8 sièges, le Front Calédonien 2 sièges et la Liste d'entente 1 siège alors que la seule liste indépendantiste de Francis Pabouty, Unir Pour Construire, obtient 1 siège. Enfin, lors de législatives anticipées, J. Lafleur et M. Nénou sont réélus dès le premier tour avec 86,18 % et 83,31 % des voix face à des candidats Front National. Bientôt, le nouveau premier ministre Michel Rocard va impulser une nouvelle politique. En outre, J. Lafleur va prendre en compte la mission du dialogue envoyée. en mai 1988. En effet, aucune voie de sortie n'était possible si les parties en présence continuaient à utiliser les mêmes armes politiques ; c'est-à-dire le suffrage universel pour le RPCR et la pression sur le terrain pour le FLNKS.

Peu après, la célèbre poignée de main de Jean-Marie Tjibaou et Jacques Lafleur scella les accords de Matignon-Oudinot malgré les fortes réticences des militants des deux principales tendances en présence. Dès le 27 juin 1988, J. Lafleur fit le commentaire suivant : « À un moment donné, il faut regarder au delà de soi-même et des intérêts égoïstes pour voir l'avenir de l'ensemble du pays. Il fallait savoir donner et pardonner, c'est le message que j'ai envoyé à mes compatriotes »[6].

L'élection de F. Mitterrand à la présidence de la République conforta donc les indépendantistes dans leurs revendications. Ceci entraîna de 1981 à 1984 une radicalisation politique, étape préalable à une radicalisation sur le terrain (1984-1988). Durant ces « années de cendre », le RPCR sut promouvoir ses idées tant par des rassemblements qui firent réfléchir l'État que par les actions politiques les plus classiques (victoires à la majorité des élections locales ; implantation politique territoriale et forte motivation des militants ; rapports suivis avec le RPR et l'UDF).

Certains considèrent que la réussite de ce parti est due avant tout aux actions déstabilisatrices de l'État français, qui amenèrent les anti-indépendantistes à se regrouper au sein d'un parti réellement présent sur le terrain, raisonnablement modéré dans ses propos et en liaison directe avec l'opposition nationale. D'autres notent que le RPCR sut éviter les pièges de la balkanisation grâce au charisme et à l'autorité affirmée de son président Jacques Lafleur.

D'autres enfin estiment que le président du « Rassemblement » avait déjà la volonté à la fin des années 1970 d'intégrer toujours plus les premiers arrivants dans l'économie moderne et que sa capacité à mener une réflexion à long terme lui permit d'anticiper les évolutions positives qu'engendrerait le « pari sur l'intelligence » (M. Rocard) qu'étaient les accords de Matignon en 1988 puis « la solution consensuelle » (J. Lafleur) qui s'exprima dans l'Accord de Nouméa en 1998.

---

6. *Les Nouvelles Calédoniennes*, 27 juin1988.

Des Accords de Matignon à l'Accord de Nouméa, 1988-2002. « Le pari sur l'intelligence »*

* « Des Accords de Matignon à l'Accord de Nouméa. « Le pari sur l'intelligence », 1988-2002 » dans *Bulletin de l'association des historiens et géographes de Polynésie française*, n° 7, Éditions du CTRDP, Papeete, 2004, 228 p., p. 201 à 214.

Terre de souveraineté française depuis 1853, la Nouvelle-Calédonie s'inscrit dans une zone anglophone dont la plupart des archipels ont accédé à l'indépendance dans les trente dernières années (Fidji en 1970, Papouasie en 1975, Vanuatu en 1980). Il est à noter que le nombre des États politiquement indépendants reste inférieur à celui des États associés : Micronésie américaine, île anglaise de Pitcairn, île australienne de Norfolk, île de Pâques et le Pérou, Niue et les Tokelau avec la Nouvelle-Zélande, Pom-Tom français.

Néanmoins, en raison du déficit d'image de la France fustigée par le Forum du Pacifique (essais nucléaires, affaire Greenpeace), les revendications des indépendantistes calédoniens trouvèrent un large écho auprès des États de la région, écho qui s'amplifia jusqu'à ce que le Comité de Décolonisation des Nations Unies réinscrive en 1986 la Nouvelle-Calédonie sur la liste des « territoires non autonomes ».

Aujourd'hui, le regard posé par les instances régionales et internationales sur la situation en Nouvelle-Calédonie s'est complètement transformé du fait de l'arrêt des essais nucléaires en Polynésie française, du changement de politique extérieure de l'Australie[1], du dynamisme de la diplomatie française (Fidji, Vanuatu), de l'apparition de problèmes internes meurtriers (Papouasie, Salomon, Fidji) et de l'évolution positive de la situation en Calédonie. C'est ainsi que la résolution du Comité de Décolonisation du 13 juillet 1995 se félicite « de l'importance des mesures constructives que les autorités françaises continuent de prendre en Nouvelle-Calédonie… afin de créer un environnement propice à son évolution pacifique vers l'autodétermination ».

Cette pression diplomatique explique sans doute en partie la politique de la Métropole, bien que le fait insulaire circonscrive son influence et que les enjeux régionaux ne soient pas tels qu'ils puissent imposer des comportements paradoxaux à l'État français. Nous ne

---

1. Connell John, « Trouble in paradise. The perception of New Caledonia in the Australian press » in *Australian Geographical Studies*, Sydney, 1987, p. 54-65 ; Pons Xavier, « Neighbours and Strangers : Perceptions of Australia in New Caledonia » in *France, Oceania and Australia : Past and Present*, University of Sydney, 1991, 203 p., p. 143-166

reprendrons ici ni la mise en perspective de la société calédonienne[2] ni l'historique des « événements » (politiques) qui ont marqué la Calédonie entre 1984 et 1989[3]. La frise chronologique publiée en début de volume permet de comprendre la logique historique de la situation politique actuelle de cet archipel qui n'est plus un Territoire d'Outre-Mer sans être pour autant devenu un État. Notre étude étant historique, nous ne débattrons pas ici des différentes évolutions institutionnelles possibles en 2019. Plus prosaïquement, nous nous demanderons si les trois partenaires des deux accords successifs concrétisent au jour le jour la cohabitation raisonnée qu'ils se sont imposé.

Aussi, après avoir présenté la mise en place des Accords de Matignon puis de l'Accord de Nouméa, aborderons-nous la vie politique récente du Caillou et la mise en place des premiers transferts de compétence.

---

2. Angleviel F., « De la gestion d'une mosaïque d'identités juxtaposées à la construction d'une identité commune en Calédonie ? » in *Identité, nationalité, citoyenneté Outre-Mer*, Centre des Hautes Études sur l'Afrique et l'Asie Moderne, diffusion Documentation Française, Paris, 1999, 224 p., p. 32-50 ; Bensa Alban, « L'identité kanak. Question d'ethnologie » in *Comprendre l'identité kanak*, Centre Thomas More, L'Arbresle, 1990, 75 p., p. 9-35 ; Connell John, « Melanesian nationalism : A Comparative Perspective on Decolonisation » in *New Caledonia. Essays in nationalism and dépendency*, UQP, Brisbane, 1988, p. 230-253 ; Darot Mireille, « Calédonie, Kanaky ou Caillou ? Implicites identitaires dans la désignation de la Nouvelle-Calédonie » in *La Nouvelle-Calédonie après les Accords de Matignon*, numéro spécial de *Mots. Les languages du politique*, Presses de sciences po, n° 55, Paris, 1997, 144 p., p. 8-25 ; Doumenge Jean-Pierre, « Espaces de vie et conscience politique : le cas des Mélanésiens de Nouvelle-Calédonie » in *Le voyage inachevé... à Joël Bonnemaison*, Orstom, Paris, 1998, 776 p., p. 351-256 ; Mokaddem Hamid, « L'écriture kanake contemporaine » in *Écrire à la croisée des îles, des langues*, L'Harmattan, Paris, 1999, 200 p., p. 189-200 ; Hombouy Béniéla, « Le Kanak vu par lui-même » in *Littérature de Nouvelle-Calédonie*, numéro spécial *Notre Librairie. Revue des littératures du Sud*, n° 134, Paris, 1998, 216 p., p. 46-51 ; Tjibaou Jean Marie, « Être Mélanésien aujourd'hui » in *Esprit*, n° 57, Paris, 1981, p. 81-91.
3. Chesnaux Jean, « Kanak Political Culture and French Political Practice » in *New Caledonia. Essays in nationalism and dépendency*, *Op. cit.*, p. 56 à 80 ; Iopue Wassissi, « La transition vers l'indépendance kanak et socialiste » in *Ces îles que l'on dit françaises*, L'Harmattan, Paris, 1988, 216 p., p. 113-120 ; Connell John : « Political Review of New Caledonia in 1988 » in *Contemporary Pacific*, Vol. 1, Honolulu, 1989, p. 152 à 155 ; Vol. 2, Honolulu, 1990, p. 361-365.

Le temps des Accords de Matignon (1988-1998)

Après avoir plusieurs fois frôlé la guerre civile, les Calédoniens et l'État français décidèrent d'arrêter la spirale destructions-morts au profit de la recherche d'une voie consensuelle. Les Accords de Matignon-Oudinot ont donc eu pour but de restaurer la paix dans un Territoire d'Outre-Mer sur la pente de la violence ; de mettre en œuvre de nouvelles institutions permettant aux régions majoritairement indépendantistes de s'autogérer ; et de rétablir le dialogue entre un gouvernement métropolitain un temps favorable à une accession rapide à l'indépendance et une majorité locale favorable au maintien dans la République française.

Les Accords de Matignon du 26 juin 1988 ne furent en fait que des accords-cadres qui prévoyaient que l'État administrerait directement le Territoire durant un an avant de mettre en place un nouveau statut instituant trois Provinces et qu'un scrutin d'autodétermination aurait lieu en 1998[4]. Certains indépendantistes refusent d'abord ces accords et la fameuse poignée de main entre Jean-Marie Tjibaou et Jacques Lafleur, considérant tel Léopold Jorédié que « l'esclave a accepté de serrer la main de son maître pour réconcilier les Français ». Le second volet des négociations intervient le 20 août 1988 lorsque Dick Ukeiwé, représentant de la délégation RPCR, et Jean-Marie Tjibaou signent l'Accord Oudinot dont l'objectif à court terme est la restructuration de la vie politique calédonienne (15 statuts en 32 ans), son objectif à long terme étant le rééquilibrage économique, social et culturel du Territoire.

4. Angleviel F., « De Matignon à Nouméa. La Calédonie vers l'émancipation » in *Les idées en mouvement*, mensuel de la Ligue Française de l'Enseignement et de l'Éducation Permanente, n° 61, Paris, septembre 1998, 16 p., p. 16 ; Maresca Pierre, « De Matignon à Nouméa, dix ans déjà » in *Le Mémorial calédonien,* Tome X, Paris, 1998, 602 p., p. 123-129 ; Pillon Patrick, « Political Review of New Caledonia in 1990 » in *Contemporary Pacific*, Vol. 3, Honolulu, 1991, p. 405-407 ; Sodter François, « New Caledonia in review : issue and events. 1991 » in *Contemporary Pacific*, tome 5, n° 2, Honolulu, 1992, p. 392-394 ; tome 6, n° 2, Honolulu, 1993, p. 408-411 ; tome 7, n° 2, Honolulu, 1994, p. 444-446 ; Chappell David, « Melanesia in Reviews. Issues and Event, 1994. New Caledonia » in *Contemporary Pacific*, Vol. 7, n° 2, Honolulu, 1995, p. 360-363 ; Vol. 8, n° 2, Honolulu, 1996, p. 425-428 ; Vol. 9, n° 2, Honolulu, 1997, p. 474-479 ; Vol. 10, n° 2, Honolulu, 1998, 536 p., p. 441-446. ; Vol. 12, n° 2, 2000, p. 514 à 520 ; Vol. 13, n° 2, 2001, p. 541 à 551.

La notion de rééquilibrage[5], qui fut au cœur des débats durant les dix années suivantes, constatait un déséquilibre entre les Kanaks[6] et les autres communautés, entre Nouméa et le reste de l'archipel, entre la Province Sud (de la Grande-Terre) et les autres provinces. Elle proposait donc des clés de répartition inégalitaires des crédits de l'État et des revenus issus des impôts indirects en faveur des régions économiquement moins développées. Le FLNKS considéra qu'il s'agissait d'une réparation nécessaire au fait de colonisation, le RPCR considéra qu'un meilleur partage des richesses réduirait les clivages.

Le nouveau statut, dit statut Rocard, fut entériné par voie référendaire le 6 novembre 1988, l'ensemble des électeurs français ayant à se prononcer sur la question suivante : « Approuvez-vous le projet de loi soumis au peuple français par le Président de la République et portant dispositions statutaires et préparatoires à l'autodétermination de la Nouvelle-Calédonie en 1998 ? ». Officiellement, le mode référendaire fut retenu afin de donner une légitimité au processus mis en place[7]. En fait, il servit surtout à autoriser le gel du corps électoral

5. Freyss Jean, « Nouvelle-Calédonie : le « rééquilibrage » et ses contraintes » in *Colonies, territoires, sociétés*, L'Harmattan, Paris, 1996, 282 p., p. 253-272 ; « L'éternel recours. Les impasses de l'économie assistée en Nouvelle-Calédonie » in *Le Pacifique insulaire. Nations, aides, espaces*, numéro spécial de la *Revue Tiers Monde*, Tome XXXVIII, n° 149, Paris, 1997, 240 p., p. 99-119.

6. Longtemps, j'ai refusé d'harmoniser les graphies du mot canaque-kanak car le vocable canaque s'avère aujourd'hui connoté comme anti-indépendantiste, le terme invariable kanak est considéré comme indépendantiste, et la dénomination kanak(e)(s) retenue par de nombreux scientifiques était perçue comme trop modérée par les uns et trop novatrice par les autres. Aujourd'hui, je me suis rendu aux arguments de mes collègues littéraires qui considèrent qu'une harmonisation est techniquement nécessaire. En effet, si le chercheur doit éviter toute connotation excessive, il ne doit pas tomber dans le piège du politiquement correct ou d'un excès de prudence sémantique. J'utilise donc la graphie kanak(e)(s), qui me paraît comme étant la plus consensuelle à long terme et comme la plus logique vis-à-vis des règles de la langue française. Pour plus d'informations sur les évolutions étymologiques du mot kanak, on pourra se référer à l'article suivant : Angleviel F., « De Kanaka à kanak : l'appropriation d'un texte générique au profit de la revendication identitaire ».

7. Portelli Hugues, « Le référendum sur la Nouvelle-Calédonie » in *Regards sur l'actualité*, n° 146, La Documentation française, Paris, 1988, p. 6-7 ; Pavia Marie-Luce, « Le référendum du 6 novembre 1988 » dans *Revue du droit public et de la science politique*, Paris, 1989, p. 1731-1732.

aux « populations intéressées à l'avenir de la Nouvelle-Calédonie » (article 2), c'est-à-dire les Kanaks et les « victimes de l'histoire » (transportés, colons, engagés, immigrés polynésiens) et l'amnistie pour les infractions « d'ordre politique, économique et social » (art. 80). En effet, ces articles auraient pu être censurés par le Conseil constitutionnel en cas de simple projet de loi.

En Métropole, à part le Front National, les partis politiques sont majoritairement pour le « Oui ». En Calédonie, J. Lafleur et J.-M. Tjibaou durent convaincre leurs électorats, ce qui fut paradoxalement plus difficile pour le leader indépendantiste, grand gagnant des négociations, en raison de la structure fédérale du FLNKS et de la coutume mélanésienne des longs palabres, ces derniers ayant pour but ultime l'expression d'une apparente unanimité. La consultation connut un fort taux d'abstention et si le « Oui » l'emporta largement sur le plan national par 80 %, il fut à peine majoritaire en Calédonie, avec 57 %, alors qu'un décompte par région montrait que les loyalistes avaient majoritairement voté « Non ». Pourtant, les 60 % de « Non » dans la région Sud ne remirent pas en cause la légitimité du président du RPCR, la structure pyramidale de ce parti et l'engagement sur le terrain de J. Lafleur apaisant progressivement les inquiétudes.

La loi n° 88-1028 du 9 novembre 1988 met en place le statut Rocard, qu'il est convenu d'appliquer à partir du 12 juillet 1989. Il prévoit une organisation nouvelle, de type fédéral, la Nouvelle-Calédonie étant désormais divisée en trois provinces. Ultérieurement, Michel Rocard indiqua qu'il s'agissait là « d'une disposition d'esprit fédératif bien que je n'aie pas fait apparaître ce mot dans le statut pour ne pas risquer un inutile conflit symbolique »[8]. En fait, ce statut s'inspire surtout du concept d'autonomie interne, celle-ci étant appliquée non pas au Territoire mais aux trois Provinces. Par ailleurs, à des fins de « paix sociétale », ce statut reconnait la spécificité mélanésienne à travers le Conseil consultatif coutumier, l'Agence de Développement de la Culture Canaque (puis Kanak) ou encore la mise en chantier du Centre culturel J.-M. Tjibaou qui fut l'un des

8. Rocard Michel, « Lettre au Professeur Faberon » in *L'avenir statutaire de la Nouvelle-Calédonie*, *op. cit.*, p. 8. Rocard M., *Entretien*, Flammarion, Paris, 2001, 280 p.

grands chantiers de la Présidence de la République française[9]. Conçu par l'architecte Renzo Piano, il se constitue de dix cases conjuguant matériaux contemporains et traditionnels et il fut finalement inauguré le 4 mai 1998. Parallèlement, le rééquilibrage en faveur du monde mélanésien s'appuie aussi sur les contrats de développement État-Provinces, sur le « plan 400 cadres » visant à former des Calédoniens (essentiellement d'origine mélanésienne) en 10 ans, et sur le transfert de l'Agence de Développement Rural et d'Aménagement Foncier du Territoire à l'État. L'ADRAF distribuera ainsi 82 000 ha entre 1989 et 1995, ce qui permis une augmentation de 36 % du domaine foncier mélanésien[10].

Cet imposant dispositif en faveur d'un rééquilibrage économique et social concerna essentiellement le secteur public, les entreprises privées venant travailler dans les provinces Nord et îles mais restant basées dans la Province Sud, voire à Nouméa, en raison de l'absence d'autres centres urbains significatifs. Le volontarisme politique n'a donc pas suffi à faire disparaître les importantes disparités régionales, les faits étant têtus : le Nord est vide, les îles Loyauté ne bénéficient point de la continuité territoriale, les Océaniens s'intègrent lentement dans l'économie marchande, l'isolement et l'insularité de la Calédonie limitent le développement possible du secteur secondaire, les importants transferts financiers de l'État génèrent une économie artificielle sur des échasses. De fait, les Calédoniens profitèrent des dix années des Accords de Matignon pour relever une économie mise à mal et réapprendre à se parler.

---

9. Kasarhérou Emmanuel, « La place de la culture kanak au centre Jean-Marie Tjibaou » in *Education, culture et identité*, Actes du Xe colloque Corail, Nouméa, 1998, 498 p., p. 377-388 ; « Le centre culturel Tjibaou : entre Kanak et Calédoniens » in *Musée, Nation après les colonies*, numéro spécial de *Ethnologie française*, t. XXIX, n° 3, 1999, p. 437-444 ; Favole Adriano, « Le Centre culturel Tjibaou. Les musées occidentaux et l'ethnologie : réflexions sur une mission » dans *Bulletin des Études Mélanésiennes*, n° 31, Nouméa, 2001, p. 9 à 14.
10. Guiart René : *Le feu sous la marmite*, Le Rocher-à-la-voile, Nouméa, 2001, 368 p. Cet ouvrage présente les revendications foncières mélanésiennes à travers le témoignage d'un des principaux responsables des occupations symboliques de terres entre 1980 et 1987.

Ce Territoire ne connut alors que deux problèmes d'importance : l'étroitesse du marché de l'emploi ; l'apparition du phénomène des « squats »[11]. En effet, les Provinces Nord et îles n'arrivant pas à générer suffisamment d'emplois, nombre de familles ayant dû se réfugier dans le Sud durant les événements, et nombre de jeunes Océaniens étant attirés par le mode de vie urbain, le marché immobilier du « Grand Nouméa », peu extensible et aux prix élevés, eut du mal à absorber cet afflux continu. Il en résulta la création d'un habitat « spontané » sur les nombreux terrains vagues de Nouméa et de ses alentours : les squats. On ne peut les comparer aux bidonvilles des pays en voie de développement pour plusieurs raisons : ils correspondent quasiment à l'habitat traditionnel des Océaniens concernés ; leurs « propriétaires » disposent généralement de revenus supérieurs au Salaire minimum garanti ; la mairie de Nouméa a finalement accepté dans de nombreux cas de leur brancher l'eau et l'électricité.

Sur le plan économique, l'OCDE classe la Nouvelle-Calédonie au 24e rang mondial des pays les plus riches grâce aux transferts financiers directs et indirects de la République française et grâce au minerai de nickel (500 milliards de dollars de réserves). Le secteur mines et métallurgie (90 % des exportations) est ainsi depuis un siècle le principal pourvoyeur d'emplois privés bien que d'importantes mesures de productivité aient réduit l'embauche. L'exploitation des ressources naturelles régresse dans les secteurs employant une main-d'œuvre importante (café, coprah) et progresse dans les domaines demandant capitaux et savoir-faire : aquaculture avec l'apparition de l'élevage des crevettes de mer en 1974 ; filière cerf lancée en 1987 par l'ADRAF. Le secteur tertiaire de Nouméa s'affirme équivalent à celui d'une agglomération de 200 000 habitants, du fait d'une importante circulation fiduciaire générée par une fonction publique importante (10 000 fonctionnaires, soit 5 % de la population totale) et par

11. Dussy Dorothée, « Les squats de Nouméa, des occupations océaniennes spontanées à la conquête symbolique de la ville en Nouvelle-Calédonie » in *Journal de la Société des Océanistes*, n° 103-2, Paris, 1996, p. 275-287 ; Emberson-Bain Atu, « The downside of Matignon - squatting in Kanaky » in *Sustainable development or malignant growth. Perspectives of Pacific Island Women*, University of the South Pacific, Suva, 1994.

l'indexation des salaires du secteur public (1,73 pour le grand Nouméa et 1,94 pour le reste de l'archipel).

Sur le plan politique, les dix années de Matignon furent une période de construction, les élus s'investissant en premier lieu dans la mise en place institutionnelle des Provinces et dans l'essor économique régional. Jean-Marie Tjibaou déclarait ainsi : « Je sais qu'en 1998, je n'aurai pas la majorité ; ma seule chance c'est de vous convaincre d'ici là de faire l'indépendance avec nous ». Se rendant à Ouvéa avec son lieutenant Yeiwéné Yeiwéné le 4 mai 1989 pour assister à la levée de deuil coutumier des morts de la grotte de Gossanah, ils y sont abattus par Djubely Wea. Ce dernier était un ancien pasteur ainsi qu'un ancien conseiller territorial FLNKS pour qui les Accords de Matignon trahissaient les martyrs de la cause indépendantiste. Quelques mois plus tard, tenant la promesse faite à J.-M. Tjibaou, J. Lafleur vendait ses parts de la Société Minière du Sud Pacifique à la Province Nord, les importants capitaux nécessaires étant offerts par l'État.

Dès le 27 avril 1991, lors d'une convention du RPCR, son président J. Lafleur lança l'idée d'une « solution consensuelle » afin d'éviter un référendum couperet qui serait immanquablement gagné par les partisans du maintien dans la République française (65 % des électeurs) mais qui aurait eu probablement pour effet secondaire de relancer un cycle de violence. Le principal parti indépendantiste, l'Union Calédonienne, reprit l'idée lors de son congrès de Païta en 1993 en lui préférant la dénomination « d'indépendance négociée ». L'idée devant tout d'abord faire son chemin dans les états-majors puis au niveau des militants, les négociations commencèrent réellement en 1995[12]. Le RPCR publia alors un « schéma d'émancipation et de large décentralisation de la Nouvelle-Calédonie » destiné à lancer les discussions. Le congrès de l'Union calédonienne de 1996 (dit de Poindimié) donna lieu à un « Projet cadre sur l'avenir institutionnel du Territoire » demandant à l'État un « geste

---

12. Autin Jean-Louis, « L'avenir statutaire de la Nouvelle-Calédonie » in *L'avenir statutaire de la Nouvelle-Calédonie. L'évolution des liens de la France avec ses collectivités périphériques*, La Documentation Française, Paris, 1997, 276 p., p. 261-272 ; Wamytan Rock, « Le projet des indépendantistes » in *L'avenir statutaire de la Nouvelle-Calédonie, op. cit.*, p. 250-256.

fort » visant à régler « le contentieux colonial »[13] et privilégiant la notion « d'État associé ». J. Lafleur répondit par le principe de « l'émancipation dans la République » conciliant la nécessaire responsabilisation des Calédoniens avec un maintien aménagé dans la République. Quant à l'État, il entreprit la rédaction d'un acte de pardon.

Les négociations furent bientôt parasitées par le dossier d'accès à la ressource minière, la SMSP souhaitant échanger un massif minier avec la SLN-Eramet afin de disposer des réserves suffisantes à la mise en place d'un projet métallurgique avec la société canadienne Falconbridge. Ce véritable « préalable minier » fut finalement réglé par l'État lors des accords de Bercy en faveur des intérêts de la Province Nord (à majorité indépendantiste). Et certains analystes de considérer alors que si le socle des événements politiques avait été la revendication foncière, la revendication minière était en passe de devenir l'enjeu des futurs débats politiques[14].

Le règlement du contentieux colonial, l'Accord de Nouméa

L'État français, conscient que la revendication mélanésienne, une fois la tension retombée et la question foncière réglée (redistributions de l'ADRAF et exode rural), était avant tout une revendication de reconnaissance de son statut de premier arrivant et de son identité culturelle forte, décida de reprendre la démarche ébauchée à Nainvilles-les-roches en 1983[15]. C'est ainsi que le préambule de

13. « Le contentieux colonial entre le peuple kanak et l'État français est né de la prise de possession unilatérale du pays kanak effectué en 1853... Le geste fort, consiste pour l'État français, dans le respect des règles de droit international, à accompagner la restitution de la souveraineté par la mise en œuvre d'un processus irréversible de décolonisation des structures institutionnelles, économiques, sociales et culturelles, devant asseoir l'indépendance du pays kanak ».

14. Caussin Delphine, *La Nouvelle-Calédonie à l'épreuve de la contestation kanak*, thèse de science politique, Université de Nice, 1998, 648 p. Entretien semi-sélectif avec H. Martin, alors membre du RPCR et président du congrès, décembre 1997, p. 556.

15. « I. Volonté commune des participants de voir confirmer définitivement l'abolition du fait colonial par la reconnaissance à l'égalité de la civilisation mélanésienne. II. Reconnaissance de la légitimité du peuple kanak, premier occupant du Territoire, se voyant reconnaître, en tant que tel, un droit inné et actif à l'indépendance, dont l'exercice doit se faire dans le cadre de l'autodétermination prévue et définie par la Constitution de la République française, autodétermination ouverte également, pour des raisons historiques, aux autres ethnies dont la légitimité est reconnue par les représentants du peuple kanak ».

l'Accord[16], demandé par les indépendantistes, se veut l'acte fort d'un État impartial reconnaissant les lumières et « les ombres » de la période coloniale. Il fut accepté par tous les partis politiques car s'il énonce le « traumatisme durable pour la population d'origine » et le fait que « la colonisation a porté atteinte à la dignité du peuple kanak qu'elle a privé de son identité », il rend aussi hommage aux communautés qui ont participé à la construction de la Nouvelle-Calédonie. « Des hommes et des femmes sont venus en grand nombre, aux XIXe et XXe siècles, convaincus d'apporter le progrès, animés par leur foi religieuse, venus contre leur gré ou cherchant une seconde chance en Nouvelle-Calédonie ». Cette double reconnaissance induisant l'existence de deux légitimités destinées à se forger un « destin commun », a scellé une réconciliation durable entre les communautés[17] du Territoire, celui-ci devenant pour une période de quinze à vingt ans un Pays aux évolutions institutionnelles progressives et irréversibles.

L'Accord fut conclu à Nouméa le 21 avril 1998 et il constituait une autonomie sur mesure, qui a vocation à grandir à chaque nouvelle mandature de cinq ans du congrès de la Nouvelle-Calédonie, autorisé désormais à édicter des « lois de pays » ayant force de lois « nationales » si elles sont votées par les 3/4 des élus. Ceci implique pour le moins un accord entre la majorité loyaliste et la minorité indépendantiste ainsi qu'un accord entre les deux ou les trois grands partis du moment. Autre fait notable, l'exécutif n'est plus entre les mains du Haut-Commissaire, mais il est passé dans les mains d'un Gouvernement collégial élu par le Congrès et responsable devant lui. Enfin, un référendum « de sortie » est prévu pour dans vingt ans, avec possibilité de l'avancer jusqu'en 2014 si le tiers des élus en faisaient la demande. Les indépendantistes ont, pour ce référendum, obtenu la mise en

16. On le trouve *in extenso* dans *Les Nouvelles Calédoniennes* du 25 avril 1998, p. 2 puis dans le *Mémorial Calédonien, tome X, op. cit.*, p. 585-586 ; « Loi n° 99-209 du 19 mars 1999 organique relative à la Nouvelle-Calédonie » parue dans le *Journal officiel de la Nouvelle-Calédonie*, n° 7363, Nouméa, 24 mars 1999, p. 1182-1210 (JORF, du 21/03/99, p. 4197-4233).
17. Chivot Max, « Essai pseudo-scientifique sur les spécificités sociales et culturelles des Calédoniens » in *Être caldoche aujourd'hui*, Île de Lumière, Nouméa, 1994, 256 p., p. 95-112 ; Saussol Alain, « Peut-on parler de créolité en Nouvelle-Calédonie ? » in *Îles tropicales, insularité, insularisme*, Ceget-Cret, Coll. Îles et archipels n° 8, Bordeaux, 1987, 500 p., p. 157-164.

place d'un corps électoral restreint, seuls les citoyens calédoniens arrivés avant 1998, devenus majeurs après 1998 ou domiciliés depuis plus de vingt ans en 2014 (art. 218) étant habilités à participer au référendum.

Sur le plan de la répartition des compétences, les Provinces conservent les compétences acquises en 1988. L'État va entreprendre progressivement le transfert des compétences non-régaliennes vers le Territoire. Quant à ce dernier, devenu un Pays d'Outre-Mer, vidé en 1988 de sa substance par les Accords de Matignon, il (re)devient le pilote du navire. Le nouveau Pays entra en fonction le 1er janvier 2000 et il a vocation à prendre le contrôle progressif de l'immigration, des communications, de la formation, des ressources naturelles et du commerce extérieur. Chaque transfert fera l'objet d'une dévolution financière spécifique, avec clause de réévaluation de la subvention métropolitaine uniquement en fonction de l'inflation. Parallèlement, le Pays partagera certaines compétences avec la Métropole, celle-ci ne conservant au terme des vingt ans que les compétences de souveraineté. Le référendum « de sortie » de l'Accord décidera alors si les Calédoniens souhaitent majoritairement accéder à « une complète émancipation » c'est-à-dire l'indépendance politique ; s'ils décident de conserver le statut actuel accru des transferts irréversibles réalisés durant les vingt années ; ou s'ils négocient avec la Métropole un nouveau statut qui ne pourra en aucun cas être en retrait par rapport au statut de 2019.

Enfin, l'identité kanake est désormais symboliquement au centre du dispositif puisqu'est instituée une citoyenneté calédonienne rendant possible une discrimination (uniquement positive) en faveur de toutes les personnes installées en Calédonie depuis au moins dix ans. Dans le même temps est créé un Sénat coutumier composé des représentants des huit aires linguistiques (28 langues vernaculaires). Il doit être obligatoirement consulté pour toutes les décisions afférentes à l'identité kanake. Il est aussi prévu une meilleure prise en compte du droit coutumier kanak[18] à travers

18. Agniel Guy, « Legal adaptations to local sociological particularities » in *Custom and the law*, Asia Pacific press, ANU, Canberra, 2001, 186 p., p. 35-62 ; Faberon Jean-Yves, « Les autochtones dans l'accord de Nouméa (5 mai 1998) » in *Droit et cultures.*, n° 37, Université de Paris X & L'Harmattan, Paris, 1999, 305 p., p. 211-218 ; Nekelo Daniel, « La place de la coutume en Nouvelle-Calédonie » in *Le régime législatif de la Nouvelle-Calédonie. Territoires d'outre-mer et État de droit*, Dalloz, Paris, 1994, 103 p., p. 82-85 ; Orfila Gérard, « Réflexions sur la coutume mélanésienne » in *Revue Juridique et Politique. Indépendance et coopération*, Paris, 1989, p. 129 et ss.

la réglementation du droit civil particulier devenu coutumier, la protection des sites historiques pré-européens (1100 av. J.-C. à 1774 apr. J.-C.) et l'enseignement des langues océaniennes.

Sur le plan juridique, ce statut a pu paraître « monstrueux » à certains juristes. Le député-maire RPCR Pierre Frogier répondit à cette critique en décembre 1999 lors d'un colloque sur la souveraineté partagée : « Nous n'avons pas bâti un statut, nous avons bâti un projet de société autour duquel chaque partie pouvait se retrouver. Nous avons essayé de tracer un chemin et d'ouvrir des perspectives qui permettent aux différentes communautés de poursuivre leur effort de reconnaissance mutuelle et pacifique. Et nous avons débouché sur une solution de large émancipation ».

Tout d'abord, il fallut organiser l'application de l'Accord de Nouméa[19]. Le 6 juillet 1998, le projet de révision constitutionnelle constatant l'exception calédonienne et réintroduisant la possibilité pour un territoire de sortir de l'ensemble français, est adopté par le Parlement (Assemblée nationale et Sénat) réuni en congrès à Versailles par 827 voix pour et 31 contre. En effet, la révision constitutionnelle de 1995 avait supprimé les articles 75 à 88 et les titres XII à XIV. La Constitution française comporte donc à nouveau un titre XIII composé des articles 76 et 77 portant sur les « dispositions transitoires relatives à la Nouvelle-Calédonie ». À cette occasion, le Premier ministre Lionel Jospin tint à préciser que le préambule « ne constitue en rien un renoncement par la France à son action en Nouvelle-Calédonie depuis la prise de possession, encore moins une mise en cause de la légitimité à y vivre des populations qui s'y sont installées depuis cette date. C'est un texte de réconciliation ».

19. Page Jeanne, *Du partage des compétences au partage de la souveraineté : des territoires d'outre-mer aux « pays d'outre-mer »*, thèse de droit, Université d'Aix-Marseille, 2000, 570 p. ; Faberon Jean-Yves, « L'accord de Nouméa du 21 avril 1998 : la Nouvelle-Calédonie, pays à souveraineté partagée » in *Regards sur l'actualité*, La Documentation Française, Paris, 1998, p. 19-31 ; Chappell David, « The Noumea Accord : Decolonization Without Independence in New Caledonia » in *Pacific Affairs*, Vol.72, n° 3, Honolulu, 1999, p. .373-391. Faberon J.Y. & Garde F. (ed.), *101 mots pour comprendre les institutions de la Nouvelle-Calédonie*, île de lumière, Nouméa, 2002, 260 p.

L'étape suivante fut le référendum de ratification de l'Accord de Nouméa, qui intervint le 8 novembre 1998. Malgré l'appel pour le « Non » de plusieurs partis secondaires, tant loyalistes (FN, UNCT) qu'indépendantistes (LKS), le « Oui » prôné par les deux partis signataires des Accords avec l'État (RPCR, FLNKS) fut cette fois-ci massif et commun à toutes les communautés. Quant à l'Accord de Nouméa, finalisé en mars 1999, il comprend 234 articles qui développent et précisent les grandes lignes édictées dans le document d'orientation d'avril 1998.

Parallèlement, dès la signature des deux textes fondateurs en avril 1998, certains partis politiques locaux attaquèrent juridiquement l'Accord sur deux points : le gel du corps électoral pour le référendum de sortie, la discrimination (positive) possible en matière d'emploi local. Tous ces recours furent déboutés[20]. Ils démontrèrent le malaise de certains Calédoniens récemment arrivés de France métropolitaine privés temporairement d'une partie de leurs droits civiques d'électeurs et celui de certains Océaniens inquiets quant à la réduction éventuelle de l'immigration de travail en provenance de leurs territoires d'origine, soit la Polynésie française et surtout Wallis et Futuna.

Le cas des Ni-Vanuatais est plus délicat, car depuis 1980 ils doivent posséder des permis de travail, ceux-ci étant attribués parcimonieusement par l'ambassade de France à Port-Vila. Ceci explique que nombre d'entre eux sont en situation irrégulière et se retrouvent dans des squats. Et de fait, la majorité des habitants des squats sont aujourd'hui des Ni-Vanuatais ou des Wallisiens & Futuniens, preuve d'une évolution continuelle de la situation, la Province Sud apportant son soutien aux actions de la Société Immobilière Calédonienne et du Fonds Social de l'Habitat. Critiqué sur le plan métropolitain sur le « droit » à l'emploi des Calédoniens que certains comparaient à la « préférence nationale » de l'extrême droite métropolitaine, le Premier ministre L. Jospin déclara le 4 mai 1998 dans *Les Nouvelles Calédoniennes* : « Le gouvernement met en œuvre une politique équilibrée de l'immigration, bien éloignée de la « préférence

20. Dubouis L., Mathieu B., Verpeaux M. & Gohin O., « L'accord de Nouméa, l'arrêt Sarran et ses suites » in *Revue française de droit administratif*, vol. 15, n° 1, Paris, 1999 ; Simon Denys, « L'arrêt Sarran. Dualisme incompressible ou monisme inversé ? » in *Juris Classeur*, Paris, 1999.

nationale » qui est un slogan d'exclusion des droits économiques et sociaux... À quoi bon former des Calédoniens si les emplois auxquels leur formation leur donnerait normalement accès sont pris par des personnes venues de l'extérieur ? ».

Sur le plan purement politique, il paraît évident que la question d'une éventuelle indépendance restera posée tant que la Nouvelle-Calédonie sera rattachée à la République. En effet, du moment qu'une fraction de la population conteste cette situation, le débat sur l'indépendance – que l'on soit pour ou contre – reste pertinent. Il est à noter que la question sur l'indépendance ne peut normalement pas déboucher sur une partition de l'archipel. En effet, l'Accord de Nouméa précise que le résultat des différentes consultations s'appliquera « globalement pour l'ensemble de la Nouvelle-Calédonie. Une partie de la Nouvelle-Calédonie ne pourra accéder seule à la pleine souveraineté, ou conserver seule des liens différents avec la France, au motif que les résultats de la consultation électorale y auraient été différents du résultat global ».

L'Accord de Nouméa n'évoque pas directement la question de l'indépendance, mais il débat de l'éventuelle accession de la Nouvelle-Calédonie à la pleine souveraineté. C'est ainsi que, si une majorité se dégageait en 2014 ou en 2019 pour privilégier l'abandon des derniers liens institutionnels avec la France métropolitaine, l'Accord de Nouméa ne précise pas quelle serait la démarche à suivre pour que la Nouvelle-Calédonie accède à l'indépendance. F. Garde considère qu'à cet effet : « il est raisonnable de penser que l'esprit, sinon la lettre, de l'article 53 de la Constitution s'applique, et l'intervention d'une loi est nécessaire, pour fixer la date exacte de l'indépendance et les diverses modalités pratiques de celle-ci »[21].

L'apprentissage de l'autonomie retrouvée

Depuis janvier 2000, le transfert des compétences a commencé, sans précipitation, puisque chaque transfert implique la mise à plat du secteur administratif considéré et la mise en place par convention État-

21. Garde François, *Les Institutions de la Nouvelle-Calédonie*, L'Harmattan, collection Mondes Océaniens, Paris, 2001, 350 p., p. 98.

Pays d'une enveloppe budgétaire équivalente aux dépenses induites par toute nouvelle responsabilité. La juriste Jeanne Page note à ce propos que ce « fédéralisme transitoire » ne renferme aucune évolution au regard de la forte dépendance financière du Territoire puis du Pays à l'égard de la Métropole. Or, seule l'indépendance financière, qui passerait par une forte diminution du niveau de vie des Calédoniens, serait le gage d'une autonomie réelle. Quant au Vice-président FCCI du gouvernement, Léopold Jorédié, qui se définit comme un « nationaliste calédonien réaliste », il répondit le 19 avril 2000 lors du rendez-vous politique du mercredi des *Nouvelles Calédoniennes* : « Aujourd'hui, parler d'indépendance, c'est faire de la démagogie. C'est un terme qu'utilisent encore certains pour préserver leur fond de commerce électoral, tout en sachant très bien que l'exercice de la souveraineté a un prix et que ce prix-là, pour le moment, est payé en grande partie par la France. La vraie indépendance c'est d'être capable de payer ce prix ».

Par ailleurs, il est prévu que la plupart des transferts interviennent durant les quatre prochaines mandatures de cinq ans, sans précision sur le moment précis de ces derniers. Symboliquement, une direction territoriale de l'enseignement (primaire) a été créée dès janvier 2000. Son premier directeur, instituteur caldoche devenu au mérite Inspecteur de l'Éducation Nationale, a déjà annoncé lors d'une conférence de presse consensuelle[22] que l'enseignement primaire allait enfin réellement sauter le pas de l'adaptation aux réalités locales et en particulier que l'enseignement du français langue seconde allait être introduit dans les très nombreuses écoles concernées.

La phase d'installation des institutions[23] inscrite dans l'Accord de Nouméa étant achevée, l'énergie des principaux partis politique

22. Feyeux Géraldine, « Une nouvelle méthode pour enseigner le français », *Les Nouvelles Calédoniennes*, 10/03/2000, p. 17. La conférence de presse comprenait le nouveau directeur, son adjoint métropolitain et le directeur loyaltien de l'Institut de Formation des Maîtres.

23. « Le droit devait être à ce rendez-vous entre la Nouvelle-Calédonie et la France. Non pour précipiter les ruptures mais pour imaginer un cadre où les évolutions seraient consenties et favorisées. N'est ce pas le principe même de notre République ? », p. V. Queyranne Jean-Jack, « Préface » dans Garde François, *Les Institutions de la Nouvelle-Calédonie, op. cit.*. Cf. aussi Garde F. & Faberon J.Y. (dir.), *101 mots pour comprendre les institutions de la Nouvelle-Calédonie*, Île de lumière, Nouméa, 2002, 260 p.

se tourne vers les grands projets de développement économique. En effet, il s'agit pour le RPCR d'assurer la croissance et pour le FLNKS de bâtir le pays. Dans le cadre d'une opposition se voulant constructive, les leaders indépendantistes annoncent leur volonté de faciliter l'implantation des entreprises internationales pour peu que les spécificités culturelles kanakes et les chances de ces derniers d'accéder un jour à l'indépendance soient préservées. C'est ainsi que R. Wamytan déclara à l'ONU en 2001 : « Nous devons rester vigilants sur les grands dossiers économiques et de rééquilibrage tels que l'usine du Nord et le projet Goro Nickel. Tout cela doit servir en priorité les intérêts du pays et non pas nous asservir pour que la Nouvelle-Calédonie se retrouve sous la coupe des multinationales ». Quant au leader du PALIKA, Paul Néaoutyine, il se pose la question-même de la légitimité du développement à l'occidentale :

> « Tout ce que l'on fait en matière de développement moderne consiste à donner aux gens les moyens de se translater. On leur donne même les moyens de la mutation. Mais est-ce que le peuple en question a choisi de la faire ? Et s'il n'adhère pas à cette intégration, l'on va dire que c'est un échec, moi je dis que c'est de la résistance et il a le droit à la différence... De toute façon, on ne peut être qu'en contradiction. On a fait venir des gens, on a construit des routes pour désenclaver les fonds des vallées, on a électrifié les tribus en incitant du coup les gens à se regrouper. On a donc dépensé des millions et des milliards pour amener des éléments de la modernité à des gens qui veulent rester dans leur coin sans jamais leur parler d'aller en ville. Alors si maintenant on les pousse à faire le contraire, on va être obligé de gérer cette situation nouvelle et tout ce qui va avec, la délinquance, le refus de ce qui n'est pas traditionnel... Tous les Kanaks ne sont pas obligés d'être intégrés à l'économie moderne. Il suffit qu'ils aient des représentants bien formés et bien placés là où il faut »[24].

Et de fait, chaque province a défini ses priorités économiques en fonction de ses orientations politiques. La province des îles Loyauté privilégie l'aménagement de l'espace, le tourisme vert et le soutien à des cultures commerciales compatibles avec l'organisation sociale traditionnelle. La province Nord s'est fixé quatre objectifs : un véritable essor économique, le rééquilibrage interne entre les deux côtes, l'installation d'entreprises privées créatrices d'emplois et la protection de l'environnement. La province Sud, où la pression démographique

24. Néaoutyine Paul, « Les Kanak dans l'économie. Entretien avec Paul Néaoutyine » dans *Mwà Véé. Revue culturelle kanak*, n° 32, Nouméa, 2001, p. 5 à 13, p. 9.

s'amplifie, a opté pour l'habitat social, l'insertion des jeunes et le développement économique.

Terre de contrastes, la Nouvelle-Calédonie est aussi une terre de disparités socio-économiques. C'est ainsi que sur 210 000 habitants, 135 000 résident dans la province Sud et seulement 23 000 aux îles Loyauté. La population des provinces Îles et Nord est composée essentiellement de Mélanésiens (97 et 80 %) alors que la province Sud comporte 75 % de non-kanaks. Parallèlement, 88 % des emplois salariés se trouvent dans le Sud alors que la province Îles n'en génère que 2 %. Enfin, si Nouméa compte 80 000 habitants, les trois communes dortoirs proches n'en comptent que 20 000 (Mont Dore), 14 000 (Dumbéa) et 8 000 (Païta). Les trois premières communes de « brousse » comptent seulement près de 4 500 habitants : Bourail, Poindimié et Houaïlou.

Néanmoins, les point forts de l'économie semblent aujourd'hui l'emporter : stabilité des institutions ; réserves minières d'au moins 25 % du nickel mondial ; une Zone Économique Exclusive sous-utilisée ; des infrastructures rares en Océanie insulaire ; un niveau de formation élevé ; des aides multiples au développement ; un niveau de vie élevé permis en parti par d'importants transferts en provenance de la Métropole ; une faible inflation (2,3 % en 2001) ; une faune et une flore en grande partie endémiques ; le plus grand lagon fermé du monde ; une agriculture relativement protégée par l'insularité. *A contrario*, la Nouvelle-Calédonie souffre de la baisse de sa desserte aérienne ; de l'étroitesse du marché intérieur ; de la multiplication des compétences administratives ; des protections douanières ; d'une connaissance insuffisante de la langue dominante au niveau régional ; d'un coût du travail important et d'une certaine politisation de la vie économique. En effet, pour certains économistes, « la politisation de toute chose a des effets économiques pervers. Pour investir localement il convient trop souvent d'être bien vu de qui tient les rênes politiques »[25].

Quoi qu'il en soit, l'avenir économique repose dans la concrétisation éventuelle de l'un au moins des quatre projets miniers actuellement en

25. Collectif, *Calédonie Eco. L'atlas économique du territoire édition 2002*, n° 2, Régie commerciale et publicitaire, Nouméa, 2002, 122 p., p. 18.

compétition. Du fait de l'ouverture hier d'une usine-pilote, on considère comme certain l'ouverture demain (2005 ?) de sa grande sœur utilisant elle aussi le procédé hydrométallurgique dans l'extrême-sud (Goro, Inco). D'autres considèrent comme assuré l'accroissement demain (2004 !) de la production annuelle de l'usine de Nouméa de 60 000 à 75 000 tonnes de nickel-métal (Doniambo, SLN-Eramet). D'autres prônent dans le cadre du rééquilibrage l'ouverture après-demain (2006 !) d'une usine du Nord (Koniambo, Falconbridge-SMSP). Enfin, le groupe Ballande souhaite intéresser les Australiens à un projet minier dans la région de Boulouparis. Il est à noter que depuis le 1er juillet 2000, les signataires de l'accord de Nouméa (J. Lafleur pour le RPCR, R. Wamytan pour le FLNKS et le Haut-commissaire pour l'État) ainsi que les trois présidents de provinces, ont procédé à la création de la Société Territoriale Calédonienne de Participation Industrielle afin de gérer les parts de la SLN (30 %) et d'Eramet (5,14 %) attribuées par l'État à la Nouvelle-Calédonie. Un montage original fait que la province Sud est actionnaire à 50 % (Promosud) et que les deux autres provinces possèdent en commun les autres 50 % d'actions (Nordil) alors que les dividendes sont distribués aux provinces à hauteur de 50 % pour le Nord, 25 % pour les Îles et 25 % pour le Sud.

À la date de juin 2002, l'on peut estimer que la réalisation du projet minier de la société Goro nickel est assurée. En effet, tous les terrassements viennent de s'achever. La Nouvelle-Calédonie a obtenu 5 % du capital de cette société. Enfin, Goro nickel a accepté de participer à hauteur de 1,5 millions de dollars australiens à un fond de participation des populations mélanésiennes au développement du Sud.

Aujourd'hui, la santé de l'économie calédonienne s'avère satisfaisante, le principal problème restant la difficulté à fournir suffisamment d'emplois chaque année au nouveau contingent de jeunes adultes arrivant sur le marché du travail. Ceci explique l'importance donnée tant par le gouvernement calédonien que par les divers syndicats à la question de l'emploi local. Et de fait, certains politiciens déclarent que le débat sur l'indépendance ne représente plus la véritable question, considérant que le véritable enjeu de demain sera l'accession ou non de tous les Calédoniens à un emploi.

Le tube politico-médiatique de l'année 2001

Le groupe Gurejele a sorti en 2001 un quatrième cd intitulé « *Co mece ko* » dont le morceau « C'est qui qui paye » est significatif d'un certain malaise et d'une réalité économique en contradiction avec certaines revendications locales.

« Nos politiques qui s'en vont à Paris
Pour préparer avec la mère patrie
Les accords qui feront le bien du pays
D'accords en accords et ce n'est pas fini

C'est qui qui paye, qui paye
C'est la France qui paye...

Si t'es fauché il suffit de d'demander
À une condition, celle d'adhérer
Dans le parti qui est subventionné
Les chiens peuvent aboyer on est légalisé

C'est qui qui paye, qui paye
C'est la France qui paye...

Nous ne sommes plus fanatiques des meetings politiques
Ici sous les tropiques on préfère la musique
Celle de la Jamaïque des états d'Amérique
Dans la fonction publique on travaille pour le fric

C'est qui qui paye, qui paye
C'est la France qui paye...

Toutes les subventions de tous les partis politiques
La consommation de tous les réfugiés politiques
L'salaire des fonctionnaires qui travaillent pour le fric
L'écolo plastiqué en plein pays kiwi... »

Texte et musique de Dick Buama.

La perpétuation de la bipolarisation de la vie politique

La Nouvelle-Calédonie comporte toujours une polarisation forte entre les deux partenaires historiques des accords successifs : le FLNKS et le RPCR. En effet, l'électorat se prononce encore en priorité par rapport à l'acceptation ou le refus d'une éventuelle indépendance, ce qui explique l'échec des partis essayant de se présenter comme une troisième force tant du côté indépendantiste (LKS, FCCI) que du côté non-indépendantiste (Alliance, Front National). Cette bipolarisation et cette « entente » RPCR-FLNKS a tendance à diminuer en raison de la paix civile, de l'émergence de nouveaux partis proposant de donner la priorité aux questions économiques ou sociales ainsi que de l'apparition de dissensions internes au sein du FLNKS et de manière moins visible dans le RPCR.

Les différentes élections depuis l'accord de Nouméa ont donné une large majorité au RPCR de J. Lafleur. Ce parti dirige en effet la province Sud, le Congrès de la Nouvelle-Calédonie (législatif local), le Gouvernement de la Nouvelle-Calédonie (exécutif local), le Conseil économique et social, la majorité des communes urbaines ou péri-urbaines (Nouméa, Mont-Dore, La Foa, Bourail). En conséquence, ce parti contrôle les chambres consulaires, la fonction publique et les établissements publics territoriaux. Le FLNKS dirige les provinces Nord (PALIKA) et Îles (UC et PALIKA), la plupart des petites communes rurales et le Sénat coutumier. Le FLNKS possède une minorité de blocage dans le Gouvernement collégial de la Nouvelle-Calédonie (2 UC, 1 PALIKA, 1 RDO) et des élus dans toutes les instances locales. Les partis secondaires ne dirigent que la commune de Dumbéa (Alliance) et de Maré (LKS). Leur marginalisation s'explique par l'insuccès de leurs programmes politiques ainsi que par deux facteurs structurels : leur implantation géographique reste incomplète, leurs candidats et militants ne participent pas de toutes les communautés calédoniennes.

Les dissensions internes qui secouent le FLNKS sont particulièrement visibles puisqu'il s'agit d'une fédération de partis. Le parti majoritaire, l'Union Calédonienne, s'est scindé en l'an 2000 en deux groupes parlementaires suite à l'éviction du président de l'UC, Bernard Lepeu, par Roch Wamytan. Pour simplifier, il y eut alors un groupe représentant les élus suivant le nouveau président R. Wamytan et un autre groupe d'élus refusant son autorité. Ceci explique qu'en 2001 seule l'UC contestataire de Pascal Naouna présenta des candidats lors des élections municipales à Nouméa dans la liste Alternative citoyenne qui rassemblait les partis du FLNKS ainsi que des acteurs progressistes de la société civile. Lors des élections annuelles du président de l'UC en 2001, R. Wamytan fut à son tour battu. Le président de l'UC est aujourd'hui Pascal Naouna. Quant à R. Wamytan, il est toujours président du fer de lance, mais il a perdu fin 2001 la présidence du FLNKS. L'UC et le PALIKA n'ayant pu se mettre d'accord sur son remplaçant, le FLNKS n'a plus de président.

Il apparaît donc que le principal parti indépendantiste, l'UC, traverse une période de conflits internes et de remise en question quant à son leadership et quant à son positionnement dans le FLNKS. C'est ainsi que l'UC a non seulement refusé de participer aux élections législatives de juin 2002, mais qu'elle a appelé ses militants et électeurs à ne pas se rendre aux urnes, enlevant toute chance au président du PALIKA, Paul Néaoutyine, d'être élu député de la deuxième circonscription. Il est vrai que les relations entre le PALIKA, parti se réclamant du socialisme étatique aux dirigeants plus jeunes, et l'UC, principal parti autonomiste puis indépendantiste soutenu par les églises chrétiennes, se sont fortement détériorées.

En ce qui concerne le RPCR, les lignes de fracture sont moins évidentes malgré les effets d'annonce des adversaires politiques du parti qui dirige la Nouvelle-Calédonie depuis 1984. Le président du Rassemblement Jacques Lafleur avait deux successeurs possibles. Il indiqua en l'an 2000 dans son livre autobiographique *L'Assiégé*[26], que Pierre Frogier était le plus à même de le remplacer lorsque le temps serait venu. L'autre successeur possible, Harold Martin, refusa de laisser sa place en mars 2001 à la tête de la liste RPCR pour les municipales de Païta et il entra en sécession. Élu maire de Païta, il a été exclu du RPCR. Il pourrait vouloir créer son propre parti juste avant les élections

26. Lafleur Jacques, *L'Assiégé. 25 ans de vie politique*, Plon, Paris, 2000, 265 p., p. 20. « J'avais, il y a quelque temps, une conversation avec celui que j'ai désigné comme un possible successeur politique ».

provinciales de 2004. Par ailleurs, selon l'usage, l'exercice du pouvoir use tout parti majoritaire. Aussi, lors des élections législatives de 2002, les médias, souvent critiqués par le président du RPCR[27], ont retenu le fait que les deux candidats au RPCR ont dû attendre le second tour pour être élus et que des votes protestataires s'étaient manifestés tant au premier tour (les 6,8 % du tout nouveau candidat Alain Descombels opposé à la Couverture sociale unifiée) qu'au second tour (les 44 % du deuxième candidat de la première circonscription capitalisant toutes les oppositions au Rassemblement). Dans le même temps, les responsables du RPCR rappelaient que beaucoup de députés métropolitains aimeraient être élus avec 55,74 % des voix dans la première circonscription (J. Lafleur) et 55,71 % des voix dans la seconde circonscription (P. Frogier). Le RPCR semble donc être amené à avoir longtemps une place centrale dans la vie politique locale, même si les adversaires de ce parti espèrent encore son éclatement lorsque J. Lafleur décidera de se retirer. Et J. Lafleur de rappeler sa position lors des législatives : « Je veux réfléchir, imaginer et travailler sur les lendemains institutionnels, je veux stabiliser les acquis. Je veux aussi accompagner ces hommes et ces femmes de qualité qui travaillent avec moi, depuis longtemps, pour avec eux, parfaire l'organisation d'une vraie relève »[28].

Les derniers votes ont montré que 60 à 65 % des Calédoniens souhaitaient rester dans l'ensemble français alors que 35 à 40 % étaient favorables à une indépendance politique. Ces votes communautaires

---

27. « En Nouvelle-Calédonie, les exemples foisonnent de ces libertés que certains journalistes s'octroient avec la liberté de la presse... Les inénarrables reportages réalisés par le journaliste de RFO dans la province Nord s'apparentent plus à des engagements militants qu'à l'information impartiale et élaborée qu'est en droit d'attendre la population. Le Rassemblement, depuis de nombreuses années, a été victime de cette conception qui fait que l'avis d'un Didier Leroux est plus souvent sollicité que celui des dirigeants de ce territoire ». Le Rassemblement : « Presse : quelle liberté » dans *La lettre du Rassemblement*, Nouméa, mai 2002, p. 1. *Lettre du député J. Lafleur à Philippe Hersant, président du groupe de presse France-Antilles*, Paris, 24 mai 2002 : « La part belle faite systématiquement aux détracteurs de la politique qui est conduite ici induit un pessimisme qui est contraire à la réalité ».
28. Nouar Élisabeth : « Une interview de Jacques Lafleur » dans *Les Nouvelles Hebdo*, n° 742, Nouméa, 6 juin 2002, p. 12. « Dans quelques années, ce seront les jeunes, très nombreux en Calédonie, qui auront à décider. Notre responsabilité à nous, c'est de leur laisser une situation stable, et une Calédonie prospère ».

sont peu susceptibles de changer, sauf éventuellement en ce qui concerne la communauté wallisienne et futunienne qui représente 10 % de l'électorat. Jusqu'à présent, elle a toujours voté massivement pour la Nouvelle-Calédonie dans la France mais il est à noter qu'un petit parti wallisien et futunien, le RDO, a rejoint le FLNKS. Le RDO reste très minoritaire mais le FLNKS a mis l'un de ses responsables, Tino Manuohalalo, au poste de membre du gouvernement chargé de la santé. Autre signe, le PALIKA s'est officiellement allié au RDO pour les élections législatives de juin 2002, et si les deux candidats du PALIKA étaient des Kanaks, leurs suppléants étaient des Wallisiens du RDO.

Ces rapprochements restent actuellement superficiels, de nombreux conflits ayant émaillé depuis les années 1960 des relations de voisinage souvent difficiles entre la communauté wallisienne & futunienne et la communauté kanake. Le dernier conflit en date concerne la commune du Mont-Dore. En effet, lorsque l'administration racheta à l'Église catholique sa propriété de Saint-Louis, elle l'attribua en grande partie à la tribu composite de Saint-Louis tout en installant sur une parcelle de 23 hectares un « village » wallisien qui fut bientôt dénommé *Ave Maria*. Aujourd'hui, des incidents répétés entre jeunes des deux communautés ont amené les Kanaks de Saint-Louis à demander le départ de toute la communauté polynésienne de *Ave Maria*. Des barrages furent élevés sur la route territoriale à la fin de l'année 2001 puis jets de pierre et bagarres intervinrent entre jeunes. Un jeune Mélanésien, Jean-Marie Goyetta, fut tué en janvier 2002. Quatre groupes de travail (scolarité, équipements, foncier et sécurité) furent mis en place le 9 avril afin de trouver des solutions. Sur les 127 familles polynésiennes recensées, 39 ont été relogées en mai dans des logements sociaux. Le 12 juin, un Futunien de 36 ans, Petelo Motuku, fut tué alors qu'il se rendait au volant de sa voiture à son travail. Un coutumier wallisien, Alain Palagaloa, se fit l'écho de la majorité silencieuse en déclarant lors de l'enterrement de la deuxième victime de ces affrontements : « Si l'assassinat de Petelo est le prix à payer pour que la paix revienne à Saint-Louis, alors il ne sera pas mort pour rien »[29].

29. Fredière Philippe : « Les obsèques de la victime de Saint-Louis » dans *Les Nouvelles Calédoniennes*, Nouméa, 14 juin 2002, pp. 1-3, p. 3.

En ce qui concerne l'avenir, il est évident que les évolutions politiques futures dépendront de nombreux facteurs (individualités, situation économique, gouvernement français) et qu'aucun analyste politique n'est capable de prévoir le chemin que choisiront les Calédoniens. Il est à noter que la loi sur la parité a obligé les partis politiques à ouvrir très largement les conseils municipaux aux femmes en 2001 et qu'elle les obligera à une égalité de candidats des deux sexes lors des élections provinciales de 2004. Cette mesure pourrait entraîner une évolution notable dans les structures et donc dans la réflexion des partis indépendantistes, traditionnellement dirigés par des hommes.

Pour conclure, il apparaît que toute réflexion sur la situation politique calédonienne implique non pas une réponse, mais un emboitement d'éléments de réponse. Sur le plan local, deux ans après le début du transfert des compétences, il est évidemment trop tôt pour pronostiquer l'échec ou la réussite de l'Accord de Nouméa. Certains journalistes veulent considérer cet Accord comme « un processus pacifique de décolonisation », reprenant le thème aujourd'hui discuté du « sens de l'histoire ». D'autres y voient un « chef-d'œuvre d'équilibrisme sémantique » destiné à s'effondrer au premier conflit[30]. Quoi qu'il en soit, si les trois partenaires historiques de l'Accord ont trouvé ensemble une solution consensuelle, l'on observe rapidement que les deux partenaires calédoniens ont pour le moins des visions différentes de l'avenir institutionnel d'ici vingt ans du pays en construction. Et le quotidien local, *Les Nouvelles Calédoniennes,* de transcrire le 5 mai 1998 les propos des deux hommes qui permirent ce second Accord pour la paix : « Le député (J. Lafleur) a également redit son espoir que la consultation qui sera organisée dans vingt ans sera en faveur du maintien de la Nouvelle-Calédonie dans la République… Pour nous (R. Wamytan) c'est clair, nous sommes entrés dans un processus évolutif au bout duquel le Territoire arrivera à son émancipation politique ». Le texte des Accords est donc susceptible de trois lectures différentes dans l'avenir : autonomie interne pleine et entière, indépendance totale, ou encore émancipation dans la République française.

30. Chatain Jean, « Les Accords de Nouméa prennent force de loi » dans *L'Humanité*, n° 16762, Paris, 7 juillet 1998, p. 5 ; Conan Éric, « La Nouvelle-Calédonie. Le Caillou constitutionnel », *L'Express*, n° 2452, Paris, 2 juillet 1998, p. 22.

Sur le plan de la nation française, non seulement l'exemple calédonien s'avère original, mais selon la théorie des dominos, il influence progressivement la réflexion des hommes politiques de l'ensemble de l'Outre-mer français et sans doute certains politologues anglosaxons. D'une part, il ouvre une brèche dans la vision parisienne d'un État unitaire et centralisateur. Le principe d'indivisibilité de la République française a en effet été balayé par une solution institutionnelle prévoyant le partage de souveraineté et l'émancipation plus ou moins complète de la Nouvelle-Calédonie. D'autre part, il introduit en France une conception fédérative de la République. Et de fait, l'introduction d'une « citoyenneté néo-calédonienne » fait implicitement référence à une souveraineté nationale en gestation[31]. Et comme le rappelle Delphine Caussin : « Ce phénomène de décentralisation poussée à l'extrême et de nouvelles relations État-collectivités territoriales s'inscrit dans un processus plus général de mutations de l'État unitaire dans nos sociétés actuelles »[32]. Le conseiller pour la Nouvelle-Calédonie du Premier ministre avoua du reste que le nouveau statut constituait une « catégorie juridique sans précédent ». Et si dans l'ensemble français les Polynésiens, les Antillais, voire les Corses[33], s'engouffrent aujourd'hui dans cette brèche institutionnelle, au lieu de s'en effrayer comme certains, ne faut-il pas y voir une solution possible pour les relations emboîtées entre l'Union européenne, ses États-membres et des collectivités d'outre-mer plus ou moins émancipées ?

31. NN, « Éditorial. Kanaks souverains », *Le Monde*, jeudi 23 avril 1998, p. 14. Pour l'éditorialiste, « la citoyenneté est une valeur républicaine qui suppose la souveraineté nationale et implique une responsabilité économique, sociale et politique sans partage sur un territoire ».
32. Caussin Delphine, *op. cit.*, p. 481 ; Garde François, « Existe-il un modèle calédonien ? » in *Identité, nationalité, citoyenneté outre-mer*, *op. cit.*, p. 209-218.
33. Faberon Jean Yves, « Comparer la Corse et la Nouvelle-Calédonie » dans *Revue politique et parlementaire,* n° 1009-1010, Paris, 2001, p. 72 à 78. Faberon Jean-Yves, « Nouvelle-Calédonie : les difficultés d'un gouvernement constitué à la représentation proportionnelle » dans *AJDA*, Paris, 2002, p. 113 à 117.

Sur le plan mondial, l'appréhension optimiste des réalités politiques de la Nouvelle-Calédonie autorise aujourd'hui les compagnies minières internationales à investir localement des milliards de dollars (canadiens). Les économistes évoquent déjà la mise en place d'une nouvelle donne économique avec la concrétisation demain d'un, deux, voire trois projets miniers. Si cela était, la vie politique calédonienne ne serait-elle pas profondément modifiée dans une dizaine d'années, comme cela fut le cas lors du *boom* minier de 1969-1972, par les inévitables évolutions sociétales qui en découleraient ?

L'enjeu nickel en Nouvelle-Calédonie. Développement ou rééquilibrage économique ?*

* « L'enjeu nickel en Nouvelle-Calédonie. Développement ou rééquilibrage économique ? » dans *Géoéconomie*, n° 27, Paris, 2003, p. 83 à 105. Version courte.

« Le potentiel minier de la Nouvelle-calédonie doit être rapidement exploité. Il offre des perspectives de développement uniques pour le rééquilibrage nécessaire entre les Provinces du Sud et du Nord. L'État mettra à la disposition des Provinces et du Gouvernement les compétences nécessaires et les moyens pour les aider à préparer le schéma d'aménagement minier prévu par l'Accord de Nouméa. La réalisation de trois grands projets métallurgiques en parallèle constitue un défi majeur ».

Jacques Chirac, Nouméa, 23 juillet 2003.

« Les trois projets ne sont pas concurrents compte tenu du fort développement attendu du marché du nickel, comme viennent de le rappeler les trois présidents des sociétés métallurgiques... L'État s'engage à les soutenir tous les trois de façon équitable »

Jacques Chirac, Koné, 25 juillet 2003.

« Pour gagner, il nous faut pouvoir mobiliser l'ensemble de nos ressources, tous les projets, au Nord comme au Sud, doivent contribuer à la réussite de cette grande ambition : il n'y a aucune place pour une compétition interne, inopportune et stérile, entre le Nord et le Sud... C'est à nous de savoir si nous voulons prendre ou non, cette place qui peut être la nôtre. Face à ces enjeux, la Nouvelle-Calédonie ne trouvera la force et les ressources nécessaires que dans l'unité et la solidarité ».

Jacques Lafleur, Nouméa, 26 juin 2002[1]

---

1. *Discours du Président de la République*, place des cocotiers, Nouméa, 23 juillet 2003 ; *Discours du Président de la République*, réunion de travail sur les trois projets métallurgiques, Koné, 25 juillet 2003 ; Lafleur Jacques : *Note sur les réserves minières en Nouvelle-Calédonie (actualisation de la note adressée au Premier Ministre le 21 octobre 1996)*, Confidentiel, Nouméa, 26 juin 2002, 3 p., p. 2 et 3.

Le *boom* minier (1967-1972) dû à la guerre du Viêt-nam et aux grèves intervenues dans les entreprises nickelifères canadiennes créa une nouvelle donne démographique (15 000 immigrants) et sociale qui bouleversa les équilibres politiques calédoniens. L'Union Calédonienne, parti autonomiste modéré au pouvoir depuis 1951, perdit le contrôle de l'Assemblée territoriale en 1972 au profit d'une union des droites libérale et anti-indépendantiste. La crise minière de la fin des années 1970, le surpeuplement relatif des réserves mélanésiennes (revendications foncières) et le changement de majorité nationale en 1981 impliquèrent une détérioration progressive des relations intercommunautaires. Il en découla les « Événements » (1984-1988), qui mirent la politique au centre des préoccupations des Calédoniens. Les Accords de Matignon (1988) permirent le redémarrage économique et un certain rééquilibrage spatial et communautaire. Une fois le préalable minier réglé, l'Accord de Nouméa, signé en 1998, a ouvert une période de vingt années de « paix » et d'évolutions statutaires.

Les questions politiques ayant été résolues ou reportées à 2018, la question économique est donc revenue au centre des préoccupations des uns et des autres, ce qui se concrétise par l'existence de trois projets miniers, l'un d'eux étant entrepris par une société française, les deux autres s'appuyant sur des investisseurs du *Pacific rim* (Canada, Japon et Australie). Au vu de l'importance des transferts financiers en provenance de la Métropole et de la tertiarisation progressive de l'économie, nous nous demanderons si l'avenir de la Nouvelle-Calédonie reste intimement lié à sa mono-production minière. Pour cela, après avoir rappelé le contexte politico-économique calédonien, nous examinerons l'importance du secteur minier avant d'étudier l'entrelacement des enjeux internationaux.

La notion de rééquilibrage au cœur du contexte politico-économique

Après avoir plusieurs fois frôlé la guerre civile durant ce que l'on appelle pudiquement les « Événements » (1984-1988), les Calédoniens et l'État français décidèrent d'arrêter la spirale destructions-morts au profit de la recherche d'une voie consensuelle.

La notion de rééquilibrage, qui fut au cœur des débats durant les dix années suivantes, constatait un déséquilibre entre les Kanaks et les autres communautés, entre Nouméa et le reste de l'archipel, entre la Province Sud (de la Grande-Terre) et les autres provinces. Elle proposait donc des clés de répartition inégalitaires des crédits de l'État et des recettes fiscales territoriales en faveur des régions économiquement moins développées[2].

Dès le 27 avril 1991, lors d'une convention du Rassemblement Pour la Calédonie dans la République, son président J. Lafleur lança l'idée d'une « solution consensuelle » afin d'éviter un référendum couperet qui serait immanquablement gagné par les partisans du maintien dans la République française (65 % des électeurs) mais qui aurait eu probablement pour effet secondaire de relancer un cycle de violence. Les négociations furent bientôt parasitées par le dossier d'accès à la ressource minière, la Société Minière du Sud Pacifique (SMSP) souhaitant échanger un massif minier avec la Société Le Nickel (SLN) afin de disposer de réserves suffisantes à la mise en place d'un projet métallurgique avec la société canadienne Falconbridge. Ce véritable « préalable minier » fut finalement réglé par l'État lors des accords de Bercy en faveur des intérêts de la Province Nord (à majorité indépendantiste). Certains analystes considérèrent alors que si le socle des événements politiques avait été la revendication foncière, la revendication minière était en passe de devenir l'enjeu des futurs débats politiques[3].

---

2. C'est ainsi que les crédits du contrat de développement passé avec l'État sont répartis à raison de 25 % seulement pour la province Sud et de 75 % pour les provinces Nord et Îles. Les recettes fiscales de la Nouvelle-Calédonie affectées aux provinces sont réparties à raison de 50 % pour la province Sud alors que cette province accueille plus des 2/3 des habitants du Territoires et que les recettes fiscales de la Nouvelle-Calédonie sont prélevées à 80 % dans la province Sud. Freyss Jean, « Nouvelle-Calédonie : le « rééquilibrage » et ses contraintes » in *Colonies, territoires, sociétés*, L'Harmattan, Paris, 1996, 282 p., p. 253-272.
3. Caussin Delphine, *La Nouvelle-Calédonie à l'épreuve de la contestation kanak*, thèse de science politique, Université de Nice, 1998, 648 p.

Finalement, un nouvel accord fut signé à Nouméa le 5 mai 1998. L'exécutif n'est plus entre les mains du Haut-Commissaire, mais il est passé dans les mains d'un Gouvernement collégial élu par le Congrès et responsable devant lui. La nouvelle collectivité territoriale entra en fonction le 1er janvier 2000 et elle a vocation à prendre le contrôle progressif des ressources naturelles, du commerce extérieur, de l'immigration, ou encore des communications.

La phase d'installation des institutions[4] inscrite dans l'Accord de Nouméa étant achevée, l'énergie des principaux partis politiques se tourne vers les grands projets de développement économique. En effet, il s'agit pour le RPCR d'assurer la croissance et pour le FLNKS de bâtir un futur pays. Dans le cadre d'une opposition se voulant constructive, les responsables indépendantistes annoncent leur volonté de faciliter l'implantation des entreprises internationales, pour peu que les spécificités culturelles kanakes et les chances de ces derniers d'accéder un jour à l'indépendance soient préservées. C'est ainsi que R. Wamytan déclara à l'ONU en 2001 : « Nous devons rester vigilants sur les grands dossiers économiques et de rééquilibrage tels que l'usine du Nord et le projet Goro Nickel. Tout cela doit servir en priorité les intérêts du pays et non pas nous asservir pour que la Nouvelle-Calédonie se retrouve sous la coupe des multinationales ».

Terre de contrastes, la Nouvelle-Calédonie est aussi une terre de disparités socio-économiques. Sur le plan économique, l'OCDE classe la Nouvelle-Calédonie au 24e rang mondial des pays les plus riches grâce aux transferts financiers directs et indirects de la République française et grâce au minerai de nickel (40 à 50 millions de tonnes métal de réserves, soit entre le quart et le tiers des réserves connues). Le secteur mines et métallurgie (90 % des exportations) est ainsi depuis un siècle le principal pourvoyeur d'emplois privés, bien que d'importantes mesures de productivité aient réduit l'embauche. L'exploitation des

4. Garde François, *Les Institutions de la Nouvelle-Calédonie*, L'Harmattan, collection Mondes Océaniens, L'Harmattan, Paris, 2001, 350 p.

ressources naturelles régresse dans les secteurs employant une main-d'œuvre importante (café, coprah) et progresse dans les domaines demandant capitaux et savoir-faire.

L'omniprésence du « roi nick »

Aujourd'hui, la Nouvelle-Calédonie, en tant que troisième producteur mondial de nickel, produit pour l'exportation 12 % du nickel utilisé sur le globe et elle recèlerait 30 à 40 % des réserves mondiales[5]. La consommation de ce métal augmente de 4 à 5 % par an et l'ouverture progressive du marché asiatique[6] laisse présager la poursuite, voire l'explosion de cette progression. Le secteur mine et métallurgie fournit directement 3 000 emplois.

C'est en 1864 que Jules Garnier découvrit la présence de minerai de nickel (garniérite) et Pierre Coste fut le premier « petit mineur » en 1874. Très vite, le « roi nick » fut la principale ressource minière calédonienne, même si des exploitations épisodiques de chrome, de cobalt, de cuivre, de fer ou de charbon existèrent lieu[7]. Depuis cent

5. Lafleur Jacques : *Note confidentielle sur les réserves minières en Nouvelle-Calédonie (actualisation de la note adressée au Premier Ministre le 21 octobre 1996)*, Confidentiel, Nouméa, 26 juin 2002, 3 p. « Avec la validation du procédé PAL de lixiviation acide de Goro Nickel, la preuve est maintenant faite que les latérites de Nouvelle-Calédonie sont des gisements de minerais économiquement valorisables en nickel et en cobalt... Les réserves de la Nouvelle-Calédonie sont considérables. Dans ma note d'octobre 1996, ces réserves sont estimées à 50 millions de tonnes/métal de nickel et 3 750 000 tonnes/métal de cobalt, ce qui place le territoire au tout premier rang dans le monde. Or, après un siècle d'exploitation des garniérites, les trois-quarts de ces réserves de nickel, et la quasi totalité des réserves de cobalt, sont aujourd'hui contenues dans les minerais latéritiques, dont le territoire renferme plus de deux milliards de tonnes », p. 1.
6. La production de produits en acier inoxydable (inox) augmente de manière très importante en Chine. Or, ce pays n'a pas actuellement de réserves de nickel mobilisables. C'est ainsi qu'en 2002, elle a consommé 3,2 millions de tonnes d'inox mais n'en a produit que 1 million. Aussi, la Chine importe la moitié des 120 000 tonnes de nickel qui lui sont nécessaires annuellement pour approvisionner ses usines d'inox récentes et modernes.
7. Bencivengo Yann (dir.) : *101 mots pour comprendre la mine en Nouvelle-Calédonie*, Île de lumière, Nouméa, 1999, 266 p.

trente ans, la Nouvelle-Calédonie exporte son minerai de nickel vers la Métropole, le Japon, et secondairement, l'Australie. Comme le fret doublait le prix du minerai, on commença par transporter les minerais les plus riches (teneur de 7 %).

Parallèlement, la question du traitement du minerai sur place s'est posée depuis l'origine, du fait de l'isolement du « Caillou » et de son éloignement des grands pays industriels. En effet, la fusion sur place permet de multiplier par quatre la valorisation du métal, d'abaisser considérablement le coût du fret (55 kg de mattes au lieu d'une tonne de minerai brut) et de traiter des minerais de moindre teneur. Le financier John Higginson fit construire dès 1877 par l'ingénieur Jules Garnier la première usine de fusion à la pointe Chaleix (Nouméa). Cette usine ferma ses portes lors de la crise minière de 1885 mais elle avait permis la création en 1880 de la Société Le Nickel, qui sera rachetée ultérieurement par la banque Rothschild.

La SLN crée une seconde usine à Thio en 1889. En raison de l'absence de personnel suffisamment qualifié, elle ferme dès 1891 après avoir produit 587 tonnes de mattes à 50 % de nickel. La chute des cours du nickel au début du XXe oblige la SLN à faire plusieurs essais à Tao, Thio et Yaté entre 1910 et 1950. Parallèlement, la maison Ballande crée la Société des Hauts Fourneaux de Nouméa qui ouvre l'usine de Doniambo en 1910. La crise mondiale de 1929 met en difficulté tous les exploitants calédoniens et, après une période d'union entre Ballande et la SLN (Calédonickel), Ballande vend Doniambo à la SLN en 1937 pour ne garder que son domaine minier. Désormais, et ce jusqu'à aujourd'hui, le secteur métallurgique de la Nouvelle-Calédonie repose sur l'extension progressive du site unique de Doniambo, sis à la sortie nord de Nouméa.

Parallèlement, la Nouvelle-Calédonie a toujours possédé des « petits mineurs », c'est-à-dire des sociétés minières ne transformant point le minerai, mais organisant son exportation, d'abord dans des grands sacs portés à dos d'homme, puis par camions roulant des mines aux débarcadères. Véritables « amortisseurs de conjoncture », ils multiplièrent temporairement par cinq leur production lors du *boom* minier, alors que la SLN ne fit que doubler la sienne. Aujourd'hui, leur nombre s'est réduit : Jacques Lafleur a cédé la SMSP à la province Nord en 1989. Michel Pentecost a revendu ses mines à la SMSP en 1998. La SLN, le groupe Ballande et Montagnat sont les derniers grands exploitants indépendants et tous se retrouvent dans le syndicat des industries de la mine, syndicat fort actif lors des périodes de récession minière.

L'application de la loi cadre en 1957 donna une certaine autonomie minière à la Nouvelle-Calédonie, ce qui permit entre autres l'enrichissement de M. Lenormand, le député autonomiste de l'époque. La Métropole ayant entrepris, à partir de la loi Jacquinot de 1963, de restreindre l'autonomie de ce « confetti de l'Empire », elle reprit le contrôle du sous-sol lors des lois Billotte de 1969. Une de ces lois concernait les communes, une autre instituait un nouveau régime fiscal permettant à l'État, et non plus au Territoire, d'attribuer des avantages fiscaux à des entreprises minières (métropolitaines ou internationales) acceptant d'investir plus de 575 millions de Francs CFP de l'époque. La troisième imposait à tous les candidats mineurs d'adresser au ministère de l'Industrie une demande d'autorisation personnelle minière. En effet, tous les minerais calédoniens font désormais partie du permis de recherche A défini en Conseil d'État, qui était auparavant réservé aux minerais stratégiques (uranium) et au pétrole. Cette loi privilégie donc les intérêts nationaux aux dépens des intérêts locaux ou internationaux.

Parallèlement, c'est en 1966 qu'INCO déclare posséder un procédé permettant de traiter de manière économiquement rentable ces ressources considérées comme inutilisables la veille. Cette évolution technologique, qui impliquait le passage de la pyrométallurgie à l'hydrométallurgie, était susceptible de mettre la Nouvelle-Calédonie en position de profiter d'une évolution structurelle et non plus seulement conjoncturelle. Le petit mineur Edouard Pentecost et l'homme politique Georges Chatenay appuyèrent ce groupe industriel et critiquèrent la SLN, considérée comme trop puissante. La SLN répondit aussitôt qu'elle aussi pourrait bientôt traiter les latérites et qu'il fallait conserver un opérateur français.

Le *boom* minier commence en 1967. De nombreuses installations sont créées et le roulage sur mine est incessant. Le 11 mai 1971, le transporteur à bande de Népoui, le plus long du monde pour l'époque, est inauguré. Sur le plan social, les salaires de la mine sont devenus énormes par le jeu des heures supplémentaires et, pendant quelques années, la Nouvelle-Calédonie vit au rythme des camions de mine et des minéraliers. On constate une crise du logement due à une immigration importante et rapide (Métropole, Wallis et Futuna), une forte inflation des prix, un enrichissement rapide d'une grande partie de la population qui (fut souvent investi dans les produits de la société de consommation) et un fort exode rural.

Certains projets, plus ou moins réalistes, de création de nouvelles usines apparaissent. Nombreuses furent alors les déclarations qui avaient pour seul but de décourager les concurrents. Quatre projets firent surtout parler d'eux : le projet Cofimpac avec le BRGM, le groupe Pentecost et INCO (Port Boisé, Sud), puis celui de Penamax avec la canadienne Amax et la française Penaroya, filiale de la SLN (Prony, Sud) et enfin le projet Poum avec la société H. Lafleur ainsi que la Patino Mining Corporation, géant de l'étain[8]. Certains attribuent l'échec de ces tentatives aux lois Billotte, l'État français n'étant pas favorable à l'installation d'intérêts étrangers. D'autres pensent que le retournement de la conjoncture économique explique de manière mécanique l'arrêt des projets.

La principale particularité de la Nouvelle-Calédonie consiste en la prédominance de l'exploitation de minerais riches ou garniérites (70 %), qui sont utilisés à Doniambo ou exportés vers le Japon. La Nouvelle-Calédonie exporte son minerai pauvre (latérite) à destination de l'Australie. Bon an, mal an, près de la moitié des 110 000 tonnes de nickel contenu exportées par la Nouvelle-Calédonie sont produites par Doniambo. Les entreprises minières calédoniennes ont souvent été à la pointe du progrès technologique, en raison de sévères réglementations (revégétalisation) et d'une insuffisance chronique de main-d'œuvre

8. L'État décida en 1975 la déchéance des titres miniers de Patino, pour non respect de ses engagements de travaux (construction d'une usine à Tiébaghi). Ce projet fut repris par le BRGM Cofremmi/Amax en 1977 et c'est sur la base de ces travaux qu'en 1992 le BRGM Cofremmi s'associa à INCO pour le projet hydrométallurgique qui débouche aujourd'hui à Goro.

(téléphérique, stéréoduc). Afin de permettre l'exportation par la SLN de minerai originellement de faible teneur, une unité de traitement permet son enrichissement à Népoui.

La mise en place d'une majorité politique stable en Nouvelle-Calédonie depuis fin 1984, au RPCR a permis, après la fin des événements politiques, de mettre en œuvre une politique minière cohérente s'inspirant de la *staple theory*. En effet, J. Lafleur considère que le développement économique de la Nouvelle-Calédonie passe par la mise en valeur de ses exportations de produits primaires (*staple*), et plus particulièrement du nickel. Cette théorie peut s'appliquer aux pays à peuplement récent dont le marché domestique reste limité et où le facteur ressources naturelles est abondant par rapport au facteur capital et au facteur travail. « Le pays concerné doit donc se spécialiser dans les produits primaires, l'exportation de ces produits fixant alors le rythme de la croissance économique. Il y a un effet direct sur la croissance (égal à la part des exportations de produits primaires dans le PIB national), et un effet indirect qui correspond à la diffusion de la croissance du secteur exportateur aux autres secteurs de l'économie ». Parallèlement, tout est fait pour faciliter la transformation sur place de ces mêmes matières premières. Cette analyse est partagée par le président de la province Nord, Paul Néaoutyine, qui a récemment déclaré : « La ressource nickel demeure le support confirmé d'une stratégie cohérente pouvant concourir activement au rééquilibrage et à un développement durable. Elle peut fournir le levier multiplicateur d'activités diversifiées »[9].

Aujourd'hui, l'usine métallurgique de la société Le Nickel-SLN, filiale du groupe Eramet, produit 60 000 tonnes de nickel pur par la fusion électrique de 2 500 000 tonnes de minerai. Pour ce faire, elle emploie 2 000 personnes. Depuis le 1er juillet 2000, les signataires de l'Accord de Nouméa (Jacques Lafleur pour le RPCR, Roch Wamytan pour le FLNKS et Lionel Jospin pour l'État), ainsi que les trois présidents de provinces, ont procédé à la création de la Société

9. Lagadec Gaël & Perret Cécile : *Enjeux économiques pour la Nouvelle-Calédonie. Théorie et illustrations*, CDP, Nouméa, 1999, 165 p., p. 132. Béligon Olivier : « Le projet du Nord est une priorité » dans *Les Nouvelles Calédoniennes*, n° 9684, 26 juillet 2003, p. 2.

Territoriale Calédonienne de Participation Industrielle afin de gérer les parts de la SLN (30 %) et d'Eramet (5,14 %) attribuées par l'État à la Nouvelle-Calédonie. Un montage original fait que la province Sud est actionnaire à 50 % (Promosud) et que les deux autres provinces possèdent en commun les autres 50 % d'actions (Nordil) alors que les dividendes sont distribués aux provinces à hauteur de 50 % pour le Nord, 25 % pour les Îles et 25 % pour le Sud.

Sur le plan juridique, les ressources minières dépendent désormais en premier lieu des provinces[10], le congrès ayant vocation à arrêter avant la fin de l'année 2004 un Schéma de mise en valeur des richesses minières. Un Comité consultatif des mines et un Conseil des mines ont été créés, le second ayant pour fonction entre autres d'être « consulté par le congrès sur les projets et propositions de loi du pays relatifs aux hydrocarbures, au nickel, au chrome et au cobalt, y compris ceux qui sont afférents, dans ces domaines, aux investissements directs étrangers » (art. 42).

En 2003, la Nouvelle-Calédonie exporte les produits affinés de la SLN vers plus de dix pays (1er Taiwan, 2e Japon, 3e Métropole, 4e Espagne, 5e Corée du Sud, ...) et du minerai de nickel vers le Japon et l'Australie, preuve s'il en est que le nickel calédonien a une vocation mondiale.

La mine comme enjeu international plus que régional

Le 25 juillet 2003, une réunion exceptionnelle a réuni au siège de la province Nord, autour du président de la République française J. Chirac,

10. Loi n° 99-209 du 19 mars 1999 organique relative à la Nouvelle-Calédonie, *Journal officiel de la Nouvelle-Calédonie*, n° 7363, Nouméa, 1999, p. 1182 à 1210, p. 1183 (article 21, compétences de l'État), p. 1184 (art. 22, compétences de la Nouvelle-Calédonie : « 11° Réglementation relative aux hydrocarbures, au nickel, ... ») et p. 1186 (art. 39 schéma de mise en valeur des richesses minières, art. 40 « La réglementation relative aux hydrocarbures, au nickel, au chrome et au cobalt prévue au 11° de l'article 22 est fixée par le congrès. Les décisions d'application de cette réglementation sont prises par délibération de l'assemblée de province. La police des mines est exercée par le président de l'assemblée de province », art. 41 le comité consultatif des mines, art. 42 le conseil des mines.

d'une part les deux PDG canadiens ainsi que le PDG français des trois projets métallurgiques, d'autre part toutes les autorités politiques calédoniennes. Il y a été réaffirmé l'importance que l'État accordait aux trois projets qu'il soutient, et la priorité que donnait la Présidence de la République au projet Koniambo. À cette occasion, le président de la province Nord déclara qu'il attachait aussi une grande importance à la réalisation du projet de Goro, du fait que la réussite économique du procédé mis au point par INCO permettrait à terme de valoriser les minerais pauvres du Nord calédonien.

La plupart des matières premières étant vendues à bas prix par les pays producteurs, comment expliquer les prix convenables du nickel, si ce n'est par le contexte international ? En effet, plus de la moitié du nickel mondial étant produit par le Canada, la France, l'Australie et la Russie[11], l'on comprend que les producteurs susdits aient accepté des prix relativement élevés pour ce minerai du fait qu'il leur fallait rentabiliser une main-d'œuvre plus onéreuse que celle des pays en voie de développement. Secondairement, cela permet de mieux comprendre pourquoi le fait que la Nouvelle-Calédonie possède les plus grandes réserves mondiales de nickel n'a pas entraîné une « africanisation » de son économie.

Par ailleurs, depuis toujours les entreprises minières travaillent avec des associés ou des partenaires étrangers, ne serait-ce que pour écouler le nickel dans de bonnes conditions. Hier, le groupe Ballande était le premier à exporter son minerai vers l'étranger en 1878 (Allemagne) avant d'ouvrir un établissement en Belgique (1907) puis une usine d'affinage aux États-Unis. Quant à la SLN, elle se tourna pendant la

11. Chaque année c'est plus d'un million de tonnes de nickel qui sont produites contre dix fois plus pour le cuivre et huit cent fois plus pour l'acier. Vingt pays l'exploitent et vingt-cinq le raffinent, ce qui fait de ce marché un secteur relativement intégré. L'offre mondiale peut varier de manière importante en raison de l'écoulement aléatoire des stocks importants du producteur russe Norilsk, des mouvements sociaux dans le monde et de la découverte de nouveaux gisements. En effet, si ce minerai est relativement répandu, les zones comportant du minerai économiquement exploitable restent localisées. Le premier pays producteur de nickel est le Canada (INCO 140 000 t et Falconbridge 80 000 t), le second est la Russie (Norilsk 220 000 t) et le troisième est la Nouvelle-Calédonie (60 000 t). La consommation n'a cessé d'augmenter tout au long du XXe et dix pays absorbent 75 % de la production (Japon, États-Unis, Allemagne, Italie, France, Chine, Corée du Sud, Royaume-Uni, Russie et Finlande).

Seconde Guerre mondiale vers le marché australien, puis le marché américain. Longtemps, la SLN appartint à 90 % à Eramet, les 10 % restants étant détenus par la société japonaise Nishin. Quant au groupe Eramet, il appartenait en 1997 à 55 % à l'État, à 32 % à des investisseurs étrangers et à 13 % à des investisseurs et petits porteurs français. Cette mise sur le marché d'une part notable du capital explique, du reste, la capacité de résistance de la direction du groupe à son actionnaire principal durant les négociations concernant le massif minier de Poum, la Nishin Steel japonaise et les fonds de pension anglo-saxons (Fidelity, Mercury) manifestant leur opposition à tout transfert d'actifs sans indemnisation.

Le PDG Yves Rambaud obtint, le 1er février 1998, que l'accord passé entre Eramet, la SMSP et Falconbridge consiste en partie en l'échange du gisement de Koniambo contre celui de Poum, la moindre valeur de ce dernier étant compensée par une indemnité d'un milliard de FF pour Eramet. Aujourd'hui, l'État français, via la Cogema devenue Areva, ne contrôle plus que 30 % d'Eramet suite à sa fusion avec le groupe Sima en 1999, fusion qui a fait d'Eramet le premier producteur mondial d'aciers spéciaux et d'alliages au nickel[12]. Et de fait, à côté de la branche nickel implantée en Nouvelle-Calédonie (SLN) et en Métropole (Le Havre), Eramet possède une branche manganèse au Gabon (Comilog, Elkem) et est en train de diversifier ses activités métallurgiques aux États-Unis (Erasteel) ainsi qu'en Asie.

Au vu de l'importance des réserves minières de la Nouvelle-Calédonie et de l'amélioration des cours sur le moyen terme, les entreprises internationales se sont à nouveau intéressées au Caillou alors que les responsables politiques des provinces Nord et Sud considèrent que la création d'une seconde, voire d'une troisième usine métallurgique en Nouvelle-Calédonie aiderait au rééquilibrage (projet du Nord) ou au plein emploi (projet du Sud).

L'avenir économique du Caillou repose donc en grande partie sur la concrétisation éventuelle de l'un au moins des deux projets miniers

12. L'ancien groupe Sima, d'origine française, correspond désormais à 38 % des actions d'Eramet. La Société Territoriale Calédonienne de Participation Industrielle gère 5,14 % des actions et la Nisshin Steel japonaise fait partie des petits actionnaires.

internationaux en cours. Du fait de l'ouverture, en 1999, d'une usine-pilote dans l'extrême sud calédonien par le géant canadien INCO, on a un temps considéré comme certain l'ouverture en 2004-2005 d'une usine commerciale utilisant le procédé hydrométallurgique. Et de fait, en juin 2002, l'on pouvait estimer que la réalisation du projet minier de la société Goro nickel, filiale d'INCO, était assurée. En effet, une grande partie des terrassements venaient de s'achever ; cette entreprise avait obtenu, en plus du massif de Goro, un permis de recherche sur le massif minier de Prony[13] ; la société était en passe de proposer une solution permettant à la Nouvelle-Calédonie d'accéder gratuitement à 5 ou 10 % du capital du projet ; un accord de principe avait été trouvé pour que 15 % des parts du projet appartenant au BRGM soient revendues à Goro nickel ; un régime d'exonérations fiscales, prévoyant un retour à un régime fiscal de droit commun en cas de bonne fortune du projet, avait été octroyé[14] et Goro nickel avait mis 140 millions de francs Pacifique dans un fonds de participation des populations mélanésiennes au développement du Sud.

Puis, brutalement, INCO annonça la suspension de la construction du projet, en raison d'un dépassement de l'ordre de 45 % du budget prévisionnel établi par le consortium d'ingénierie BTH, et ceci bien que le personnel temporaire prévu soit constitué essentiellement de Philippins. Certains lièrent à tort cette interruption à la concrétisation

13. Cette attribution par la province Sud a été critiquée par plusieurs partis d'opposition. J. Lafleur considère que la cession de ce massif à INCO était nécessaire si l'on veut réellement l'inciter à créer un pôle minier. « Et si Goro Nickel dispose de la base minière suffisante, à savoir l'ensemble des réserves minières latéritiques du Sud, de GORO et de PRONY, l'usine pourra franchir un nouveau palier d'augmentation de production pour porter son niveau de production à 180 000 t/an et de façon durable… Les places sont à prendre maintenant, dans dix ans les jeux seront faits pour une bonne partie du siècle qui s'ouvre », Lafleur Jacques : *Note sur les réserves minières en Nouvelle-Calédonie, op. cit.*, p. 2.

14. « Loi du pays n° 2001-009 du 17 juillet 2001 » dans *Journal officiel de la Nouvelle-Calédonie*, n° 7559, 20 juillet 2001, p. 3390. Cette mesure modulable a été critiquée par un ouvrage collectif d'économie, ce qui fut peu apprécié des autorités politiques locales, qui n'avaient pas été consultées. Perret Cécile (dir.) : *Perspectives de développement pour la Nouvelle-Calédonie*, Presses universitaires de Grenoble, 2002, 160 p.

du projet de Voisey's Bay[15], au Canada. En effet, INCO utilisa un temps l'avancée du projet calédonien comme moyen de pression[16] pour amener les propriétaires fonciers inuits à signer enfin le contrat permettant d'utiliser les ressources minières de cette région située sur la façade Atlantique au nord de Goose Bay (Labrador).

Néanmoins, INCO devrait continuer le projet calédonien pour plusieurs raisons. Premièrement, les projets Voisey's Bay et Goro n'ont aucune interrelation sur le plan économique et stratégique, le premier étant destiné à compléter l'alimentation des usines de Sudbury, alors que le second a vocation à devenir la future principale implantation d'INCO. Deuxièmement, la Nouvelle-Calédonie reste un investissement sûr dans un lieu stable, proche des marchés en développement. Troisièmement, le géant canadien a intérêt à investir dans le pays comportant la plus grande réserve mondiale recensée à ce jour. Chacune de ses actions lui donne une plus grande assise locale et dessert les groupes concurrents. Enfin, INCO a déjà dépensé 15 milliards de francs cfp en Nouvelle-Calédonie : usine pilote, terrassements, infrastructures annexes. C'est ainsi que Goro Nickel a réglé les 7,5 milliards de francs cfp dépensés par Prony Énergies (Enercal-EEC) dans les études et premiers équipements destinés à la construction de deux centrales de

15. Voisey's Bay a été « inventée » en 1993 et dispose, sur un site de 11 km ayant bénéficié de 555 forages, d'une ressource annoncée de 142 millions de tonnes de minerai. INCO a dû signer deux Impact and Benefits Agreements (IBA's) avec la Labrador Inuit Association et l'Innu Nation garantissant le respect de l'environnement et associant les population à des projets de développement économiques. Un investissement de 1,5 milliards de Fcfp est ainsi prévu pour la création fin 2004 d'un Centre d'innovation métallurgique dans la ville de Saint John en partenariat avec l'université locale. Après avoir commencé l'extraction, INCO, à travers sa filiale Voisey's Bay Nickel Company Limited, a prévu de construire une unité d'enrichissement (concentrateur) avant de bâtir une usine pilote utilisant la technologie hydromet (9,7 milliards de Fcfp) puis en 2009 l'usine commerciale (60 milliards). Une fois opérationnelle en 2011, cette usine emploiera 400 personnes. La durée du site est estimée à au moins 30 ans.

16. Cette pratique est souvent utilisée dans le secteur minier, et elle est habituelle pour INCO. Du reste, lorsque INCO s'était intéressée à la Nouvelle-Calédonie lors du *boom* mondial du nickel, cette entreprise avait joué sur le fait qu'elle avait un autre projet en Indonésie. L'État français n'étant pas favorable à l'époque à un investissement étranger, INCO avait donc opté pour l'Indonésie.

50 mégawatts, fonctionnant au charbon, afin de permettre l'approvisionnement en énergie de l'usine avec une centrale et de participer à la distribution publique avec l'autre.

La particularité du projet est de traiter les latérites grâce à son procédé innovant de lixiviation à l'acide sulfurique sous pression. Ce projet comportant un nouveau type de risques environnementaux, Goro nickel s'est engagé à suivre les 38 recommandations du rapport indépendant de la société Inéris, gage d'obtention de la défiscalisation loi Paul et des différentes autorisations administratives. Le projet actuel devrait permettre de produire annuellement 55 000 tonnes de nickel et 4 500 tonnes de cobalt. Les ingénieurs d'INCO sont en train de mettre au point un produit fini directement utilisable sur le marché chinois et un consortium japonais dirigé par Sumitomo est susceptible d'entrer à hauteur de 25 % dans le capital de Goro nickel.

Le PDG d'INCO a déclaré le 25 juillet 2003 à Koné que la construction de routes et d'aménagements miniers reprendrait dès octobre 2003 et qu'il espérait reprendre les travaux de l'usine durant le premier trimestre 2004.

L'accroissement en 2006 de la production annuelle de l'usine SLN de Doniambo, de 60 000 à 75 000 tonnes de nickel-métal, est assuré. Avec un montant de 24 milliards de Fcfp déjà engagé à 85 %, la SLN va réaliser son plus grand investissement (défiscalisé) en Nouvelle-Calédonie. En effet, la modernisation d'un des trois fours électriques Demag, qui deviendra le plus grand four de fusion au monde, devrait prendre fin courant 2004. Sa puissance électrique passera de 40 à 75 méga watts. Parallèlement, un nouvel atelier de traitement des poussières, qui représentent une tonne par jour, devrait entrer en service avant la fin de l'année 2003. Leur émission baissera alors de 75 % et la majeure partie des 3 % de nickel qu'elles comportent sera réintroduite dans les fours.

Cette augmentation programmée de la production pyrométallurgique va entraîner une modernisation de la partie portuaire de Doniambo et de la mine de Tiébaghi : laverie permettant un certain enrichissement, nouvelles installations de stockage, deux convoyeurs, une jetée de 1,3 km et de nouveaux engins. Avec quarante employés supplémentaires, cette mine emploiera alors 100 personnes. Parallèlement, la SLN a mis en place un plan sur cinq ans de récupération des déchets métalliques, et ceci pour un coût de 100 millions de Fcfp. À la mi-2003, 25 000 tonnes de ferraille ont déjà été expédiées en Asie pour recyclage.

L'État prône, dans le cadre du rééquilibrage, l'ouverture en 2006 d'une usine dans la province Nord, au pied du massif du Koniambo. L'accord de coopération signé en 1998 entre la SMSP, société minière possédée par la province Nord[17], et le canadien Falconbridge[18], s'enracine. La deuxième campagne de sondages a permis de confirmer la présence de 150 millions de tonnes de minerai, soit un potentiel de 4 millions de tonnes de métal. Il s'agit actuellement du plus grand gisement de garniérite au monde, qui plus est au bord de la mer.

Le choix d'une usine pyrométallurgique est fixé ainsi que le procédé, la Nickel Smelting Technology ayant été préférée au RKEF. L'usine sera installée à Voh et ce complexe industriel comprendra en outre un port, une centrale thermique et un barrage. Cette unité aura une capacité de 60 000 tonnes par an et elle devrait permettre la création de 850 emplois directs ainsi que 2 000 emplois induits. Le budget d'études s'élève à 12 milliards de francs cfp. Il est à noter qu'un certain nombre d'investissements doivent être réalisés avant le 1er janvier 2006 pour que la société SMSP-Falconbridge soit définitivement propriétaire du massif de Koniambo. L'Étude Environnementale de Base a eu lieu en

17. Société de financement et d'investissement de la Province Nord, ou Sofinor. En 1991, le groupe Lafleur vend à la Sofinor, via un financement de l'État, 85 % de la SMSP pour 1,8 milliards de Fcfp. Dans le projet Koniambo, la société SMSP devrait posséder 51 % des parts au titre de son domaine minier et de son assise locale, Falconbridge recevant 49 % des actions pour sa technologie et sa connaissance du marché financier international. André Dang a été le premier PDG de la SMSP avant d'être remplacé par Raphaël Pidjot. Ce dernier ayant trouvé la mort avec une partie des cadres de la SMSP dans un tragique accident d'hélicoptère le 28 novembre 2000, A. Dang est redevenu PDG de la SMSP.
18. Falconbridge Limited a déclaré un bénéfice de 5,5 milliards de Fcfp pour 2002 pour un chiffre d'affaires de 23,5 milliards. Grâce aux mines locales, la fonderie de Sulbury a produit 72 000 tonnes de mattes de nickel. En l'état, Falconbridge ne dispose plus que de six ou sept ans de réserves minières : le projet Koniambo s'avère donc une opportunité stratégique pour ce groupe et son actionnaire majoritaire Noranda.

2001 et l'Étude d'Impact Environnementale sera finalisée fin 2003. Le principal problème reste le financement, qui a été confié à la banque Lazare et à la Société Générale Londres dans le cadre de la loi de défiscalisation.

Enfin, la Société des Mines de la Tontouta du groupe Ballande multiplie les avant-projets depuis quelques années. En 1997, la SMT fit part d'un projet d'usine dans la baie Uié (sud) en association avec Phelps Dodge (États-Unis) et Sumitomo Metal Mining (Japon). Puis, la SMT s'est tournée en 2001 vers le russe Norilsk pour un projet sur la côte est (Nakéty). Une autre tentative souhaitait intéresser les Australiens (Monéo Metals) à un projet minier dans la région du cap Bocage sur la côte est. Actuellement, avec le concours d'un ancien vice-président d'INCO, Walter Curlook, Louis Ballande réfléchit avec son principal client à l'exportation, le groupe japonais Sumitomo, à un avant-projet de construction sur la côte est d'une petite usine commerciale d'une capacité de 10 000 tonnes de métal par an. Elle traiterait des garniérites à faible teneur par le procédé de lixiviation, pour un investissement annoncé de seulement 300 millions de francs cfp, dont Ballande prendrait le tiers à sa charge. Considérant que ses intérêts avaient été oubliés lors de la mise en place des grands projets miniers soutenus par la Métropole, la SMT a intenté deux actions en justice contre l'État et la province Sud au sujet de la cession du massif de Prony. *A contrario*, le groupe Ballande a été mis en procès par le groupe Norilsk.

Aujourd'hui, la santé de l'économie calédonienne s'avère satisfaisante, le principal problème restant la difficulté à fournir suffisamment d'emplois chaque année au nouveau contingent de jeunes adultes arrivant sur le marché du travail. Et de fait, certains politiciens déclarent que le débat sur l'indépendance ne représente plus la véritable question, considérant que le véritable enjeu de demain sera l'accession ou non de tous les Calédoniens à un emploi.

Or, seul le secteur mine et métallurgie est susceptible d'offrir demain suffisamment d'emplois pour assurer un avenir serein à la Nouvelle-Calédonie. En effet, si les trois principaux projets miniers évoqués aboutissaient, c'est le cinquième de la production mondiale que la Nouvelle-Calédonie produirait, ce qui en ferait le premier producteur mondial de nickel. Ceci induirait d'énormes changements tant sur le plan économique que social, voire politique. C'est ainsi que le taux de couverture de la balance commerciale, qui est actuellement de 50 %, pourrait parvenir à l'équilibre. Enfin, le plein emploi serait assuré pour plusieurs décennies, ce qui permettrait une période de prospérité économique partagée favorable au rééquilibrage.

Micro-histoire électorale en Nouvelle-Calédonie.
Les élections provinciales de 2004 ou l'autopsie d'une défaite « impossible »*

* « Micro-histoire électorale en Nouvelle-Calédonie. Les élections provinciales de 2004 ou l'autopsie d'une défaite « impossible » dans *Revue Juridique, politique et économique de la Nouvelle-Calédonie*, n° 4, Nouméa, 2004, p. 22 à 31.

Lors des élections de mai-juin 2004, les partenaires historiques des Accords de Matignon et de Nouméa n'ont pas surmonté leurs divisions internes : le RPCR s'est scindé en deux parti(e)s apparemment de taille équivalente ; le FLNKS a été incapable de présenter des listes communes. Après avoir abordé les causes structurelles et conjoncturelles de cette balkanisation de la vie politique calédonienne, nous en analyserons les conséquences pour l'avenir de l'Accord de Nouméa.

Ayant doublement vécu ces événements forts de l'intérieur[1], nous avons tout d'abord eu tendance à surévaluer les ruptures ou les évolutions en cours. Grâce à cette étude d'histoire immédiate, nous essayerons de démêler les évolutions anecdotiques des tendances lourdes exprimées par les électeurs à travers le filtre du système électoral en place.

Les causes structurelles de « l'alternance »

En ce qui concerne le contexte, nous rappellerons simplement que la loi organique du 19 mars 1999 a fait de la Nouvelle-Calédonie une collectivité particulière de la République française, dotée d'une large autonomie[2] et que la campagne électorale qui se tint cette année-là

1. En tant que citoyen calédonien appelé à voter et en tant que membre du RPCR, conseiller municipal de Nouméa depuis 2001 et 35e sur la liste du Rassemblement-UMP aux provinciales. Cet engagement civique est susceptible de contrarier inconsciemment notre objectivité tout en nous permettant de mieux comprendre les hommes et les choix politiques en présence. Nous avons essayé autant que possible de décrire et d'analyser, non seulement les faits, mais aussi la perception qu'en avaient les Calédoniens.
2. Le partage de la souveraineté est marqué par le transfert des compétences non régaliennes de l'État à la Nouvelle-Calédonie selon un calendrier préétabli. Il a commencé en 2000 avec la gestion « du statut civil coutumier et du régime des terres coutumières, du régime de travail des étrangers, des principes directeurs du droit du travail et de la formation professionnelle, du commerce extérieur, de l'exploitation de la zone économique exclusive, de la réglementation de certaines substances comme les hydrocarbures ou le nickel » ainsi que le transfert « des postes et télécommunications, des dessertes maritimes et aériennes, des ressources naturelles et de l'enseignement primaire ». Faberon Jean-Yves & Postic Jean-Raymond : *L'Accord de Nouméa. La loi organique et autres documents juridiques et politiques de la Nouvelle-Calédonie*, Île de lumière, Nouméa, 2004, 188 p. Christnacht Alain : *La Nouvelle-Calédonie*, La Documentation Française, notes et études documentaires, n° 5184-5185, Paris, 2003, 174 p.

donna aux indépendantistes la direction de la province Nord (PALIKA) ainsi que celle de la province des îles Loyauté (Union calédonienne) alors que les anti-indépendantistes eurent la direction de la province Sud (RPCR) et du congrès (RPCR-FCCI). Quant aux trois gouvernements de la Nouvelle-Calédonie qui se succédèrent dans les cinq années qui suivirent, ils furent tous dirigés par la coalition RPCR-FCCI, qui prônait une collégialité basée sur la prééminence du fait majoritaire à travers l'omniprésence du président et du secrétariat général[3].

Durant cette période, les grands équilibres voulus par les rédacteurs de l'Accord de Nouméa commencèrent à se fissurer[4]. Certains observateurs politiques locaux considèrent que ces évolutions mettent en péril l'existence même de l'Accord. Cette analyse partielle voire partiale ne peut être retenue car tous les politologues sont conscients du fait que toute modification du système électoral finit par donner des résultats différents de ceux qu'en attendaient ses concepteurs. Or, les élections de 2004 semblent avoir écarté du pouvoir l'un des deux signataires des Accords de Matignon puis de l'Accord de Nouméa, c'est-à-dire le RPCR (Rassemblement-UMP) tout en officialisant la lutte interne qui minait le FLNKS. Au second degré, l'on pourrait penser que les véritables rédacteurs de l'Accord, c'est-à-dire les hauts fonctionnaires métropolitains de l'époque, ont insufflé dans ce texte, et plus particulièrement le préambule, un vent d'espoir et de liberté qui peut paraître contradictoire avec la perpétuation de vieux antagonismes nationalistes et égoïstes.

---

3. Bertram Robert *: Le Gouvernement de la Nouvelle-Calédonie dirigé par Jean Lèques : 1999-2001*, DEA Sociétés et cultures dans le Pacifique, Université de la Nouvelle-Calédonie, Nouméa, 2004, 158 p.
4. Angleviel F. : *« The Bet on Intelligence » : Politics in New Caledonia, 1988-2002*, State, Society and Governance in Melanesia, discussion paper n° 2003-4, Research School of Pacific and Asian Studies, Australian National University, Canberra, 2003, 12 p. *ibid* : « Des Accords de Matignon à l'Accord de Nouméa, 1988-2002 dans *Bulletin de l'Association des Historiens et Géographes de Polynésie française*, n° 7, Papeete, 2004, 227 p., p. 201 à 211.

En ce qui concerne le RPCR, les causes structurelles de son recul électoral et donc de sa mise à l'écart actuelle des organes décisionnels sont multiples. Il y a en premier lieu l'usure du pouvoir, après vingt ans de gestion des institutions calédoniennes. Traditionnellement, toute mesure entraîne un certain nombre d'insatisfactions chez les électeurs, l'accumulation des décisions impopulaires nécessaires à la gestion d'une collectivité impliquant à terme la désaffection d'une partie de l'électorat. À tort ou à raison, le fait que le RPCR ait accepté des limites au corps électoral lors des Accords de Matignon puis de Nouméa, lui a été reproché par de nombreux Calédoniens, en particulier ceux qui se trouvent exclus du référendum de sortie (personnes arrivées après 1994) ou ceux qui ne peuvent pas voter aux élections provinciales (personnes arrivées depuis moins de dix ans).

Le phénomène d'usure explique aussi le départ progressif d'un certain nombre de cadres du RPCR, qui considèrent, à tort ou à raison, sa hiérarchisation pyramidale comme trop contraignante. De même, les électeurs observèrent une implication de plus en plus importante de ce parti dans tous les rouages de la vie démocratique (Conseil économique et social, chambres consulaires), associative (Comité technique olympique et sportif) ou économique (société d'investissement calédonienne Adecal, société d'investissement provinciale Promosud, société de gestion autoroutière Savexpress), ce qui pouvait donner l'impression que ce parti détenait le monopole de la parole. Et s'il était politiquement logique que le RPCR détienne la présidence de presque tous les conseils d'administration des établissements publics et des sociétés mixtes, cet état des choses a fini par lasser, puis par irriter l'électorat qui lui confiait le pouvoir depuis vingt ans. Comme tout parti trop longtemps en place, le RPCR avait fini par penser qu'il s'agissait de « son » électorat et que du moment que les cadres politico-administratifs de ce parti assuraient la paix civile et le développement économique, leurs obligations étaient remplies. Ceci, et le poids de la gestion d'un Territoire difficile, amenèrent la plupart des responsables du RPCR à manquer de la disponibilité, voire de la sociabilité, qu'attendent les électeurs.

La forte personnalité du président du RPCR, Jacques Lafleur[5], après avoir été un atout pour son parti, commença à être reprochée au RPCR par certains électeurs. D'une part, Jacques Lafleur a lui-même annoncé à plusieurs reprises qu'en raison de son âge (72 ans) et de ses ennuis de santé (crise cardiaque de 1986, alerte de 2003), il allait se retirer progressivement de la vie publique[6]. Cet effet de parole, non suivi d'acte concret, a sans doute démobilisé certains électeurs. D'autre part, sa double responsabilité de président de la province Sud et de député éloignèrent J. Lafleur du terrain, à une époque où l'électorat s'affirme en quête de proximité.

---

5. Député de la Nouvelle-Calédonie depuis le 12 mars 1978, Jacques Lafleur a été : Parlementaire en mission pour le Premier Ministre du juillet 1993 à janvier 1994 sur le développement des relations économiques et commerciales entre la France, l'Extrême-Orient et l'Asie du Sud-Est, Président de la Région Sud en 1988, Membre du Conseil Exécutif en 1988, Membre du Comité consultatif en 1988, Membre de l'assemblée Territoriale en 1972 (élection au Conseil de gouvernement), Membre du Conseil de gouvernement de 1972 à 1977, Membre de l'assemblée Territoriale de Nouvelle-Calédonie du 28 novembre 1984 au 29 septembre 1985. Membre du Conseil de la Région Sud en 1985 (démission le 6 décembre 1985), Conseiller municipal de la Ville de Nouméa du 7 mars 1983 au 7 juin 1997, et Membre du Congrès du Territoire et Président de la Province Sud de 1989 à 2004. Une succincte notice biographique événementielle a été publiée dans un ouvrage collectif. Angleviel F. : « Lafleur Jacques » dans *101 mots pour comprendre les institutions de la Nouvelle-Calédonie*, n° 5, Île de lumière, Nouméa, 2002, 240 p., p. 135-136. Une biographie critique non autorisée est en cours de rédaction.
6. « Au moment où, en raison de mon âge, je m'apprête à quitter mes fonctions politiques ». p. 233. Lafleur J. : *L'Assiégé. 25 ans de vie politique*, Plon, Paris, 2000, 265 p. « Je suis, depuis toujours, convaincu qu'il faut savoir sentir le moment opportun pour passer la main. Pour moi il est arrivé. Je le sais… Il ne s'agit pas d'une rupture, mais d'un retrait programmé. Demain et après, surtout s'il y a besoin, jamais je ne serai vraiment loin », p. 8. Lafleur J. : *Ce que je crois*, RPCR, Nouméa, 2002, 32 p.

En parallèle, la forte présence, réelle ou supposée telle[7], du groupe d'affaires Lafleur dans de nombreux secteurs de la vie économique de la Nouvelle-Calédonie, ne pouvait que susciter chez certains électeurs une opposition persistante. Or, les trois signataires de l'Accord de Nouméa ayant assuré 20 années de paix à la Nouvelle-Calédonie, l'union sacrée des anti-indépendantistes autour du RPCR n'était plus nécessaire. Les problèmes économiques et sociaux pouvaient donc revenir sur le devant de la scène politique.

Ceci a affaibli la position du RPCR. Sur le plan économique, certains lui ont reproché de prendre surtout en compte les intérêts des entreprises avant ceux du pays ou de l'environnement et de développer un certain clientélisme. Les trois dossiers qui symbolisaient ce reproche étaient la cession gratuite d'un permis de prospection sur le massif de Prony pour Goro nickel[8], la vente du terrain provincial de Gouaro Déva

7. « La politisation de toute chose a des effets économiques pervers. Pour investir localement il convient trop souvent d'être bien vu de qui tient les rênes politiques ». Collectif : *Calédonie Eco. L'atlas économique du territoire*, édition 2002, Régie commerciale et publicitaire, Nouméa, 2002, 122 p., p. 18. Patrick Chapuis (pseudonyme de Thierry Squillario) : « Mais qui est vraiment Pascal Lafleur ? » dans *Les Infos*, n° 84, 30 avril 2004, p. 1. « Dans l'ombre de la grande personnalité paternelle, Pascal Lafleur est à l'économie ce que son père est à la politique. Un homme qui veut tout commander et tout diriger. Par tous les moyens. Quitte à se fâcher avec de vieux amis ou à se réconcilier avec quelques ennemis d'hier. Seul le sens des affaires compte ». Le portrait de P. Lafleur était accompagné d'un organigramme en l'an 2000 présentant des participations dans 33 sociétés et le commentaire suivant : « Depuis, il a bien évidemment évolué, notamment avec le rachat de Cocogé, et a grossi. Aujourd'hui, les spécialistes du monde de la finance estiment que ce groupe est présent dans plus de 150 sociétés ».
8. L'important effet d'annonce fait autour de l'usine pilote de Goro nickel, ouverte à Yaté dès 2002, se retourna contre le RPCR qui soutenait ce projet métallurgique lorsqu'il ne déboucha pas rapidement sur une usine industrielle. Certains critiquèrent le fait que l'usine ne sorte pas de terre. D'autres, indiquèrent qu'il ne fallait pas qu'elle soit construite avant que les problèmes de terres coutumières ou d'environnement ne soient définitivement réglés. D'autres enfin, considérèrent que puisque la province Sud avait confié la prospection du massif de Prony à Goro nickel, celui-ci n'avait plus intérêt à bâtir cette même usine. Lagadec Gaël : « La stratégie des firmes multinationales face aux États : le cas de l'exploitation du nickel calédonien » dans *Mondes en développement*, n° 125, Paris, 2004.

à deux promoteurs (élevage de cerfs et carrière de sable, hôtel) sans avoir essayé de le lotir au bénéfice des jeunes agriculteurs en manque de terres et le choix de Boulouparis pour la création du nouveau centre d'enfouissement technique de l'agglomération de Nouméa. Sur le plan social, il était reproché au RPCR de trouver le financement des mesures sociales indispensables auprès des classes moyennes, sans recourir à une certaine modernisation de la fiscalité. C'est ainsi que le RPCR avait entrepris le sauvetage des retraites de la fonction publique en commençant par réduire les avantages des fonctionnaires territoriaux et qu'il avait forcé les travailleurs indépendants et les cadres de l'État à participer au financement de la généralisation de l'assurance maladie (Ruamm) en les obligeant à adhérer au système de « sécurité sociale » locale (Cafat). Ces demi-mesures courageuses, mais insuffisamment explicitées, pesèrent d'un poids certain dans la désaffection d'une partie de l'électorat traditionnel du RPCR.

La première fissure officielle apparut lors des municipales de 2001, le RPCR Harold Martin ayant été réélu maire de Païta, bien que J. Lafleur lui eût refusé l'investiture du parti et l'ait fait exclure en deux temps (décision du 28 février 2001, confirmée en 2003). Ce signe avant-coureur d'une improbable défaite à venir ne fut pas considéré comme significatif par les nombreux observateurs politiques, en raison des victoires électorales secondaires remportées dans le même temps par le RPCR. Les élections municipales avaient montré une progression en voix du parti et ce dernier avait conquis la mairie de Bourail, l'une des deux mairies importantes tenues par l'Alliance, parti regroupant les centristes d'avant-hier (FNSC, scission de Génération calédonienne) et les anciens RPCR anti-Lafleur d'hier (B. Marant, D. Leroux) ou de l'heure. De même, le sénateur RPCR Simon Louekhote est réélu par les grands électeurs dès le premier tour le 23 septembre 2001 et les votes calédoniens en faveur de J. Chirac progressent lors des élections présidentielles d'avril-mai 2002.

Le second indice d'une évolution du comportement électoral des anti-indépendantistes intervint lors des élections législatives de 2002. En effet, l'érosion de l'électorat du RPCR fit réélire J. Lafleur au second tour, pour la première fois en vingt-quatre ans de députation. Le RPCR considéra la victoire finale, en insistant sur le fait que le compétiteur de J. Lafleur avait obtenu seulement 3 749 voix au premier tour, alors que le député sortant en avait eu 12 377. D'autres observateurs notèrent que le score de J. Lafleur ne progressait pas au second tour avec 12 670 voix alors que le score de D. Leroux passait à 10 062, ce qui prouvait que la grande majorité des électeurs des six autres candidats s'étaient reportés sur lui. D. Leroux n'étant pas un leader charismatique, et en l'absence d'événements ou de déclarations fracassantes entre le premier et le second tour, il était patent qu'une grande partie de l'électorat se lassait, soit de la personnalité forte de J. Lafleur, soit du RPCR. Il est à noter que le découpage de la première circonscription rend quasiment impossible l'élection d'un candidat FLNKS et que les électeurs purent s'exprimer sans la crainte que la dispersion de leur vote entraîne l'accession d'un indépendantiste à la députation.

L'autorité de J. Lafleur dans le RPCR ne fut pas entamée par cette difficile victoire, du fait d'un système efficace de contrôle des hommes, et plus particulièrement des cadres du parti. Nombre de ces pratiques sont courantes en politique, la première règle de la plupart des politiciens étant de prendre dans leur équipe des personnes qui ne les concurrenceraient pas ultérieurement. Souvent ces pratiques, critiquables sur le plan éthique, donnent des résultats satisfaisants au niveau de la constitution d'une équipe soudée autour de son chef. Le véritable problème posé par un tel système de gestion apparaît lorsque le temps de la succession arrive. En effet, la plupart des hommes politiques se refusant à envisager leur départ pourtant inéluctable, l'on assiste tôt ou tard à une « guerre de succession ». La vie politique de J. Lafleur étant arrivée au stade où cette question prend toute sa signification, il écrivit en l'an 2000 que Pierre Frogier était le plus à même de le remplacer[9]. Ceci amena l'autre dauphin potentiel, Harold Martin, à refuser d'être écarté de la mairie de Païta en 2001. Ses amis, dont Philippe Gomès et Philippe Michel, décidèrent alors de prendre progressivement leurs distances vis-à-vis du mouvement qui ne leur donnait pas la place qu'ils pensaient mériter.

9. « J'avais, il y a quelques temps, une conversation avec celui que j'ai désigné comme un possible successeur politique » dans *L'Assiégé*, *op. cit.*, p. 20.

Enfin, il ne faut pas oublier le deuxième tour des élections régionales de mars 2004, qui vit l'UMP nationale perdre la quasi-totalité des régions et la majorité des départements, dont la Guadeloupe dirigée d'une manière relativement autocratique par Madame Michaux-Chevry. Tout ce faisceau de causes structurelles de l'affaiblissement du parti majoritaire, au moment où le Rassemblement-UMP pouvait se vanter que le développement économique de la Nouvelle-Calédonie n'avait peut-être jamais été aussi satisfaisant, explique que la Ministre de l'Outre-mer UMP Brigitte Girardin ait pu déclarer lors de son séjour en Nouvelle-Calédonie en 2002 que les problèmes politiques risquaient de s'accentuer à l'approche des élections de 2004.

Parallèlement, la situation des groupes anti-indépendantistes opposés au RPCR fluctuait habituellement en fonction de l'importance des critiques faites par les électeurs loyalistes au parti majoritaire. Le parti de D. Leroux, l'Alliance, fut celui qui réussit à s'imposer comme la seule alternative crédible du fait qu'il était dirigé par un chef d'entreprise à l'assise économique certaine, qu'il avait su faire son deuil de son opposition initiale à l'Accord de Nouméa, que ses critiques portaient sur la manière de gouverner plutôt que sur la politique du RPCR, et du fait qu'il avait acquis une stature nationale lorsque son président était devenu le délégué local de l'UDF.

La situation est également devenue plus difficile pour les indépendantistes, des tensions existant dans le Front de Libération Nationale Kanak et Socialiste (FLNKS) entre l'ancien parti majoritaire, c'est-à-dire l'Union Calédonienne (UC) et le Parti de Libération Kanak (PALIKA). Leur différend porta longtemps sur le fait que le premier s'appuyait sur les notables religieux et coutumiers kanaks et avait avant tout une analyse nationaliste, alors que le second était porté par les premiers diplômés kanaks et intégrait sa lutte dans une vision gauchiste du combat politique.

Après la signature de l'Accord de Nouméa en 1998 par Rock Wamytan en tant que président du FLNKS, les différends l'emportèrent. Le PALIKA considéra *a contrario* de son idéologie passée qu'il fallait travailler au sein des institutions et prouver par le dynamisme des cadres politico-administratifs kanaks qu'ils seraient aptes à prendre en main la destinée du pays si les deux référendums d'autodétermination prévus entre 2014 et 2015 ou 2018 et 2019 donnaient la victoire au camp indépendantiste. Quant à l'Union Calédonienne, elle considéra que l'État laissait le RPCR dévoyer l'accord et qu'il fallait donc dénoncer ce fait et privilégier les actions politiques. Ce différend tient à la fois à l'origine des hommes, le président du PALIKA, Paul Néaoutyine, ayant fait des études d'économie, alors que les dirigeants de l'UC sont plutôt des juristes, et à un problème sous-jacent de combat interne pour la direction de la vitrine politique que représente le FLNKS.

La partie se joua en plusieurs actes. Tout d'abord, le président du FLNKS, Rock Wamytan, après un congrès difficile où il n'obtint qu'une très courte majorité, remplaça le 16 novembre 1999 Bernard Lepeu à la tête de l'UC[10]. L'année suivante, un groupe d'élus UC dirigés par B. Lepeu et Célestin Tchoéaoua se désolidarisa du groupe FLNKS au Congrès de la Nouvelle-Calédonie, malgré l'opposition de R. Wamytan, président du FLNKS et de l'UC. Ce groupe dissident, souvent dénommé le « G7 », gagna progressivement l'appui des comités locaux et obtint le 4 novembre 2001 l'élection du chef d'entreprise Pascal Douy Naouna à la tête de l'UC. Le 17 novembre de la même année, la nouvelle direction de l'UC obligea Rock Wamytan à démissionner de la présidence du FLNKS.

Depuis cette date, les différents congrès du FLNKS n'ont pas abouti à un consensus permettant d'élire un nouveau président pour cet appareil de coordination des différents partis indépendantistes. Il semblerait que le PALIKA souhaite bénéficier de la présidence du FLNKS au vu de sa constante progression et du fait que cette présidence est tenue par l'Union calédonienne depuis 1984. Quant à l'UC, il désire conserver ce poste en arguant qu'il reste le plus ancien parti de la

10. Mokaddem Hamid : « De Matignon à Nouméa : une rhapsodie politique » dans *Limes*, n° 5, Éditions Golias, Paris, 2000, 246 p., p. 161 à 169.

Nouvelle-Calédonie et qu'il serait encore la principale composante de la mouvance indépendantiste.

Comme dans le cas du RPCR, l'on peut noter une usure certaine du pouvoir pour l'UC et la difficulté pour un parti anciennement majoritaire d'accepter de partager, puis de perdre la première place. C'est ainsi que lorsque l'UC perdit la direction de la province Nord au profit du PALIKA en 1999, elle souhaita conserver, par militants interposés, la direction de la société d'investissement de la province Nord (Sofinor) et de la Société Minière du Sud Pacifique (SMSP). Le PALIKA souhaitant récupérer à son profit l'usage de ces leviers économiques, les relations entre les deux principaux partis indépendantistes se détériorèrent. Le conflit devint apparent lors des élections législatives de juin 2002, l'UC refusant d'apporter ses voix à Paul Néaoutyine alors que ces dernières auraient pu en faire le député de la deuxième circonscription[11]. Là comme ailleurs, les ambitions personnelles des hommes politiques s'affirment tout aussi importantes que les controverses idéologiques. Il est à noter que ce comportement s'avère cohérent avec la « coutume » kanake, Alban Bensa ayant montré en 2002 dans une conférence publique à la bibliothèque Bernheim l'importance de la compétition masculine en Nouvelle-Calédonie et le manque d'unité interne des aires linguistiques kanakes.

11. Chappell David : « New Caledonia » in *Contemporary Pacific*, n° 15-2, Honolulu, 2003, p. 448 à 456. L'auteur décrit aussi le déménagement des bureaux du gouvernement, le refus des indépendantistes de s'installer près du siège de la province Sud et la crise politique qui s'ensuivit. Certaines convergences de point de vue apparurent alors entre l'UC et l'Alliance de D. Leroux : critique du mode de fonctionnement du parti majoritaire, refus de la cession de Prony, volonté d'associer les minorités à la gestion des affaires.

Vraies évolutions et faux-bouleversements électoraux

Nous ne reprendrons pas les étapes de la campagne[12], mais elle fut passionnée, et lorsqu'un responsable associatif, suite à la défaite du RPCR, évoqua « la chute du mur de Berlin », il apparaît qu'une part notable des électeurs se retrouvait derrière un « tout sauf le Rassemblement » – « tous contre Jacques Lafleur » (*LNH*, 16/06/04, p. 4). Il est patent que personne, à notre connaissance, n'envisagea à aucun moment que l'Avenir ensemble pourrait obtenir plus de voix que le RPCR, ce qui créa une situation tout à fait nouvelle dans le camp non-indépendantiste. En effet, l'électorat de l'UNCT de D. Leroux était de 7 910 voix en 1995 et l'éclatement de sa liste en 1999 en trois listes distinctes avait totalisé 9 188 voix. Les observateurs politiques minorèrent en fait le nombre de voix que pouvait apporter la dissidence du RPCR menée par H. Martin et P. Gomès et les voix apportées par

12. La micro-histoire d'une micro-histoire est toujours possible. Ayant vécu la campagne électorale de l'intérieur, nous avons encore en mémoire tout un ensemble de faits et de discours qui eurent leur importance sur le moment et qui, une fois cumulés, expliquent les choix électoraux des citoyens. C'est ainsi qu'une circulaire anonyme du Rassemblement, intitulée *Note sur la parité et ses conséquences pour les assemblées délibérantes locales*, entraîna des réactions négatives vives de la part des élues et militantes du RPCR. La distribution de tracts étant passée de mode en Nouvelle-Calédonie, ces derniers influencèrent peu la campagne. On notera le fascicule couleur tiré à 20000 exemplaires par la liste Calédonie mon pays de J.-R. Postic et de E. Douyère, qui voulait amener les Calédoniens à réfléchir sur la conception d'un drapeau spécifique dans le cadre de la réflexion sur les signes identitaires. Certains candidats AE furent accusés à tort d'avoir été membres de la FNSC. *Les Nouvelles Hebdo (LNH)*, n° 842, 6 mai 2004, p. 7. Cette liste ouvrit un site internet. Le président du RPCR s'investit peu dans la campagne, du fait de ses problèmes de santé. Philippe Gomès, en tant que maire de La Foa, refusa la salle omnisport à l'anniversaire du Rassemblement prévu le 17 avril, l'obligeant à se tenir sur l'hippodrome de La Foa. Le RPCR brocarda régulièrement la liste « Trahir ensemble » et diffusa largement le 28 avril une lettre critique de P. Bretegnier à l'intention de M.N. Thémereau. Un conseiller bénévole du RDO, Cédric Allmang, obtint l'organisation le 2 mai d'un débat entre Paul Néaoutyine et Marie-Noëlle Thémereau, donnant une image responsable du leader du PALIKA et une information d'importance. « Une alternance à la province Sud ou au Congrès ne constituait pas en soi un problème aux yeux du monde indépendantiste, et n'entraînerait pas le blocage institutionnel que certains annoncent », *Les Nouvelles Calédoniennes (LNC)*, 03/05/04, p. 4.

les électeurs centristes ou progressistes non-indépendantistes à une liste crédible plus ouverte que la liste RPCR. Sur le plan national, le suivi de ces élections fut minime, et les erreurs d'appréciations nombreuses. C'est ainsi que *Paris Match* réalisa un article intitulé : « Nouvelle-Calédonie : Didier Leroux, le tombeur de Lafleur »[13] alors que l'alchimie de la liste Avenir ensemble fut le fait de Philippe Gomès et de Harold Martin.

Les élections provinciales du 9 mai 2004 ont vu l'éclatement, espéré par certains et redouté par d'autres, des deux blocs qui dominaient depuis 1984 la vie politique calédonienne. Pourtant, le mode de scrutin à la proportionnelle à un tour favorise les grands partis en raison de la prédominance du vote utile alors que la nécessité d'atteindre la barre de 5 % des inscrits pour participer à la répartition des sièges limite grandement les chances des petits partis d'accéder aux assemblées de province. Ainsi, ce ne sont pas les habituels petits partis d'opposition aux deux blocs qui ont gagné ces élections, mais les dissidences qui appelaient à un nouveau projet de société ou à se compter. Leur réussite doit sans doute beaucoup au fait que les élections de 1999 ont rassuré les électeurs sur la progressivité de l'Accord de Nouméa alors que les référendums de sortie semblent encore lointains. Les électeurs pouvaient donc considérer qu'une éventuelle recomposition des camps en présence ne mettrait pas en péril leurs visions à long terme de l'avenir calédonien tout en permettant à leurs préférences sociétales et économiques de s'exprimer.

En ce qui concerne le camp anti-indépendantiste, comme en 1999, seuls le RPCR, l'Avenir ensemble (anciennement Alliance) et le Front National eurent des élus. Comment expliquer que le RPCR ait perdu sa prééminence forte pour tomber de 25 élus sur 40 à la province Sud à seulement 16 élus et de 24 élus sur 54 au Congrès à seulement 16 élus ? En dehors des causes structurelles déjà évoquées, il faut noter l'absence de véritable campagne de ce parti : une liste à la représentativité peu

13. Mai 2004, p. 106. « Il a fallu un ancien para et nageur de combat pour faire sombrer l'insubmersible Jacques Lafleur ! À 57 ans, la carrure toujours athlétique, Didier Leroux, devenu un homme d'affaires moderne, patron de deux entreprises – l'une de navigation maritime, l'autre d'importation de produits pharmaceutiques et chimiques – et aussi beau-frère de Vincent Bolloré ».

évidente, pas de bilan, pas de programme[14], des discours sans passion présentant une saine gestion à des électeurs voulant entendre parler d'avenir.

À l'inverse, la campagne de l'Avenir ensemble, la principale liste anti-indépendantiste d'opposition fut, menée de bout en bout avec le plus grand professionnalisme. Les annonces différées (*teasing*) se succédèrent, ne serait-ce que dans le dévoilement progressif des candidats, tout en insistant sur d'éventuelles pressions exercés sur eux par la majorité sortante[15]. Cette liste unissait l'Alliance de D. Leroux, des dissidents du RPCR regroupés autour d'H. Martin, une militante du LKS, une élue municipale de la FCCI et des représentants de la société

14. J. Lafleur publia, lors de la journée de La Foa, un fascicule austère qui faisait l'impasse sur la vie quotidienne des Calédoniens, critiquait les autres listes anti-indépendantistes et présentait les élections en cours comme une simple péripétie d'un canevas plus vaste. Le président du RPCR s'y refusait à présenter « un catalogue de propositions compilées à l'occasion d'une campagne électorale » (p 44), préférant définir « 10 objectifs pour 2019 ». Lafleur Jacques : *Du chemin parcouru... aux voies de l'avenir. La Foa, 17 avril 2004*, Rassemblement-UMP, Nouméa, 2004, 62 p. Un projet de programme bâti autour de photographies présentant la situation hier, aujourd'hui et demain fut abandonné au profit de la journée anniversaire de La Foa. Par ailleurs, un travail préparatoire avait été réalisé par un collectif : *Argumentaire. Élections du 9 mai 2004. Document interne*, Rassemblement-UMP, Nouméa, avril 2004, 85 p. Il fut prévu un temps de reprendre ce « bilan » important dans une brochure électorale.

15. Il est vrai que *Les Nouvelles Hebdo,* hebdomadaire engagé, épingle régulièrement les personnalités temporairement ou durablement ostracisées par le RPCR. En revanche, le procès-verbal de l'assemblée générale constitutive de l'association Nouvelle-Calédonie communication, est en date du 12 décembre 2003 et il est déjà signé par : H. Martin (président), D. Leroux (vice-président), P. Gomès (secrétaire), P. Michel (trésorier), S. Lagarde (CA), M.N. Thémereau (CA), A. Descombels et I. Ohlen. Les six premiers sont membre du conseil d'administration et les quatre premiers forment le bureau. Une seconde association se voulant « un groupement politique » fut fondée en mars 2004 sous l'appellation « association du 21 avril 1998 ». Elle comportait uniquement les dissidents du RPCR, soit H. Martin (président), P. Gomès (secrétaire) et Philippe Michel (trésorier). Squillario Thierry : L'association du 21 avril 1998 est née » dans *Les infos*, n° 77, 12 mars 2004, p. 2. Pour le *teasing*, Cf. par exemple : Serre Xavier : « Provinciales : Harold Martin et Didier Leroux font liste commune », *LNC*, 09/03, p. 11 ; Serre Xavier : « Marie-Noëlle Thémereau conduira la liste Avenir ensemble », *LNC*, 22/03, p. 10 ; Anonyme : « Philippe Gomès rejoint « L'avenir ensemble », *LNC*, 31/03, p. 14.

civile. Bien que les six principales personnalités[16] qui la charpentent soient tous d'anciens membres du RPCR, elle fut présentée comme novatrice et ouverte à toutes les composantes de la société, y compris les homosexuels, les indépendantistes modérés (Christiane Gambey) et les tenants des idées progressistes (S. Robineau). Enfin, cette liste était dirigée par une femme réputée intègre, connue pour ses compétences techniques et sa rigueur morale. Quant au reproche que certains lui faisaient de ne pas avoir de sens politique, il fut considéré par la majorité des électeurs comme une preuve supplémentaire du fait qu'elle n'était pas une politicienne.

Bien que la campagne ne se soit pas focalisée sur les éventuels démêlés juridiques passés ou à venir, la rumeur fit état de nombreux « cas » de délits d'initié ou d'affaires immobilières, concernant majoritairement, selon l'usage de ce type de campagne souterraine, la majorité sortante. M.-N. Thémereau déclara même qu'à la publication du rapport de la chambre territoriale des comptes sur la gestion de la province Sud, elle avait décidé de s'engager dans l'opposition : « Je pouvais accepter d'être lâche, mais complice, pas question ! » (*LNC*, 28/04, p. 4).

Le programme en 75 propositions qui accompagnait cette liste fut clair et présenté sur une plaquette attirante de 56 pages A4 toute en

---

16. Dans l'ordre d'importance décroissante Philippe Gomès, ancien conseiller de gouvernement, qui fut exclu du RPCR deux semaines avant les élections ; Harold Martin, ancien président du congrès RPCR, qui avait été définitivement exclu en 2003 ; Marie-Noëlle Thémereau qui avait démissionné de son poste de première vice-présidente du congrès en 1999 et avait gardé sa carte du RPCR ; Didier Leroux, ancien président de la commission des finances du congrès, qui avait quitté le RPCR en 1989 et qui n'est devenu le représentant de l'UDF qu'en 2002 ; Sonia Lagarde qui possède une carte de l'UMP et Alain Descombels qui fut un membre RPCR du Conseil économique et social. Du reste, lorsque les huit membres du gouvernement de l'Avenir ensemble et du RPCR se réunirent le 24 juin pour chercher un compromis sur le choix du président du gouvernement, M.-N. Thémereau fit remarquer en début de séance que les huit personnes autour de la table étaient toutes issues du RPCR.

quadrichromie[17]. De manière parallèle, afin de ne pas paraître pratiquer le jeu de la délation, la gestion du parti précédemment au pouvoir fut écornée dans un « documentaire » vidéo de 14 minutes distribué gratuitement à 20 000 exemplaires sur support VHS ou CD. Or, non seulement l'accroche du titre[18] était particulièrement percutante, mais son contenu en image allait beaucoup plus loin que son commentaire, dans le souci d'amener les électeurs à s'indigner par eux-mêmes ! Quant à la philosophie générale de cette liste, dont le titre d'Avenir ensemble s'opposait symboliquement au Rassemblement-UMP, elle était habile puisqu'elle annonçait ne plus chercher à rassembler les anti-indépendantistes – pour mieux réunir ensemble les électeurs autour de l'avenir commun voulu par l'Accord de Nouméa.

La campagne télévisuelle confirma le fait que l'Avenir ensemble tenait un discours plus proche des téléspectateurs, avec un effort tout particulier fait envers la jeunesse. Il est vrai que les deux anciens

17. Collectif : *L'avenir ensemble. Le pacte de confiance*, Avenir ensemble, Nouméa, 2004, 56 p. Édito de M.N. Thémereau : « Comment vous dire ? Ce document, c'est un programme bien sûr, un plan d'action en matière économique, sociale, culturelle…, une série de propositions concrètes pour améliorer la situation du pays et la vie quotidienne des Calédoniens. Mais en même temps, c'est bien plus que cela… **C'est un véritable pacte de confiance que nous vous proposons, un pacte qui nous engage**… Notre ambition, c'est d'incarner un **projet de société** pour la Nouvelle-Calédonie… L'application et la réussite de l'accord de Nouméa constituent les fondements de notre engagement. **Il doit nous permettre de bâtir une véritable citoyenneté calédonienne, socle du destin commun auquel nous sommes appelés**… Un destin commun sans exclus, ni laissés-pour-compte. Un destin qui trace le chemin de notre **« avenir ensemble »,** qui nous rassemble au-delà de nos appartenances ethniques et politiques », p. 3. Ce fascicule très bien réalisé comportait ensuite la philosophie de l'action politique de cette liste, son projet de société, le financement de ce projet et « 75 propositions pour un destin commun ». Certaines focalisèrent la critique des observateurs politiques, comme « l'instauration du pourboire », mais la plupart de ces propositions mêlaient intelligemment espoir, démagogie, propositions concrètes et réalisations déjà effectuées. C'est ainsi que le volet enseignement comportait la mention « Construction d'un campus universitaire et création d'un CROUS ». Le campus est là, son agrandissement est programmé et il dépend de l'État. Quant au Crous, il existe et gère déjà cent chambres universitaires.
18. Avenir ensemble : *Confidentiel. Ce n'est pas le moment de fermer les yeux. À visionner d'urgence ! Faites passer à vos voisins, amis, connaissances*, Nouméa, 2004, 14 minutes.

spécialistes de la communication au RPCR, P. Gomès et H. Martin, étaient devenus les têtes de liste officieuses de l'Avenir ensemble. Le second sait parler aux Broussards, le premier à l'électorat centriste ou aux déçus du RPCR. Philippe Gomès déclara ainsi : « Il faut réhabiliter la parole politique. Pratiquer le « Je dis ce que je fais, et je fais ce que je dis ». Il faut réhabiliter aussi le symbolisme politique... Si nous arrivons à désacraliser l'exercice du pouvoir politique, nous aurons réussi. Nous ne sommes que des hommes comme les autres, mais qui doivent remplir une mission d'intérêt général » (*LNC*, 16/06, p. 3).

Par ailleurs, la presse écrite d'opinion joua un rôle important dans cette campagne, critiquant de manière répétée la gestion de la majorité sortante[19]. Enfin, même les journalistes du *Nouvel Hebdo* constatèrent l'importance du mouvement du « tout sauf le RPCR », considérant que

19. Le quotidien d'information *Les Nouvelles Calédoniennes* se présentait comme neutre tout en favorisant le parti majoritaire (publicités institutionnelles, pressions directes du RPCR par des courriers épisodiques). Deux des trois journaux d'expression étaient clairement contre la majorité au pouvoir. *Les Nouvelles Hebdo* étant l'organe du Rassemblement tout en se voulant au-dessus de la mêlée, il défendit insuffisamment le bilan provincial tout en focalisant ses critiques de forme sur les hommes (rubrique confidences). La proximité du pouvoir explique sans doute son manque de pugnacité. On retiendra le fait que sa bande dessinée « La nouvelle bande », de Jar et Nono Body, mériterait une étude sémiologique. Le mensuel *Le Chien bleu,* mania comme à son habitude, la critique par la dérision, sortant un numéro supplémentaire uniquement consacré au « système Lafleur » et à ses excès, réels ou supposés. « Lafleur veut couper la Calédonie en deux ! un numéro pour se rafraîchir la mémoire ! », n° 69 bis, 15 avril 2004. Bandeau de la page 2 : « Vingt ans de magouilles... ». Il est intéressant de noter qu'après les élections, il publia un article intitulé : « Ils sont attendus au tournant. La stratégie de conquête du pouvoir a été la bonne. Reste maintenant à savoir ce que les créateurs de l'Avenir ensemble ont réellement dans le bide ». Le rédacteur démonta alors la machine politique qu'il n'avait pas dénoncée avant les élections : « Les Calédoniens ne voulaient pas d'une pâle copie du RPCR. Le couple Gomès-Martin l'a très vite compris... Les deux copains ont alors décidé d'ouvrir à gauche et de donner à cette liste des allures d'humanisme et de tolérance qui manquaient au RPCR. Il leur a fallu beaucoup de persuasion pour convaincre une Marie-Noëlle Thémereau rangée des bécanes ou une Christiane Gambey incorruptible... Il fallait aussi un programme... Ce programme est une sorte de description d'une nouvelle société plus juste dans laquelle tout le monde à sa place et où les décisions ne sont pas imposées d'en haut » Anonyme, *Le Chien bleu*, n° 71, Nouméa, juin 2004, p. 1. *(Suite page suivante).*

l'Avenir ensemble « a su profiter d'une volonté de changement... pour le changement »[20].

Le verdict des urnes donna 1 490 voix d'avance à la liste Avenir ensemble (18 584 contre 17 094), dont 1 159 voix pour le chef-lieu Nouméa. Une analyse fine des résultats montre que l'Avenir ensemble n'a été véritablement en première place que dans quatre communes urbanisées (Nouméa, Païta, Dumbéa et secondairement La Foa). Le RPCR n'a perdu que 12 % de son électorat mais dans le même temps, le corps électoral spécial admis à voter aux provinciales (90 % du corps global) passait de 108 000 à 119 575 inscrits, dont 6 300 de plus dans la province Sud. Il est à noter la participation record de 76,4 %, plus forte de deux points que celle de 1999. Aussi, la part du RPCR chute de 36 % des exprimés à 24,4 %. La part de l'Avenir ensemble n'est que

(Suite de la note 19) L'élément nouveau de la campagne médiatique fut l'implication de l'hebdomadaire *Les Infos*, créé 22 mois avant les élections. Ce journal de quatre pages, relativement bien écrit, comporte depuis l'origine des analyses politiques finement défavorables au parti en place, ainsi que des rubriques épinglant les hommes au pouvoir (éditorial, tribune libre, lettre ouverte d'Alain Pertinent). Or, *Les Infos* se mirent entièrement au service de la liste Avenir ensemble pour la simple raison que son propriétaire majoritaire, Dominique-Pierre Mariotti, ne pouvait plus assurer financièrement la sortie de son journal. Or, toutes les publicités de cette période proviennent d'entreprises de Didier Leroux (Café mélanésien). Quant au rédacteur en chef et unique journaliste Thierry Squillario (apparaissant aussi sous les pseudonymes de Patrick Chapuis et de TEG), il a continué son travail alors qu'il n'était plus officiellement payé depuis plusieurs mois. Depuis la victoire électorale de l'Avenir ensemble, l'on voit apparaître des articles comportant des informations « confidentielles » mettant en cause la majorité précédente. P.C. : « Le cabinet doré de Frogier » dans *Les Infos*, n° 92, 25 juin, p. 3.

20. ENCP (Élizabeth Nouar & Christian Prost) : « La martingale » dans *Les Nouvelles Hebdo*, n° 844, Nouméa, 20 mai 2004, p. 4. Cet article énumère les raisons qui, à leur sens, permirent « l'impossible martingale » de la liste Avenir ensemble. « Elle a profité de l'usure du pouvoir du Rassemblement... Elle a bénéficié de la paix, de la prospérité économique, qui dissolvent les inquiétudes pour le futur, rendent attractives les expériences nouvelles et exacerbent les individualismes. Elle a surfé sur les mécontentements catégoriels et cultivé quelques rejets, ça et là suscités. Elle a capté le vote des jeunes, récolté les suffrages des « nouveaux citoyens », avec quelque démagogie. Elle a su s'allier les médias et une large majorité de journalistes, toujours acquis à la contestation et à la compassion. Ensemble ils ont accrédité l'idée de la peur et de l'intérêt général spolié par l'intérêt privé. Elle a joué de la confusion avec le Rassemblement, dont sont issus quelques uns de ses membres ».

de 22,7 %, du fait que cette formation politique – qui n'est pas encore un parti – n'était pas présente aux îles et qu'elle se présentait pour la première fois devant les électeurs.

La nouvelle assemblée de la province Sud comporte donc 19 élus Avenir ensemble, 16 RPCR et 5 Front National. Jacques Lafleur, président sortant de l'institution, démissionna dès le lendemain des résultats afin de montrer qu'il prenait acte du choix des électeurs et afin de permettre à son parti d'entreprendre des tractations avec le FN. Officieusement proche jusque là du RPCR, le FN décida de s'abstenir lors du vote pour la présidence de la province, permettant à Philippe Gomès d'en devenir au troisième tour de scrutin le président à la majorité relative. Les trois vice-présidents issus d'Avenir ensemble furent élus de la même manière. En l'absence de tout accord officiel de gestion avec le FN, la nouvelle majorité devra obtenir pour chacune de ses délibérations, le soutien soit du FN, soit du RPCR.

Cet échec du RPCR dans la province Sud n'a pas été compensé par le fait que le plus vieux parti anti-indépendantiste s'est bien maintenu dans le Nord et à même progressé de 70 voix dans les îles pour atteindre le score de 2 440 voix, soit 17,2 % d'un électorat uniquement mélanésien. Dans la province Nord, la division des listes non-indépendantistes aurait pu entraîner la disparition des quatre sièges obtenus par le RPCR lors de la précédente mandature. Finalement, le RPCR en retrouva trois, alors que la tête de liste de l'Avenir ensemble fut élue. La seule liste anti-indépendantiste aux îles Loyauté était RPCR, même si certains évoquèrent le fait que la liste de Richard Kaloi, Construire ensemble l'avenir, qui fut la seule liste à passer la barre des 5 % sans obtenir de sièges, avec 1 010 voix, était relativement proche de D. Leroux.

Les composantes du FLNKS n'arrivèrent pas à s'entendre, car elle souhaitaient se compter afin de décider qui présiderait à l'avenir le FLNKS. Sur le plan territorial, le PALIKA, bénéficiant de l'aide ponctuelle du RDO et de l'UPM, a réussi à dépasser l'UC en totalisant 12 594 voix soit 13,8 % des suffrages exprimés. L'UC, qui partit volontairement seule et qui refusa d'inclure dans ses listes R. Wamytan, R. Kaloi et J. Lalié, recueillit 10 623 suffrages, soit 11,8 %.

Il est à noter que les dissidences lui ont fait perdre théoriquement 4 695 voix, et donc la première place dans le camp indépendantiste.

Dans la province Sud, la composition d'une liste indépendantiste unitaire était indispensable au FLNKS pour retrouver les six sièges acquis en 1999. Les négociations menées entre le PALIKA (associé au RDO et à l'UPM) et l'UC ainsi que celles entre la liste UC dissidente de Rock Wamytan et l'UC échouèrent. Ce furent donc trois listes émanant du FLNKS et deux listes conduites par des indépendantistes FCCI qui durent se partager les quelques 9 000 voix indépendantistes possibles, sachant que la barre des 5 % correspondait à 3 633 inscrits. Le résultat fut que les indépendantistes purent se compter dans le Sud mais qu'aucune de leurs cinq listes n'atteint la barre leur permettant d'intégrer les institutions. Certains observateurs considèrent que ce résultat, qui était mathématiquement probable, marginalise 10 % de l'électorat (7 763 voix) et qu'il pourrait amener certains responsables indépendantistes (R. Wamytan, R. Mapou) à favoriser une certaine agitation.

Parallèlement, le PALIKA, qui disposait auparavant d'une majorité relative dans la province Nord, obtint 11 des 22 sièges. Il y eut un seul candidat à la présidence, Paul Néaoutyine. Cette élection lui permit de disposer de la majorité absolue, la voix du président d'une province étant prépondérante dans tout vote à égalité. Il est à noter qu'il fut élu avec l'appoint symbolique des trois voix du RPCR alors que les sept élus de l'UC préférèrent s'abstenir ainsi que la tête de liste d'Avenir ensemble.

Aux îles Loyauté, où sept listes sur huit étaient indépendantistes, l'ancienne majorité de l'UC se fissura du fait de la parité et des spécificités îliennes. D'une part, la parité obligea toutes les listes à alterner hommes et femmes de manière stricte. Aussi, les places éligibles disponibles pour les anciens élus diminuèrent-elles, et a qui rendit les arrangements difficiles voire impossibles. D'autre part, les îles Loyauté ne comportant que des électeurs mélanésiens répartis en trois îles ayant chacune un comportement unitaire vis-à-vis de l'extérieur et une grande diversité interne, les forces centrifuges dominent la vie politique.

C'est ainsi que Richard Kaloi, ancien Président UC de la Province des Îles de 1989 à 1995, exclu de son parti après les municipales de 2001, forma une liste, ou que Jacques Lalie, ancien bras droit du président UC sortant de la province des Îles, refusa d'être placé en position non éligible et mena une liste UC-Renouveau. La spécificité de ces élections fut que six des huit partis en présence eurent au moins un élu, ce qui aurait pu donner une province ingérable, cette division étant compensée par le fait que dix des quatorze conseillers sont indépendantistes. Les véritables gagnants de ce scrutin furent les Loyaltiennes. La nouvelle Assemblée de la province des Îles observe en effet une parité stricte : sept hommes et sept femmes. Une petite révolution : en 1999, la collectivité était à 100 % masculine ! ».

Graphique 1. Répartition des 14 sièges de la province des îles, 2004

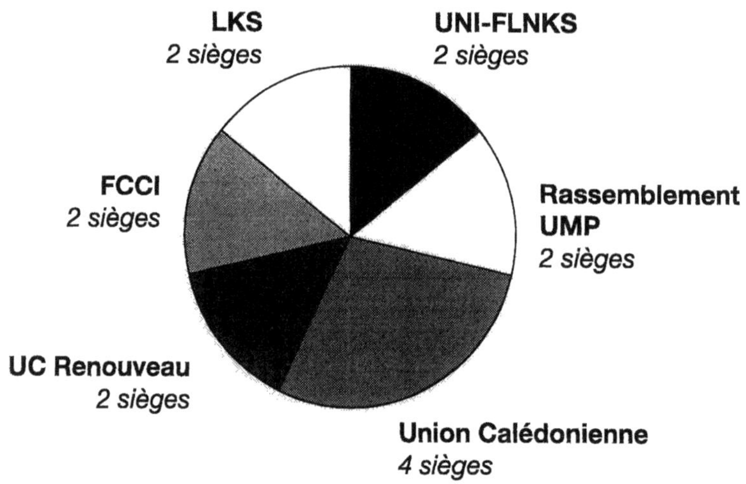

L'UC étant la formation la mieux représentée à l'assemblée, avec quatre sièges, refusa pour des questions internes l'appui qu'aurait pu lui apporter l'UC-Renouveau de J. Lalié. Il est à noter que le président de l'UC, P. Naouna, soutenu par le groupe de pression dirigé par Gérald Cortot, a fait le choix d'interdire les divergences internes en excluant du parti pour dissidence J. Lalié et R. Wamytan[21]. Finalement, L'UNI-PALIKA (2), le LKS (2) et la FCCI (2) choisirent de faire cause commune et de soutenir le candidat de l'UC (4). Leur union a donc permis l'élection, au premier jour, du maire de Lifou Néko Hnepeune avec 10 voix sur 14. Les vice-présidences traduisent cette majorité d'alliance : le PALIKA reçut la première, le LKS la seconde et la FCCI la troisième.

Au final, sur les trente-deux listes en compétition dans les trois Provinces, dix-sept n'ont pas passé la barre de 5 % des inscrits et une l'a franchie sans pour autant disposer d'un siège. 17 350 voix se sont donc perdues dans le néant institutionnel, laissant près de 20 % des votants sans représentation. Il est à noter que les petites listes écartées des assemblées, généralement originales dans leurs démarches, sont présentes essentiellement dans la province Sud. L'une d'elles, le Mouvement Chiraquien des Démocrates Chrétiens, prônait une lecture erronée de l'article 75 de la constitution française. « Ce texte autoriserait les individus se réclamant du droit coutumier à se soustraire aux obligations du droit commun, donc à cesser de payer loyer et factures » (*LNC*, 20/05, p. 5). L'existence du MCDC est significative d'un certain malaise social et de la difficulté pour l'État d'exercer ses prérogatives en matière de maintien de l'ordre[22]. Pourtant, cette liste obtint 1 070 voix

21. Ces deux personnalités de l'UC ont déclaré le 1er juillet qu'elles contestaient leur « soi-disant exclusion » prononcée lors du comité directeur d'Arama du 26 juin. Pour eux, les procédures prévues n'ont pas été respectées et ils rendent « nommément Pascal Naouna et Gérald Cortot responsables de la désunion et de l'affaiblissement progressif du mouvement indépendantiste en général et de l'Union calédonienne en particulier » *LNC*, 02/07/04, p. 10.

22. Cette affaire rappelle l'affaire inter-communautaire de Saint-Louis ou encore l'affaire foncière du clan At-Chee, l'État intervenant particulièrement prudemment. Il est à noter qu'un loueur de voiture reçut un chèque sans provision d'un million de francs cfp du MCDC pour la location de neuf véhicules destinés à la campagne électorale (*LNC*, 29/05, p. 5). Sur le plan anecdotique, le manifeste de ce parti arriva avec un coup de ciseaux dans la partie supérieure gauche, du fait de l'apposition d'un portrait du président de la République française visant à légitimer cette liste qui n'était en rien soutenue par J. Chirac. La commission de contrôle obligea M. Wahéo à découper 55 000 portraits. Le ton du manifeste était particulièrement virulent et se réclamait du président. « À l'image du Président de la République, Jacques Chirac, si souvent trahi ici, refusez la fracture sociale que ses faux-amis entretiennent à dessein pour le seul intérêt du pouvoir… et de leur porte-monnaie. Nous avons confiance en Jacques Chirac pour développer les mesures d'assainissement de la vie publique ».

dans le Sud. Son président, Marcko Wahéo, a finalement été arrêté deux semaines après les élections provinciales.

Dans la province Sud, la barre était à 3 633 voix. Les principaux perdants furent les cinq formations indépendantistes concurrentes : PALIKA et RDO 2 530 voix, Wamytan (dissidence de l'UC) 2 098, UC 1 848, Mapou 861 et FCCI 426. La communauté wallisienne et futunienne fut l'autre perdant puisqu'elle était représentée par trois listes qui eurent 1 140 voix (Manuohalalo), 749 (Union océanienne) et 429 (ROC). Néanmoins, comme d'autres Wallisiens et Futuniens étaient présents sur les listes anti-indépendantistes, Anne-Marie Siakinuu (AE) et Ana Logologofolau (RPCR) furent élues. Ceci, et le fait que le RDO, seul parti communautaire indépendantiste, n'ait regroupé que 5 % des électeurs wallisiens et futuniens, montre que la grande majorité des Polynésiens reste attachée à la Nouvelle-Calédonie dans la France.

Graphique 2.
Répartition des 54 sièges du Congrès

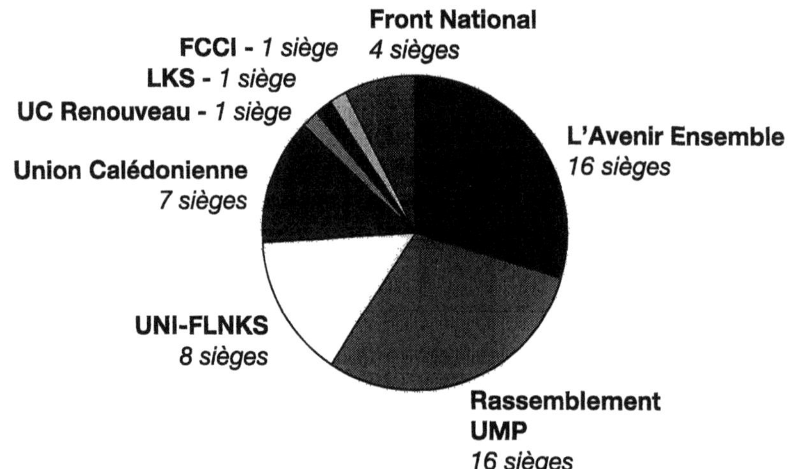

L'on retrouve donc huit partis au Congrès, avec 36 non-indépendantistes divisés en trois blocs de 16, 16 et 4, le RPCR arrivant ultérieurement à un groupe de 17 élus grâce au renouvellement de son accord avec la FCCI. Les tractations furent diverses[23] et finalement le Rassemblement-UMP perdit la présidence du Congrès, qu'il détenait depuis 1989, au profit d'Harold Martin, candidat d'Avenir ensemble élu au second tour avec les voix indépendantistes de l'UC et du LKS (celle-ci dès le premier tour) ainsi que celles du Front National. Il n'y a pas eu pour autant d'accord de gouvernement officiel, mais le souhait de prévoir une « majorité d'idées », qui s'appuierait éventuellement sur des partis politiques différents selon les textes.

Les explications de vote font état du fait que les partis ayant voté pour l'Avenir ensemble ne voulaient plus de la prééminence du RPCR. Le FN considère qu'il lui faut suivre la volonté de changement de la majorité loyaliste. Le LKS rappelle qu'une de ses militantes a été élue sur la liste de l'Avenir ensemble. Quant à l'UC, il justifie son choix par le fait qu'il partage le point de vue de l'Avenir ensemble sur la manière réputée négative dont le RPCR faisait vivre l'Accord de Nouméa (*LNH*, 27/05, p. 9). Le PALIKA s'étant abstenu, Jean-Pierre Djaïwé déclara : « la configuration actuelle nous convient. Plus personne ne peut rien imposer et tout le monde est obligé de discuter » (*LNC*, 22/05, p. 3). L'élection du président du Congrès étant annuelle, seul le temps dira si cet accord de circonstance perdurera ou si d'autres alliances apparaîtront durant la mandature.

23. Élizabeth Nouar : « Le congrès se réunit demain. Vers quelle majorité ? » dans *Les Nouvelles Hebdo*, n° 844, Nouméa, 20 mai 2004, p. 9. Cet article faisait le point des alliances possibles et tendait à démontrer qu'il n'y aurait pas de majorité absolue mais uniquement « des majorités d'idées ou de circonstances ». La journaliste cherchait à influencer la future position du FN en indiquant : « Avec ses 4 voix, le Front National pourrait faire peser la balance d'un côté ou d'un autre. Va-t-il s'engager cette fois-ci ? Il est vraisemblable que non ! D'une part, il aura de la peine à s'associer à des indépendantistes, et d'autre part, il est probable qu'il sera tenté par la passivité qu'il a observée vendredi dernier, à la province Sud, en choisissant de ne pas choisir ».

Le Congrès a fixé le nombre de membres du gouvernement calédonien à onze[24]. Le 10 juin 2004, le nouveau gouvernement du Territoire a été élu, avec à sa tête deux femmes, Marie-Noëlle Thémereau (Avenir ensemble, Présidente) et Déwé Gorodey (PALIKA, vice-Présidente). Mais il est mort-né. En effet, P. Frogier (Rassemblement-UMP) a annoncé la démission collective de sa liste, entraînant de fait la chute de ce gouvernement[25]. Pourquoi ?

Le Rassemblement-UMP n'avait obtenu que trois sièges au sein du gouvernement, alors qu'il pouvait prétendre à quatre. Un bulletin manquait à l'appel. Un « nul », pas un « blanc », un bulletin sur lequel une nouvelle élue du Rassemblement, Suzie Vigouroux, avait simplement écrit « Frogier » alors qu'il fallait voter pour une liste. Erreur pure et simple d'une novice, manipulation ou trahison ? Pour le Rassemblement, S. Vigouroux avait cédé à des pressions, indirectement attribuées à l'Avenir Ensemble. Aussi, après qu'elle ait rencontré J. Lafleur, elle annonça sa démission et une déclaration fut transmise aux médias[26].

---

24. Le gouvernement collégial est un élément innovant et complexe du statut actuel de la Nouvelle-Calédonie. Ses membres, de cinq à onze, sont élus par l'assemblée délibérante au scrutin de liste à la représentation proportionnelle. Il est présidé par un de ses membres, élu en son sein. « Le gouvernement est chargé collégialement et solidairement des affaires de sa compétence, le corollaire étant que ses membres ne disposent pas d'attributions individuelles. Chacun d'entre eux est chargé d'animer et de contrôler un secteur de l'administration qui correspond au domaine d'action qui lui a été confié ». Le gouvernement reste normalement en fonction cinq ans, c'est-à-dire jusqu'à l'expiration du mandat du Congrès. Comme tout exécutif, il prépare et exécute les délibérations du Congrès et les lois du pays.
25. L'article 121 de la loi organique précise que si un membre du gouvernement cesse d'exercer ses fonctions, il est remplacé par son suivant de liste. Si toute une liste démissionne, le gouvernement est démissionnaire de plein droit et il est procédé à l'élection d'un nouveau gouvernement. En 2002, l'Union Calédonienne avait déjà utilisé cette tactique pour renverser le premier gouvernement Frogier. Mais la démission n'est pas le seul moyen de paralyser l'action du gouvernement : en refusant de contresigner un acte concernant son secteur, un membre du gouvernement peut entraîner l'annulation de cet acte.
26. *Communiqué de Suzie Vigouroux, élue du Rassemblement-UMP dans la province Sud*, Nouméa, 10 juin 2004. « J'ai agi de la sorte suite aux pressions que j'ai subies depuis mon élection, pressions qui avaient déjà commencé lors de l'élection du Président de la province Sud ». *(Suite page suivante).*

Trois jours après, les élections européennes eurent lieu. En l'absence de véritable implication des sections locales des partis nationaux et du fait que les candidats calédoniens étaient placés en positions non éligibles[27], elles ne furent utilisées politiquement par aucun parti. Le seul enseignement que l'on peut en tirer, c'est que la majorité anti-indépendantiste est largement UMP et peu UDF, ce qui pourrait aider demain, soit le Rassemblement-UMP à retrouver la majorité, soit l'Avenir ensemble à privilégier les positions UMP de la plupart de ses cadres. Du reste, H. Martin s'est déjà rendu à Paris afin

---

(Suite de la note 26) La justice s'occupe des accusations réciproques entre le Rassemblement-UMP, qui a déposé plaine pour « corruption active et trafic d'influence » envers son élue S. Vigouroux, et l'Avenir Ensemble, qui dénonce une « diffamation aggravée », un « délit d'établissement de fausse attestation et [un] délit de sollicitation de fausse attestation ». Ce communiqué a ensuite été publié par *LNH*, n° 848, 17 juin, p. 9.

27. Autant le Parti Socialiste de Kanaky Nouvelle-Calédonie, lié par convention au PS national, n'apparut pas directement dans les élections, puisqu'il avait pu placer Michel Jorda en cinquième place sur la liste du PALIKA-RDO, autant il obtint que, lors des élections régionales, son Premier secrétaire Atelemo Moleana soit le troisième de la liste pour les collectivités d'outre-mer. L'UDF, traditionnellement peu implantée outre-mer, mit le premier-adjoint du maire de Dumbéa, Jean-Yves Flejo, inconnu du grand public, troisième de liste. L'UMP ayant placé en seconde place le Polynésien Georges Puchon, le RPCR n'y avait pas de candidat. Le RPCR publia cependant une *Lettre du rassemblement-UMP, spécial élections européennes*, le 28 mai. Guy George était le second de la liste du Front National. Une rumeur insistante considère que si Didier Baron présenta une liste commune « Patrimoine et environnement avec les verts » avec Raphaël Mapou aux provinciales, c'est que le parti « vert » métropolitain lui avait indiqué qu'il était nécessaire qu'il mène une liste clairement écologiste s'il souhaitait figurer ensuite sur la liste verte pour l'Europe. Un cinquième Calédonien, le Mélanésien Abraham Bolé, qui réside en Métropole, était en troisième position sur la liste Pasqua. Seulement 25,4 % des 133 000 membres du corps électoral (complet) allèrent voter : 34 % pour l'UMP soit 2 000 voix de moins qu'en 1999, 14,6 % pour l'UDF qui double son score, 14,8 % pour le FN qui progresse de 6,8 points. La désaffection, aux élections provinciales, d'une part de l'électorat du RPCR semble s'être reportée sur ces élections, expliquant par contre-coup la progression des deux autres formations. À gauche, le parti socialiste fait un score de 17,1 %, soit 1 700 voix de plus qu'en 1999. Ce parti s'est même imposé en province des îles avec 55 % des votes et en province Nord avec 39 %, ce qui confirme ses liens privilégiés avec la cause indépendantiste. Enfin, les verts décrochent une cinquième place avec 7,85 % des voix, soit un gain de 2 % et 2 554 voix alors qu'ils n'en eurent que 861 aux provinciales.

d'essayer d'obtenir la neutralité, voire l'investiture de l'UMP. Il est à prendre en compte le fait que la France devrait être dirigée par l'UMP pour le moins jusqu'en 2007.

Le gouvernement démissionnaire instruisit les affaires courantes et un nouveau gouvernement fut élu le jeudi 24 juin 2004. Or, une fois élus, les quatre membres de l'Avenir ensemble (21 voix soit l'Avenir plus le FN et le LKS), les quatre membres du Rassemblement-FFCI (17 voix), les deux membres du PALIKA et le membre de l'UC, ils n'arrivèrent pas à s'entendre sur la présidence. L'Avenir ensemble la désirait du fait qu'il avait le plus grand nombre de voix dans la province Sud et qu'il avait le plus de partenaires politiques. Le Rassemblement la souhaitait en insistant sur le fait que ce parti avait eu le plus grand nombre de suffrages sur l'ensemble des trois provinces (21 880 voix contre 20 340 pour l'Avenir) et qu'il représentait le groupe le plus important. Les trois élus indépendantistes firent savoir qu'ils laissaient la majorité non-indépendantiste régler elle-même ses problèmes. Le gouvernement ayant statutairement cinq jours pour se réunir, il fut annoncé qu'en cas de blocage, le conseil des ministres de la République française serait habilité à dissoudre le congrès, et donc *ipso facto*, à renvoyer les électeurs devant les urnes.

Finalement, il fallut attendre le mardi 29 juin pour qu'un accord intervienne. Le Rassemblement-FCCI décida de ne plus exiger la présidence, qui alla à nouveau à Marie-Noëlle Thémereau, refusa la vice-présidence qu'il laissa à l'indépendantiste D. Gorodé et se contenta dans la répartition des tâches de secteurs secondaires. D'une part, les électeurs considéraient en grande majorité qu'un éventuel blocage des institutions serait dû essentiellement à l'obstination du RPCR. D'autre part, le RPCR était le parti qui avait *a priori* le plus à perdre en cas de réélection. L'Avenir ensemble étant considéré comme le parti du « changement » et ses promesses électorales n'ayant pas subi l'épreuve du temps, ses contradictions internes ne sont pas encore visibles. Le Front National avait su suivre le choix des électeurs alors que traditionnellement le RPCR perd des voix en sa faveur lors des périodes les plus difficiles. Quant aux indépendantistes, qui s'étaient eux-mêmes éliminés de la province Sud, ils étaient susceptible d'être les grands gagnants de ce retour aux urnes[28]. Pierre Frogier publia un communiqué explicitant le point de vue du RPCR : « un geste, pas un accord ».

C'est le 2 juillet que les secteurs du gouvernement furent définis. Chaque parti s'est dit satisfait de la répartition des secteurs gouvernementaux[29], qui ont fait l'objet de plusieurs nouvelles dénominations complémentaires révélant les « nouvelles priorités gouvernementales » : « condition féminine et citoyenneté », « développement durable », « schémas d'aménagement », « recherche », « commerce extérieur » et « solidarité ». Le communiqué officiel fait état de l'instauration d'un « équilibre entre les membres du gouvernement en termes de responsabilités comme de travail, en accord avec le principe de collégialité ».

28. Il est difficile de faire des pronostics mais on aurait très bien pu avoir une assemblée de la province Sud comportant 5 indépendantistes, ce qui aurait sans doute figé le FN à 5, et mathématiquement fait descendre Avenir ensemble à une fourchette de 16-19 et fait tomber le RPCR à 11-14. Théoriquement, aucun parti n'aurait pu retrouver la majorité absolue qui existait en 1999 et cette absence était susceptible d'entraîner une instabilité chronique de l'assemblée. En effet, les élus anti-indépendantistes, dans leur lutte fraticide, aurait dû faire un certain nombre de concessions à leurs alliés du moment.

29. Thémereau : (AE, présidente, 54 ans) affaires sociales et solidarité ; Gorodé (PALIKA, vice-présidente) culture, condition féminine et citoyenneté ; Frogier (RPCR, 54 ans) commerce extérieur, suivi des questions relatives aux relations extérieures et aux relations avec l'Union européenne ; Leroux (AE, 57 ans) économie, fiscalité, développement durable, mines, transports aériens et communications ; Cortot (UC, 55 ans) transports terrestres et maritimes, sécurité routière, infrastructures et énergie, en charge du schéma d'aménagement et de développement ; Devaux (RPCR, 41 ans) santé et handicap ; Song (AE, 50 ans) formation professionnelle, emploi et fonction publique ; Washetine (PALIKA, 47 ans) enseignement, recherche ; Briault (RPCR, 57 ans) finances et budget ; Babin (AE, 45 ans) agriculture, élevage et pêche ; Ponga (RPCR, 57 ans) jeunesse et sports. M.-N. Thémereau : « D'origine corrézienne, elle est mariée, mère de deux enfants et deux fois grand-mère. De milieu modeste, elle entre dans l'administration en 1971. Volontaire, elle en gravit tous les échelons tout en décrochant une maîtrise de droit ! En 1988, elle démissionne et rejoint Pierre Frogier pour gérer une agence immobilière. Un an plus tard, elle se retrouve, pour la première fois, sur la liste du RPCR pour les élections provinciales. Elle a été vice-présidente de la Province Sud de 1996 à 1999 et première vice-présidente du Congrès de la Nouvelle-Calédonie de 1999 à 2001. En 2001, elle décide cependant de claquer la porte du Rassemblement dont elle conteste les méthodes », *LNC*, 30/06, p. 3.

Les enjeux politiques de la prochaine mandature

La Nouvelle-Calédonie se retrouve aujourd'hui sans véritable majorité politique, ni dans la province Sud, ni dans la province des Îles, ni au Congrès, ni même au Gouvernement. C'est pourtant dans ce paysage recomposé que les différents partis vont devoir conserver ou trouver de nouvelles alliances pour former des assemblées cohérentes et capables de travailler.

J. Lafleur « a regretté que l'Avenir Ensemble n'ait pas eu l'élan d'unité qui aurait permis d'asseoir une majorité non-indépendantiste dans les institutions pour poursuivre la construction de la Nouvelle-Calédonie avec les autres partenaires des Accords de Nouméa » (*LNC*, 15/05, p. 3). Il reproche à ce parti de ne pas avoir de vision d'ensemble de l'avenir de la Nouvelle-Calédonie, de faire le jeu des partis, ce que critiquait en son temps le général de Gaulle, et il considère qu'il était le mieux placé pour proposer progressivement une sortie négociée des Accords de Nouméa. Parallèlement, il avait prévu de demander à l'État français de réduire les pouvoirs du gouvernement Territorial et une modification de la clef de répartition des ressources en faveur de la province Sud, remettant en question pour des raisons démographiques pragmatiques une partie de la politique de rééquilibrage entre le Nord et le Sud de l'archipel.

P. Gomès considère que les Calédoniens « ont estimé que le système qui gouvernait assez largement l'ensemble de la Nouvelle-Calédonie avait peut-être un peu trop duré, s'était installé dans un certain nombre d'habitudes, parfois de mauvaises habitudes, et qu'il convenait de le changer. C'est aussi la preuve d'une évolution de la réflexion des Calédoniens par rapport aux enjeux de l'année 2004 et des années à venir. Nous devons nous retrouver dans un destin commun et plus dans une stratégie d'opposition de blocs, indépendantiste et non-indépendantiste… Une fraction de plus en plus large, libérale et moderniste, de partisans de la Calédonie dans l'ensemble français ne support[ait] plus l'autoritarisme et le paternalisme de J. Lafleur, ni son omniprésence dans les circuits économiques. De leur côté, les indépendantistes d'aujourd'hui ne sont pas ceux des années 1980. L'indépendance demeure un objectif, mais de plus en plus mythique ».

Quant à H. Martin, il déclara lors du discours d'investiture : « Comptez sur moi pour que cette institution soit le poumon de notre action pour construire l'Accord de Nouméa et le destin commun, pour réduire les inégalités dans notre pays et pour préparer ce que nous avons tous appelé le futur partagé » (*LNC*, 22/05, p. 2).

Malgré des discours assez différents, l'opposition fut plus personnalisée qu'idéologique. En effet, les personnalités les plus fortes d'Avenir ensemble sont issues du RPCR. Elles sont souvent issues de l'aile la plus libérale de ce parti, tant sur le plan de la vie économique que sur le plan de la liberté d'expression. L'Avenir ensemble ne s'attendait pas à une victoire électorale de cette envergure, qui la mette dès cette mandature en position d'appliquer son programme politique. Il est à noter que ce groupe n'est pas encore véritablement structuré dans un parti et qu'il est pétri de contradictions sur le plan idéologique puisqu'il comporte des élus allant de la droite dure à un indépendantisme de gestion. Certains observateurs politiques considèrent donc que les conflits internes l'emporteront et que ce parti à venir implosera, sans doute au profit de son groupe d'anciens du « RPCR ». D'autres pensent qu'en raison des enjeux de pouvoir, les principaux responsables sauront composer entre eux, mais aussi avec leurs militants et leur tout nouvel électorat.

La nouvelle mandature sera sans doute marquée par les difficultés pour la majorité relative que possède l'Avenir ensemble, tant à la province Sud qu'au congrès, de réaliser son programme sans tomber dans les compromissions. Le RPCR a indiqué qu'il pratiquerait une opposition ferme et constructive, et qu'il dénoncerait toutes les décisions susceptibles de renforcer les positions du FLNKS. Le Front National et les indépendantistes espèrent obtenir un « espace de liberté » plus important, c'est-à-dire obtenir des concessions en contre-partie de leur soutien nécessaire.

Sur le plan administratif, la seconde mandature de l'Accord de Nouméa devrait voir le transfert (irréversible et accompagné d'une dotation annuelle de compensation) de l'enseignement secondaire, du droit civil et commercial ou des principes directeurs de la propriété foncière, dès lors que les élus en font la demande aux trois-cinquième dans les six mois qui suivent la mise en place du congrès. Parallèlement, les nouveaux élus vont devoir poursuivre les projets métallurgiques et ils ont indiqué qu'ils allaient entreprendre la construction d'une « véritable » citoyenneté[30].

Sur le plan économique, l'enjeu est d'importance puisque la nouvelle équipe doit rassurer les consommateurs ainsi que les investisseurs. C'est ainsi que les trois semaines correspondant à la crise gouvernementale ont enregistré une baisse sensible des recettes dans le tertiaire. Une question récurrente reste l'emploi local. Le RPCR y était théoriquement favorable, mais il prônait comme le patronat l'emploi local à qualification égale alors qu'il y aura toujours un immigrant métropolitain plus diplômé que le chercheur d'emploi calédonien. La formation Avenir ensemble semble vouloir aller beaucoup plus loin dans ce domaine éminemment sensible. Le problème principal sera la gestion du dossier minier, qui correspond à des investissements d'une importance cruciale pour l'avenir du pays. Les nouveaux responsables politiques du pays sauront-ils favoriser et contrôler l'implantation des deux multinationales attendues ?

Les premières actions du nouvel exécutif de la province Sud correspondent au programme d'Avenir ensemble et ont été d'ordre économique. C'est ainsi que l'avancée du projet d'Installation de Stockage des Déchets à Boulouparis a été suspendu et que la vente du terrain de Gouaro Déva à Bourail a été bloquée. Le nouvel exécutif a aussi annoncé qu'il allait recevoir dès que possible les responsables de Goro Nickel pour obtenir un nouvel accord en ce qui concerne la prospection du massif de Prony.

Sur le plan administratif, P. Gomès a d'abord refusé de verser les indemnités concernant les trois licenciements de cadres, attachés à la présidence précédente, intervenus juste avant sa prise de fonction. Il a ensuite licencié l'un des 52 agents de l'administration liée à la « maison bleue », c'est-à-dire l'hôtel de province. L'assemblée a ensuite choisi de nouveaux représentants dans les établissements publics ou mixtes liés à

30. Faure Pierre : *Citoyenneté identitaire & identité citoyenne*, DEA Sociétés et cultures dans le Pacifique insulaire, Université de la Nouvelle-Calédonie, Nouméa, 2004, 196 p.

la province (*LNC*, 28/05, p. 22), permettant la nomination de nouveaux présidents plus en phase avec la nouvelle majorité. Dans le même temps, l'exécutif provincial annonçait la mise en place d'un audit financier de la province qui serait assuré par une société métropolitaine.

Logiquement, le RPCR réprouve ces mesures et dénonce les incohérences réelles ou imaginaires de la nouvelle majorité, considérant qu'il « ne faudrait pas que – lorsque le temps de l'état de grâce sera passé – la somme de ces alliances, de ces incohérences, de ces fixations et de ces règlements de compte, ajoutés à la priorité donnée au pouvoir et au court terme, exposent la Calédonie à une crise qui pourrait être plus grave encore »[31]. Les mois à venir diront si l'Avenir ensemble n'était qu'une machine électorale au service d'ambitions personnelles ou s'il s'agit d'une conception autre de la politique, mettant l'économique au service de la générosité et de la solidarité.

Au niveau du Congrès, on constate la même politique de changement et de mise à l'écart du RPCR. Comme le titrait un journaliste, « le Rassemblement n'a plus d'amis » (*LNC*, 12/06, p. 3). Effectivement, le groupe RPCR-FCCI n'eut jamais que ses 17 voix alors que tous les votes montrèrent l'alliance objective entre l'Avenir ensemble et le Front national, parfois avec le soutien de l'UC. Le PALIKA a tenu à ne jamais départager les non-indépendantistes, mais il a soutenu une fois l'élection d'un représentant de l'UC. Finalement, le RPCR n'eut que six places sur 64, soit moins de 10 % des sièges possibles.

Sur le plan national, le Rassemblement-UMP est toujours le représentant officiel de l'UMP[32] mais il paraît probable que si la partie UMP d'Avenir ensemble gagnait les élections législatives de 2007, les nouveaux députés seraient agréés par l'Union pour un Mouvement Populaire. Un débat interne quant au choix du candidat pour le siège de député de la première circonscription sera nécessaire dans le futur parti à naître suite à la victoire de la liste de l'Avenir ensemble : D. Leroux

31. ENCP : « Explications de prétexte » dans *Les Nouvelles Hebdo*, n° 850, Nouméa, 1er juillet 2004, p. 4.
32. David Martin : « Pierre Maresca : « L'UMP en Nouvelle-Calédonie, c'est le Rassemblement » », *LNC*, 3 juillet 2004, p. 9. *Ibid* : « Harold Martin prend contact à Paris », *LNC*, 1er juillet, p. 9.

(UDF) ou H. Martin (UMP). Le premier a financé la campagne électorale, le second peut considérer que la présidence du Congrès ne correspond pas à la place qu'il pourrait souhaiter. On peut imaginer une solution : H. Martin allant concurrencer P. Frogier et P. Néaoutyine dans le Nord et D. Leroux se présentant contre le nouveau candidat du RPCR. Actuellement, le RPCR perdrait les deux sièges. Rien n'est moins sûr en 2007 si le RPCR se réformait de l'intérieur. Par ailleurs, l'État pourrait décider, après le recensement d'août 2004, de créer une troisième circonscription.

Les deux questions principales restent le sens que la nouvelle majorité, d'idées ou de circonstances, plurielle ou composite, souhaitera donner à l'Accord de Nouméa et la réussite ou non des modalités d'application qu'elle préconise, c'est-à-dire la recherche d'une autre définition de la collégialité, plus démocratique et plus consensuelle. Derrière les mots, on trouve deux conceptions des rapports politiques et de la meilleure manière de conserver la Nouvelle-Calédonie dans la France. Pour l'Avenir ensemble, seule la mise en place d'un véritable partage du pouvoir désarmera les responsables des partis indépendantistes et permettra l'émergence d'un destin commun[33]. Par rapport à cet objectif déclaré, la mise à l'écart systématique du Rassemblement est de mauvais augure. Pour le RPCR, seule l'existence d'une majorité forte permet de discuter avec le FLNKS et de faire – sans dérive indépendantiste – les concessions nécessaires à l'évolution statutaire et économique du pays.

C'est ainsi que pour J. Lafleur le pire est « de voir réunis dans un même parti des gens qui sont pour l'Accord de Nouméa et d'autres pas. Il est même dangereux pour l'Avenir de vouloir reproduire ce que nous avions fait à l'époque des Accords de Matignon. Pour une raison simple et précise et qui va se confirmer dans l'avenir. Nous avions alors la majorité et nous pouvions arrêter éventuellement les débordements »

33. À la réponse, l'Avenir ensemble est-elle pour ou contre l'indépendance, Philippe Gomès répondit : « Faux débat... Pour nous, à l'Avenir ensemble, sous réserve qu'on ait donné corps au destin commun, chacun avec sa place et dans la dignité, le débat pour ou contre l'indépendance paraîtra dans quinze ans aussi démodé que le débat d'il y a trente ans sur l'autonomie ou la départementalisation. Parce que les compétences qui resteront à attribuer dans quinze ans ne seront plus exercées par la France mais par l'Europe ». *LNC*, Nouméa, 16/06, p. 3.

(*LNC*, 12/06, p. 3). *A contrario*, pour Jean-Pierre Djaiwé (PALIKA), « on peut très bien gouverner sans majorité en se fondant sur la collégialité ». Quant à Marie-Noëlle Thémereau, elle déclara : « Le fait qu'il n'y ait pas de majorité n'est pas un handicap, mais une chance pour faire vivre le débat démocratique en Nouvelle-Calédonie ». Cette appréciation devra être évaluée à la lumière des futurs développements de la situation politique locale.

Nous sommes conscients que cette micro-analyse porte sur un aspect particulièrement délicat du temps présent tout en considérant qu'il fallait écrire cette page d'histoire immédiate, brouillon d'une future écriture historique plus sereine et mieux documentée, pour mieux appréhender les enjeux à venir.

Les évolutions du FLNKS sont importantes car elles préfigurent les revendications politiques de demain, sachant que le nombre d'électeurs favorables à l'indépendance s'élève désormais à près de 40 % des suffrages exprimés[34]. La courte défaite du RPCR et la victoire incomplète de l'Avenir ensemble font qu'il n'existe plus de majorité cohérente dans le camp anti-indépendantiste jusqu'aux élections provinciales de 2009, à moins qu'une démission du gouvernement et une dissolution du Congrès, interviennent d'ici là.

34. « En 95, en chiffres arrondis, sur 102 500 inscrits et avec une participation de 70 %, l'électorat non-indépendantiste avait recueilli 44 700 suffrages et l'électorat indépendantiste 26 500 voix. Soit un partage d'opinion de l'ordre de 63 % pour les premiers et de 37 % pour les seconds. En 99, sur 108 300 inscrits et avec une participation de 74 % (soit 8 000 exprimés de plus, le camp non-indépendantiste avait progressé de moins de 2 000 voix et le camp indépendantiste d'un peu plus de 6 000 voix. Le partage global s'établissait alors à 59 % pour les « loyalistes » et 41 % pour les indépendantistes. En 2004... les formations clairement notées indépendantistes recueillent 34 172 voix et les listes non-indépendantistes 51 922 voix, 3 500 suffrages allant à des groupes sans positionnement... La balance politique s'inscrit ainsi à 60/40 en faveur des non-indépendantistes... cet équilibre traditionnel ne se retrouve pas tout à fait au Congrès où les formations indépendantistes ne disposent que de 33 % des sièges ». Anonyme : « 17 350 voix se sont perdues » dans *LNC*, Nouméa, 12/05, p. 3.

Ces changements semblent vouloir aller dans le sens d'une application plus « généreuse » de l'Accord de Nouméa. Qu'en sera-t-il dans les faits ? Quelle sera l'influence du retrait progressif de celui qui incarna la Nouvelle-Calédonie dans la France ? La majorité précédente imposait sa lecture de l'Accord mais sa politique obtenait des résultats tangibles, la majorité actuelle convaincra-t-elle l'électorat loyaliste que sa manière est tout aussi efficace ? Enfin, l'électorat kanak non-indépendantiste (20 à 25 % de la population mélanésienne), traditionnellement lié au Rassemblement, restera-t-il avec celui-ci quelles que soient ses évolutions ? Migrera-t-il vers l'Avenir ensemble ? Ou préférera-t-il se rapprocher des partis indépendantistes modérés ?

ANNEXE
Les élections de 2004*

ÉLECTIONS PROVINCIALES				
	Province Sud	Province Nord	Province des Îles	Nouvelle-Calédonie
Inscrits	72 623	28 875	18 043	119 541
Votants	56 237	20 875	14 266	91 378
Nuls	1 426	316	75	1 815
Exprimés	54 811	20 559	14 191	89 461
Taux de participation	**77,43 %**	**72,29 %**	**79,06 %**	**76,20 %**

ASSEMBLÉE DE LA PROVINCE SUD			
Parti	Voix	Sièges au Congrès	Sièges à la Province
L'Avenir Ensemble	18 574	15	19
Rassemblement - UMP	17 094	13	16
Front National	6 135	4	5
Total	**41 803**	**32**	**40**

* *Source JONC*

ASSEMBLÉE DE LA PROVINCE NORD			
Parti	Voix	Sièges au Congrès	Sièges à la Province
UNI - FLNKS	7 711	7	11
Union Calédonienne	5 576	5	7
Rassemblement - UMP	2 346	2	3
L'Avenir Ensemble	1 754	1	1
Total	**17 387**	**15**	**22**

ASSEMBLÉE DE LA PROVINCE DES ÎLES			
Parti	Voix	Sièges au Congrès	Sièges à la Province
Union Calédonienne	3 199	2	4
Rassemblement - UMP	2 440	1	2
UNI - FLNKS	2 313	1	2
LKS	2 222	1	2
UC Renouveau	1 587	1	2
FCCI	1 256	1	2
Total	**13 017**	**7**	**14**

CONGRÈS DU TERRITOIRE		
Parti	Voix	Sièges au Congrès
Rassemblement - UMP	21 880	16
L'Avenir Ensemble	20 328	16
UNI - FLNKS	10 024	8
Union Calédonienne	8 775	7
Front National	6 135	4
LKS	2 222	1
UC Renouveau	1 587	1
FCCI	1 256	1
Total	**72 307**	**54**

Postface

Nous ne souhaitons pas de conclusion au moment où cet ouvrage arrive à ses dernières pages, car ces fragments d'histoire calédonienne, à travers de nouvelles perspectives et de nouveaux objets, ont montré que l'histoire de la Nouvelle-Calédonie s'avérait complexe et souvent plurielle.

Les différentes communautés qui composent le patchwork calédonien cheminent les unes à côté des autres et leurs histoires se croisent et se mêlent au quotidien sans pour autant former une histoire nationale. En effet, la situation particulière de la Nouvelle-Calédonie fait que cette dernière participe à la fois à l'histoire de France, à l'histoire du fait colonial – qui intègre la décolonisation et le post-colonialisme – et à sa propre histoire.

Beaucoup reste donc à faire et nous espérons que la pierre ci-avant que nous avons apportée à l'édifice de la maison commune sera suivie de beaucoup d'autres.

Depuis que nous avons mis en place en 1991 une filière d'histoire à l'Université Française du Pacifique, devenue en 1999 l'Université de la Nouvelle-Calédonie, toutes les communautés ont généré des diplômés en histoire. Ce sont eux qui auront la charge d'écrire ou de réécrire demain, avec le soutien de leurs aînés, toutes les facettes de l'histoire du Kaléidoscope calédonien.

Notice biographique*

* Collectif : « F. Angleviel. Professeur des universités en histoire (notice) » dans *Institut des Mondes Océanien et Australasien (IMOA)*, Université de la Nouvelle-Calédonie, Nouméa, 2004, 62 p. Notice réactualisée et reformulée au niveau de la partie bibliographique.

Le professeur Frédéric Angleviel travaille sur le Pacifique francophone depuis 1982 (Wallis et Futuna, Nouvelle-Calédonie, Vanuatu) et il est rentré en Nouvelle-Calédonie en 1986. Il a donc participé activement, non seulement à l'écriture de cette histoire encore méconnue, mais aussi à l'organisation de la recherche historique régionale.

Un triple cursus

Il a suivi un triple cursus, tant à Montpellier (histoire et géographie) qu'à Bordeaux (ethnologie). Diplômé tant en second qu'en troisième cycle dans ces trois disciplines, il a opté pour une thèse nouveau régime d'histoire contemporaine qui a été finalisée en 1989. Tout récemment, il a été le premier historien calédonien à obtenir une Habilitation à Diriger des Recherches lui permettant d'encadrer les étudiants issus de l'Université de la Nouvelle-Calédonie où il enseigne depuis 1993.

Reçu au concours externe du Capes d'histoire en 1985, il rentre en 1986 en Nouvelle-Calédonie. L'École Normale créant un poste d'historien, il y est recruté en 1987 et c'est à ce titre qu'il dirige pour l'inspection générale l'adaptation des programmes d'histoire aux spécificités calédoniennes.

Ses travaux correspondant à l'esprit des Accords de Matignon, il est nommé directeur du Centre Territorial de Recherche et de Documentation Pédagogiques de Nouvelle-Calédonie. Durant les quatre années qui suivront, il publie à titre d'éditeur institutionnel cinq manuels scolaires adaptés : 3 pour la Nouvelle-Calédonie (histoire CM, sciences naturelles CM, histoire sixième), 1 pour Wallis et Futuna (histoire-géographie CM) et 1 pour le Vanuatu (livre de lecture CM).

Après avoir été boursier à deux reprises de l'École française de Rome, il obtient en 1995 le prix Auguste Pavie de l'Académie des Sciences d'Outre-Mer pour son premier ouvrage.

Un sens de l'équipe

Connu pour ses qualités de coordinateur et de rassembleur de talents, il co-dirigea en 1992 le manuel d'histoire de la Nouvelle-

Calédonie CM et en 1999 un ouvrage portant sur Wallis-et-Futuna. Parallèlement, il coordonna un ouvrage consacré à l'archéologie industrielle en Nouvelle-Calédonie (1996) et deux colloques consacrés à l'Océanie (1995 et 2000).

En 2004, il a coordonné un numéro spécial du *Journal of Pacific Studies* (Suva), les actes d'un séminaire universitaire sur les *Violences Océaniennes* et le premier numéro de la revue *Annales d'Histoire Calédonienne*. En 2005, il publie les actes de la 16e Pacific History Conference et il coordonne avec R. Aldrich l'atelier sur l'histoire du Pacifique du 20e Congrès international des sciences historiques (Université de Sydney).

Éditeur, il l'a été sur le plan institutionnel de 1991 à 1994 au CTRDP. En 1996 il a créé la collection « 101 mots pour comprendre » aux éditions calédoniennes Île de lumière, collection qui comprend à ce jour sept titres. Depuis 1999, il a fondé la collection *Fac-similés océaniens* aux éditions parisiennes L'Harmattan : ainsi, cinq anciens ouvrages sont dès à présent à nouveau accessibles au grand public. En 2004, il a créé une revue annuelle, *Annales d'histoire calédonienne*, co-éditée par le GRHOC et l'éditeur parisien *Les Indes savantes*. En 2005, il a créé la collection « Portes océanes » avec les éditions L'Harmattan.

Actif sur le plan associatif, il a créé l'Association pour la diffusion des thèses sur le Pacifique francophone (THÈSE-PAC) et le Groupe de Recherche en Histoire Océanienne Contemporaine (GRHOC). Il fut membre fondateur de l'association des professeurs d'histoire-géographie et de l'association Corail qui organise un colloque annuel depuis 1988. Secrétaire général de la Fédération des Œuvres Laïques de Nouvelle-Calédonie de 1996 à 2003, il reçut à ce titre les palmes académiques.

Une intégration régionale

En 2001, il a été Visiting Fellow au Centre for Contemporary Pacific de l'Australian National University (Canberra). À cette occasion, il a été nommé membre du comité de lecture chargé de l'édition du *Dictionary of Pacific Islands Biography*.

Après deux années de réunions préparatoires, il a été élu en 2003 membre fondateur du bureau du Conseil International pour l'Étude des îles du Pacifique, patronné par l'Unesco et dont le siège se situe à Apia. Conseiller municipal de la ville de Nouméa depuis 2001, il y préside le comité des villes jumelles.

Correspondant scientifique pour la Nouvelle-Calédonie du *Journal of Pacific History* depuis 1999, il participe au comité de lecture des *Cahiers de Wallis et Futuna* et il a été durant trois mandats membre du conseil d'administration de la Société des Océanistes. Il rédige depuis 1998 la rubrique politique annuelle concernant Wallis et Futuna dans la revue américaine *Contemporary Pacific.*

Thèmes de recherche scientifique

Une recherche centrée sur la Franconésie. Ce néologisme, inventé par le libraire Jean-Louis Boglio, paraît tout à fait significatif de l'existence d'une francophonie particulière en Océanie, avec des situations linguistiques très différentes dans les quatre territoires concernés. F. Angleviel a structuré sa recherche selon trois axes majeurs :

– Perception du christianisme en Océanie : acculturation ou inculturation

Il a mené ses premières recherches en ce domaine à Wallis et Futuna et il les a ensuite étendues à la Nouvelle-Calédonie. Plus récemment, il a développé pour ces deux entités des recherches comparatives quant aux méthodes d'évangélisation ainsi qu'en ce qui concerne la perception du fait religieux par les insulaires. Parallèlement, il a entrepris l'étude de la pensée laïque en Nouvelle-Calédonie, phénomène français par excellence, afin de vérifier sa pertinence dans un contexte colonial et au contact d'une civilisation Autre.

– Identité et histoire des vagues de peuplement

L'étude exhaustive de l'histoire de Wallis et Futuna au XIXe siècle l'a amené à travailler sur la notion d'identité et sur les contacts inter-communautaires. Son intérêt se porte plus précisément sur la période du XIXe siècle en Nouvelle-Calédonie ; sur l'identité « caldoche » et les identités océaniennes et sur les communautés asiatiques de Nouvelle-

Calédonie et du Vanuatu. Parallèlement, il a commencé à étudier l'histoire immédiate du Pacifique francophone, car l'histoire du temps présent participe désormais des programmes scolaires.

– *Les sources historiques : oralité et archéologie industrielle*

Il a commencé en 1995 des recherches sur les récits de vie de personnalités ou d'individus représentatifs de l'évolution du système éducatif laïc ou de l'organisation religieuse de la Nouvelle-Calédonie. Au cours des journées géographiques 1994 organisées par l'Université Française du Pacifique, il a été sensibilisé sur le plan scientifique à un problème auquel il était déjà confronté à titre associatif : l'étude et la préservation du patrimoine né de la présence occidentale.

Dans le même esprit, il lui semble important de mener des recherches permettant de mieux connaître les sources historiques disponibles. Ceci explique l'importance qu'il donne aux recherches consacrées à la recension des fonds d'archives ou à l'élargissement de la notion de document historique.

Participation à l'organisation de la recherche scientifique

F. Angleviel est membre depuis 1997 d'une Jeune Équipe universitaire s'intéressant à *L'anthropologie : oralités et identités dans le Pacifique insulaire* qui est devenue une Équipe d'Accueil rebaptisée *Institut des Mondes Océanien et Austronésien.*

Il est par ailleurs membre associé du *Groupe de Sociologie des Religions et de la Laïcité* de l'EPHE, V[e] section, de *l'Institut de droit d'Outre-Mer* de la faculté de droit de l'Université de Montpellier I et *du Centre d'Études du Pacifique* de l'Université du Havre (CEPAC).

Il a participé à un jury de thèse et à 12 jury de DEA. Il est responsable scientifique de la convention de recherche associant depuis 2003 l'unité de recherche (UR) n° 92 de l'IRD et l'Équipe d'Accueil (EA) n° 3328 de l'Université de la Nouvelle-Calédonie, dans le cadre de la thématique suivante : « Les sociétés océaniennes et leurs milieux. Évolution et transformation sur le long terme ».

Il a aussi été nommé en 2003 expert au niveau national pour le Ministère de la Recherche à la Mission Scientifique, Technique et Pédagogique, section humanités (MSTP 6).

Principales publications

Auteur actif depuis 1987, il a publié, tant sur la Nouvelle-Calédonie que sur Wallis et Futuna, trois ouvrages à titre de seul auteur, un en tant que co-auteur, neuf à titre d'éditeur, il a participé à quinze ouvrages collectifs scientifiques, à deux hommages et à seize actes de colloques.

En ce qui concerne les revues, il a publié huit articles dans des revues françaises internationales, quatre dans des revues nationales et plus de 20 articles dans des revues régionales.

Pour les articles publiés à l'étranger, il a publié six articles d'importance en langue anglaise (Hawaii, Australie, Nouvelle-Zélande), 2 en italien et 1 en français en Nouvelle-Zélande.

Sur le plan de la valorisation de la recherche, il a dirigé trois manuels scolaires, participé à trois autres et réalisé de nombreux compte rendus dont vingt-six pour la *Revue Française d'Histoire d'Outre-Mer*.

Bibliographie de l'auteur sur la Nouvelle-Calédonie

I. Ouvrages

I.1. Ouvrages publiés à titre de seul auteur

- *Historiographie de la Nouvelle-Calédonie ou l'émergence tardive de deux écoles historiques antipodéennes*, Publibook, Paris, 2003, 360 p.
- *Les fondements de l'histoire de la Nouvelle-Calédonie. Définition, périodisation, sources*, Centre de Documentation Pédagogique, Collection Université, Nouméa, 2004, 201 p.

I.2. Ouvrages publiés au titre de seul éditeur

- (dir.) : *La Nouvelle-Calédonie. Terre de Recherches. Bibliographie analytique des thèses et mémoires*, Association Thèse-Pac, Nouméa, 1995, 258 p.
- (dir.) : *Du Caillou au nickel. L'archéologie industrielle de la province sud*, Centre de Documentation Pédagogique de Nouvelle-Calédonie & Université Française du Pacifique, Coll. Université n° 1, Nouméa, 1996, 280 p.
- (dir.) : *101 mots pour comprendre l'histoire de la Nouvelle-Calédonie*, Île de Lumière, Nouméa, 1997, 225 p. 15 notices.
- (dir.) : *Répertoire du fonds des thèses et mémoires Thèse-Pac sur la Nouvelle-Calédonie et le Pacifique Sud en dépôt au S.T.A.*, Thèse-Pac & Service Territorial des Archives, Bulletin 11, Nouméa, 2000, 86 p., p. 9 à 12 & p. 74 à 84.
- *Essais sur la Nouvelle-Calédonie*, Vieillard et Deplanche. Réédition commentée et annotée, L'Harmattan, coll. Fac-similés océaniens, Paris, 2001, 150 p. de fac-similé plus 25 pages de notes et références.
- (dir.) : *Une histoire en cent histoires, l'histoire calédonienne à travers 100 destins hors du commun*, Bambou édition, Nouméa, 2004, 110 p.
- (dir.) : *La Nouvelle-Calédonie. Terre de métissages*, Annales d'histoire calédonienne, n° 1, Nouméa, 2004, 274 p.

I.3. Ouvrages édités en collaboration

- & Faessel Sonia : *Si Nouméa m'était contée... Anthologie*, Édition du GRHOC, n° 1, Nouméa, 2000, 144 p.

I.4. Parties d'ouvrages collectifs

– *Atlas de Nouvelle-Calédonie*, collectif, planches 15, 21, 24, 25 et 33, Éditions du Cagou, Nouméa, 1989, 92 p. (Responsable de la réactualisation en 1992).
– & J.-P. Doumenge, G. Blanchet et D. Lefebvre : « Dans les îles françaises des mers du sud » dans *Les Restaurants dans le monde et à travers les âges,* dir. d'A. Huetz de Lemps et J.R. Pitte, Glénat, Paris, 1990, p. 269 à 273, 440 p.
– « Préface » in *Maurice Leenhardt, 1878-1954*, Comité Maurice Leenhardt, SEHNC, n° 52, Nouméa, (1978) 1994, 107 p., p. I à XII.
– « Colon, Calédonien puis Caldoche ou de l'identification d'une population déracinée à son nouveau terroir » dans *Être Caldoche aujourd'hui*, Île de Lumière, Nouméa, 1994 , 256 p., p. 29 à 52.
– « La liberté pour 110 *boat people* chinois », « Auguste Parawi Reybas. L'ancien de Waraï », « Marie-Joseph Dubois, la passion de Maré », « Une nouveauté, la protection du patrimoine », « Téremba, dix années d'aventure humaine et culturelle », « Enseignement supérieur : l'explosion », « Une foi catholique renouvelée par le message du 150e », « La franc-maçonnerie calédonienne, discrétion et expansion », « Une mosquée à Bourail », « Université de la communication, un pari sur le professionnalisme », « Bibliographie générale et historique » dans *Le Mémorial calédonien, tome X*, Éd. Planète Mémo, Nouméa, 1998, 602 p., p. 270-273 ; p. 330 ; p. 335, p. 410-411, p. 421-422, p. 443-445, p. 449-456, p. 461, p. 463, p. 513-514, p. 590-594.
– « La saga Cornaille » & « La saga Mariotti » dans *Sagas calédoniennes. 50 grandes familles*, Éd. Dimanche Matin, Nouméa, 1999, 235 p., p. 50 à 52, 158 à 161.
– « Un nouveau regard sur la démographie kanak » ; « Lieux sacrés et tabous d'antan » dans *Chroniques du pays kanak, Tome 1*, Planète Mémo, Nouméa, 1999, 293 p., p. 32 à 37 ; p. 200 à 203.
– « Ballande », « Engagés asiatiques » & « Religion » dans *101 mots pour comprendre la mine en Nouvelle-Calédonie*, Éd. Îles de Lumière, Nouméa, 1999, 268 p., p. 19 à 20 ; 63 à 64 ; 201 à 202.
– « Vêtements et parures du temps passé » & « Étoffes et passementeries kanak » dans *Chroniques du pays kanak, tome 2,* Planète Mémo, Nouméa, 1999, 285 p., p. 40 à 47 et 48 à 53.

- « Bouquet de paroles kanakes. Première bibliographie des écrits kanaks » dans *Chroniques du pays kanak, tome 3*, Planète Mémo, Nouméa, 1999, 356 p., p. 342 à 347.
- « Kanaks et catholicisme, plus de 150 ans d'histoire », « Hier, l'agriculture kanak. État des connaissances sur le monde kanak. Bibliographie générale et historique » dans *Chroniques du pays kanak, tome 4*, Planète Mémo, Nouméa, 1999, p. 58 à 71 ; 232 à 241 ; 360 à 372.
- « Les anti-indépendantistes calédoniens et le premier septennat de F. Mitterrand, ou comment une majorité locale s'opposa aux choix de la majorité nationale » dans *François Mitterrand et les territoires français du Pacifique (1981-1988)*, Indes savantes, Paris, 2003, 580 p., p. 269 à 278.
- Notices : « Conneau Théophile ; Delfaut Jean-Baptiste ; Delord Philadelphe ; Gauharou Jean-Léon ; Ordinaire Francisque » dans *Océanie. Dictionnaire illustré des explorateurs et grands voyageurs français du XIXe siècle, Tome IV*, Comité des Travaux Historiques et Scientifiques, Paris, 2003, 407 p., p. 118, 131-133, 188-189, 190-191, 297.
- « L'anthropophagie en Nouvelle-Calédonie. Réalité ou violence imaginaire » dans *Violences océaniennes*, L'Harmattan & IMOA, Paris, 2004, 234, p. 189 à 216.

I.5. Contribution à des hommages ou à des mélanges offerts

- « Les écrits historiques calédoniens au cœur du débat identitaire. Approche multiculturelle ou discours contradictoires ? » dans *L'extraordinaire et le quotidien. Variations anthropologiques. Hommages au professeur Pierre Vérin*, Karthala, Paris, 2000, 607 p., p. 203 à 216.

I.6. Contributions à des colloques

- « Les Mélanésiens et la mission mariste en Nouvelle-Calédonie, 1843-1946 » dans *Naître et grandir en Église, l'action des autochtones au cours de la première évangélisation*, colloque du CREDIC, Chantelle, Lyon III, 1987, 281 p., p. 85 à 102.
- « Contacts et migrations entre les archipels de Wallis/Futuna et la Nouvelle-Calédonie au XVIIIe et au XIXe siècle » dans *Migrations*

et Identités (dans le Pacifique Sud), Colloque CORAIL, publication Université Française du Pacifique, Volume 1, fascicule 3 & 4, Nouméa, 1989, p. 21 à 30.
- « La Société de Marie et le peuplement rural européen de la Nouvelle-Calédonie (1843-1903) » dans *Le Peuplement du Pacifique et de la Nouvelle-Calédonie au XIXe siècle*, colloque UFP-PAC93, L'Harmattan, Paris, 1994, 431 p., p. 304 à 324.
- & Shekleton Max : « What the postman saw. Paroles calédoniennes au fil des cartes postales » dans *Parole, Communication et symbole en Océanie*, Corail, L'Harmattan-UFP, Paris, 1995, 382 p., p. 335 à 363.
- « Quelle adaptation de l'histoire pour la Nouvelle-Calédonie. L'adaptation des programmes aux spécificités culturelles et identitaires » dans *Éducation, culture et identité*, Actes du Xe colloque Corail, Nouméa, 1998, 497 p., p. 343 à 361.
- « De la gestion d'une mosaïque d'identités juxtaposées à la construction d'une identité commune en Calédonie ? » dans *Identité, nationalité, citoyenneté Outre-Mer*, Centre des Hautes Études sur l'Afrique et l'Asie Moderne & Documentation Française, Paris, 1999, 224 p., p. 32 à 50.
- « Le gouverneur et les libertés publiques en Nouvelle-Calédonie (1853-1903). Logique centralisatrice et opposition duale » dans *La loi du 28 pluviôse an VIII deux cents ans après : le préfet et les libertés publiques (XIXe-XXe siècle)*, Presses universitaires de Limoges, Limoges, 2001, 332 p., p. 71 à 90.
- « L'histoire en Nouvelle-Calédonie. D'une mémoire occultée à une approche identitaire duelle » dans *YHI, n° 5. Les pays du Pacifique en crise : à la recherche de l'unité dans la multiplicité*, Centre d'Études du Pacifique et L'Harmattan, Université du Havre, Le Havre, 2002, 316 p., p. 171 à 193.
- & Tuck Caroline : « L'éclairage électrique comme élément de la modernité. Le cas de Nouméa et du désert calédonien, 1854-1965 » dans Actes du colloque *L'Électrification outre-mer de la fin du XIXe siècle aux premières décolonisations*, Association pour l'Histoire de l'Électricité en France & Société Française d'Histoire d'Outre-Mer, Paris, 2002, 664 p., p. 125 à 133. Idem numéro spécial de la revue *Outre-Mers. Revue d'histoire*, n° 334-335.

– & Lebigre Jean-Michel : « Les Lieux et les espaces du patrimoine en Nouvelle-Calédonie » dans *Patrimoines et développement dans les pays tropicaux, IXe journées de géographie tropicale, La Rochelle*, DYMSET, Coll. Espaces tropicaux n° 18, Université de La Rochelle, Pessac, 2003, 702 p., p. 587 à 596.

I.7. Participation à des catalogues d'exposition

– & Mouilleseaux Mireille : *Populations de Nouvelle-Calédonie*, catalogue d'exposition, CTRDP, Nouméa, 1993, 32 p.
– « Les Lieux cultuels. Sanctuaires spirituels et symboles temporels » dans *Les bâtisseurs. Architecture à Nouméa de 1853 à 1940*, Musée de la ville, Nouméa, 1996, 161 p., p. 64 à 71.
– « Nouméa libertin et femmes galantes » dans *Regards de femmes*, Musée de la ville de Nouméa, Nouméa, 1998,167 p., p. 117 à 119.
– *Catalogue. Exposition Calédo-scope*, Mairie du Mont-Dore, Nouméa, 2000, 20 p. (format 40 x 19 cm).
– « Maîtres à penser : missionnaires et francs-maçons » dans *150 ans de mémoire collective calédonienne*, Musée de la ville de Nouméa, Nouméa, 2003, 120 p., p. 19 à 27.
– (dir) : *Une Histoire en cent histoires. L'histoire calédonienne à travers 100 destins hors du commun*, catalogue d'exposition, Bambou édition & GRHOC, Nouméa, 2004, 110 p. (Préambule, p. 4 à 7 ; 26 notices ; Bibliographie succincte, p. 109 à 110).

II. Articles

II.1. Articles dans des ouvrages ou des revues étrangères

– « Jean Mariotti : poet of exile, 1901-1975 », « A Bibliography of New Caledonian Literature » in *New Literatures Review*, n° 22, Wollongong, 1991, p. 29-31, 40-51 (traduction P. Sharrad).
– « Take one, take all ! » Media coverage of the First Chinese Boat People's Case in New Caledonia » dans *AsiaPacific MediaEducator*, n° 6, University of Wollongong, Wollongong, 1999, 150 p., p. 40 à 48 (traduction A. Chanter).
– « New caledonian Written History at the Heart of the Identity Debate : A Multicultural Approach or Contradictory Views ? » in *French*

History in the antipodes : The Proceedings of the Twelfth George Rudé Seminar on French History and Civilisation, Wai-te-ara press, Wellington, 2001, 12 p.

- « *The Bet on Intelligence* » *: Politics in New Caledonia, 1988-2002*, Discussion papers, n° 2003/04, State, Society and Governance in Melanesia, Australian National University, Canberra, 2003, 11 p.
- « Restoring the Economic Balance : The Nickel Stakes in New Caledonia » in *La Nouvelle Revue du Pacifique*, n° 2, Canberra, 2004, 290 p., p. 155 à 167.

II.2. Articles dans des revues françaises internationales

(À comité de lecture et dites de rang A)

- « La Mission mariste en Nouvelle-Calédonie, 1843-1903 » in *Revue d'Histoire de l'Église de France*, Tome LXXIX, n° 202, Paris, 1993, p. 115 à 137.
- « Le Patrimoine industriel calédonien. Premier état des lieux » dans *L'Archéologie industrielle en France*, CILAC, n° 26, Vannes, 1995, p. 13 à 16.
- « Contribution à l'histoire de la franc-maçonnerie en Océanie. La loge Union Calédonienne, 1868-1940 » dans *Journal de la Société des Océanistes*, n° 106, Paris, 1998, 114 p., p. 17 à 39.
- « De l'engagement comme « esclavage volontaire ». Le cas des Océaniens, Kanaks et Asiatiques en Nouvelle-Calédonie (1853-1963) » dans *Journal de la Société des Océanistes,* n° 110, Paris, 2000, p. 65 à 81.
- « De la voie consensuelle « au pari sur l'intelligence ». La Nouvelle-Calédonie laboratoire institutionnel » ; « Jacques Lafleur, l'assiégé » dans *Limes. Revue française de géopolitique*, n° 5, Paris, 2000, 246 p., p. 145 à 156 ; p. 157 à 160.
- « Collectes, collectionneurs et collections néo-calédoniennes en France, 1774-1911 » dans le numéro spécial *Collecteurs et histoire des collections, Outre-Mers, Revue d'histoire (RFHOM)*, Tome 88, n° 332-333, Paris, Société française d'histoire d'outre-mer, 2001, p. 113 à 127.
- « De Kanaka à Kanak : l'appropriation d'un terme générique au profit de la revendication identitaire » dans *Hermes, Cognition.*

Communication. Politique, n° 32-33, Éditions du CNRS, Paris, 2002, 634 p., p. 191 à 196.

II.3. Articles dans des revues nationales

- « L'adaptation des programmes en Histoire, géographie et éducation civique en Nouvelle-Calédonie » dans *Historiens et géographes*, Association des Professeurs d'Histoire et de Géographie, n° 332, Paris, 1991, p. 79 à 83.
- « "Voyage à la Nouvelle-Calédonie" ou le regard lucide d'un géologue-géographe en 1866 » dans *Revue Française d'histoire du Livre*, n° 100-101, Société des bibliophiles de Guyenne, Bordeaux, 1998, p. 363 à 378.
- « La gendarmerie coloniale en Océanie (1846-1939) » dans *Revue de la Gendarmerie Nationale*, Hors série n° 2, Paris, 2000, 162 p., p. 83 à 87.
- « L'enjeu nickel en Nouvelle-Calédonie. Développement ou rééquilibrage économique ? » dans *Géoéconomie*, n° 27, Paris, 2003, p. 83 à 105.
- « Le métissage en Nouvelle-Calédonie. Réalité biologique et question culturelle ; 2004. L'effacement du fait ethnique dans le recensement général ; bibliographie succincte » dans *La Nouvelle-Calédonie. Terre de métissages*, Annales d'histoire calédonienne, n° 1, Paris, 2004, 274 p., p. 13 à 23 ; p. 207 à 215, p. 255 à 274.

II.4. Articles dans des revues régionales

- « Un écrivain calédonien, Jean Mariotti » dans *Bulletin de la Société d'Études Historiques de la Nouvelle-Calédonie*, n° 77, quatrième trimestre 1988, p. 25 à 31.
- « L'archéologie industrielle. Une science au service du patrimoine calédonien » dans *Bulletin de la SEHNC*, n° 102, Nouméa, 1994, p. 85 à 102.
- « Inventaire des archives calédoniennes de Louis-Joseph Bouge. Gouverneur honoraire des colonies (1878-1960) » dans *Bulletin de la Société des Études Mélanésiennes*, Nouméa, n° 29, 1994, 126 p., p. 4 à 15.
- « Historique des premières liaisons aériennes et de l'aérophilatélie calédoniennes,1923-1996 » dans *Bulletin de la SEHNC*, n° 108, Nouméa, 1996, p. 2 à 48.

- & Esnault Olivier : « L'arrivée du *teacher* Fao à Lifou. Éléments de la tradition orale » dans *Bulletin de la Société des Études Océaniennes*, SEO, n° 269-270, Papeete, 1995, 140 p., p. 121 à 131.
- « Première contribution à l'étude des « archives Jean Mariotti » de la Société des Gens de Lettres de France » dans *Bulletin de Société d'Études Historiques de Calédonie*, n° 115, Nouméa, 1998, p. 59 à 82.
- « Histoires de terres kanakes. Conflits fonciers et rapports sociaux dans la région de Houaïlou (Nouvelle-Calédonie) par Michel Naepels (Compte rendu) » dans *Mwà Véé. Revue culturelle kanak*, n° 24, Agence de Développement de la Culture Kanak, Nouméa, 1999, p. 53 à 57.
- « Micro-histoire électorale en Nouvelle-Calédonie. Les élections provinciales de 2004 ou l'autopsie d'une défaite « impossible » dans *Revue Juridique, politique et économique de la Nouvelle-Calédonie*, n° 4, Nouméa, 2004, p. 22 à 31.

II.5. Documents audiovisuels et informatiques

- Éditeur dans la collection *Bibliothèque sonore* de quatre cassettes audio sur Jean Mariotti, CTRDP, Nouméa, 1992, n° 7, 8, 9 et 10. Réalisation de la notice *Jean Mariotti, poète de l'exil*, n° 7. Enregistrements retrouvés par moi-même à l'INA.
- Co-directeur de la collection de cassettes audio de soixante minutes *Histoires Pays-Pays d'histoire* avec le journaliste grand reporter Rosada Alexandre, Radio Nouvelle-Calédonie & Centre de Documentation Pédagogique, Nouméa, 2001-2002. Trois séries : Les communautés calédoniennes (4 K7 parues sur 5), les voix du siècle (3 K7 parues), l'histoire de la Nouvelle-Calédonie (annulée). Productions extraites d'une émission radio déclarée à la SCAM.

III. Autres publications

III.1. Participation à des manuels et publications pédagogiques

- & Bernard Capecchi : *Compléments aux Instructions Officielles pour l'enseignement de l'histoire, de la géographie et de l'éducation civique à l'école primaire en Nouvelle-Calédonie*, Institut Territorial de Formation des Maîtres, Nouméa, 1990, 120 p.
- *Faune et flore de Nouvelle-Calédonie*, CTRDP, collection « Fenêtre sur… », n° 1, Nouméa, 1990, 88 p.

– & B. Capecchi et C. Douyère (dir.) : *La Nouvelle-Calédonie Histoire CM*, CTRDP, Nouméa, 1992, 96 p., chapitre 16 ; puis chapitre 36 à 40 avec les 2 autres coordinateurs.
– & Lextreyt Michel (dir.) : *Sciences humaines 6e. Hommes et espaces d'Océanie*, CTRDP, Nouméa, 1994, 64 p., chapitres 14, 28 et 21.
– « Le droit à l'information en Nouvelle-Calédonie : la presse écrite », « L'enseignement en Nouvelle-Calédonie (niveaux et compétences) », « Chronologie succincte de l'histoire institutionnelle de la Nouvelle-Calédonie » dans *L'Éducation civique en Nouvelle-Calédonie. Documents pédagogiques*, Centre de Documentation Pédagogique de Nouvelle-Calédonie, Nouméa, 2001, 2 p., 4 p., 2 p.
– & Boubin Sylvette, Kurtovitch Ismet, Steinmetz Luc, Terrier Christiane : « Succincte Chronologie de l'histoire institutionnelle de la Nouvelle-Calédonie » dans *L'Éducation civique en Nouvelle-Calédonie. Documents pédagogiques*, Centre de Documentation Pédagogique de Nouvelle-Calédonie, Nouméa, ajout 2002, 2 p. (Chronologie retravaillée afin de répondre à différentes sensibilités).
– *La Nouvelle-Calédonie depuis 1945. Cours de soutien polycopié destiné aux enseignants* (DAEU), Université de la Nouvelle-Calédonie, Service de la formation continue, Nouméa, 2002, 34 p.
– & Wapotro Billy : « Prise en compte de l'identité calédonienne » dans *Pour une école de la réussite*, Actes du colloque sur l'enseignement en Nouvelle-Calédonie, Nouméa, 2003, 290 p., p. 97 à 103.

III.2. Articles de synthèse

– & Pierre Alain Pantz : *Phare Amédée*, partie historique d'une brochure touristique, Nouméa, 1989, 16 p.
– & Pierre Alain Pantz : *Maisons calédoniennes*, Éd. Solaris, Nouméa, 1989, 96 p. ; Réédition en 1995.
– « Chronologie de la Nouvelle-Calédonie. Année 1872 » dans *Bulletin de la SEHNC*, n° 81, Nouméa, 1989, p. 41 à 48.
– « Chronologie de la Nouvelle-Calédonie. Année 1873 » dans *Bulletin de la SEHNC*, n° 82, Nouméa, 1990, p. 76 à 82.
– « Recherche et vie associative à Nouméa » dans *Le Pacifique, l'Océan, ses rivages et ses îles*, CRET, Collection îles et archipels n° 14, Université de Bordeaux III, 1991, 509 p., p. 97 à 99.

– « La littérature calédonienne » in *Lettres et cultures de langue française*, n° 17, Paris, 1992, Paris, p. 140 à 141.
– « Chronologie succincte de la Nouvelle-Calédonie, 1945-1993 », *Bulletin de l'APHGNC*, Association des Professeurs d'Histoire et de Géographie de Nouvelle-Calédonie, n° 3, Nouméa, 1993, p. 3 à 11.
– « 150 ans d'histoire vivante » dans *De Mahamate à Téné*, Éd. île de Lumière, Nouméa, 1995, 142 p., p. 10 à 14 et 139 à 141.
– « Le point sur les territoires d'outre-mer du Pacifique sud (Nouvelle-Calédonie, Polynésie française, Wallis et Futuna). Orientations bibliographiques » dans *Bulletin de l'APGNC*, n° 6, juin 1995, 82 p., p. 47 à 70.
– « Deux cas d'homonymie : De Nouméa à l'île des Pins » dans *BSEHNC*, n° 104, Nouméa, 1995, p. 85 à 88
– « Notule sur les superficies des T.O.M français du Pacifique » dans *BSEHNC*, n° 107, Nouméa, 1996, 100 p., p. 63 à 70.
– « Aînés, vieux et anciens » dans *Mémoires*, Centre Hospitalier Spécialisé, Nouméa, 1998, 50 p., rabat de la quatrième de couverture.
– « De A à Z, les Néo-Calédoniens qui ont fait ce siècle », « De A à Z, les Tomiens qui ont fait ce siècle. Wallis et Futuna » dans *France d'Outre Mer*, n° 10, Paris, 1999, 66 p., p. 24 et 25.
– « Des Accords de Matignon à l'Accord de Nouméa. Le pari sur l'intelligence, 1988-2002 » dans *Bulletin de l'association des historiens et géographes de Polynésie française*, n° 7, Éditions du CTRDP, Papeete, 2004, 228 p., p. 201 à 214.

III.3. Bibliographies

– « Bibliographie bibliophilique de l'œuvre de J. Mariotti » dans *À la découverte de Jean Mariotti*, Association des Amis du Livre et de la Reliure, Nouméa, 1995, p. 242 à 263.
– « La déportation à la Nouvelle-Calédonie. Bibliographie analytique complémentaire » dans *BSEHNC*, n° 105, Nouméa, 1995, p. 63 à 71.
– *Bibliographie n° 3. Le patrimoine industriel*, Bibliothèque Bernheim, Nouméa, dépliant, 1997.
– « L'histoire de la Nouvelle-Calédonie et la presse scientifique métropolitaine. Premières données bibliographiques » dans *Bulletin de la SEHNC*, n° 128, Nouméa, 2001, p. 85 à 98.

- « Bibliographie annuelle des publications de sciences humaines et sociales consacrées à la Nouvelle-Calédonie. Années 1996-1997-1998 » dans *Études Mélanésiennes. Bulletin de la Société d'Études Mélanésiennes*, n° 31, Nouméa, 2001, 114 p., p. 83 à 99.
- « La Nouvelle-Calédonie : Droit et sciences économiques, Sciences humaines et sociales, bibliographie 1999-2002 » dans *Revue juridique, politique et économique de Nouvelle-Calédonie*, n° 1, Nouméa, 2003, p. 79 à 96. « 1er complément », n° 2, 2003, p. 98 à 100 ; 2004, « 2e complément », n° 3, p. 97 à 100 ; 2005, « 3e complément », n° 5, p. 94 à 97.

III.4. Comptes rendus

- Compte rendu dans le *Journal de la Société des Océanistes* : **2000** : « L'échec scolaire calédonien » (H. Mokaddem), n° 110, p. 123 à 125.
- Comptes rendus dans la *Revue Française d'Histoire d'Outre-Mer* : **1989** : « Mes chers Canaques. La N.-C. telle que je l'ai connue. Du Mans à Nouméa » (Loveglio), n° 284-285, p. 629 à 630 ; **1991** : « La N.-C. » (Mathieu), n° 291 ; « Mémoires de F.C. Cron, déporté en N.-C. », n° 292, p. 454 ; « Les Galères de la République, par Louis Redon », p. 455 ; « N.-C., un paradis dans la tourmente » (A. Bensa), p. 456 ; « La N.-C. ancienne » (P. Rozier), p. 456-57 ; « La N.-C. » (A. Raluy), p. 458 ; **1992** : « La Conquête du séjour paisible » (J. Mariotti), n° 294, p. 155-156, « Cent ans d'histoire du nickel au Havre » (J.-P. Portelette), n° 295, p. 300-301 ; « Voyage à la Nouvelle-Calédonie » (J. Garnier), réédition ; n° 296, p. 443-444 ; **1993** : « La Nouvelle-Calédonie. Histoire CM » (Collectif), n° 301, p. 665 ; « Nouvelles Calédonies .. d'avant 1914 » (collectif), p. 665 ; « Gouverneur dans le Pacifique » (A.L. Grimald), p. 666 ; **1994** : « L'Église catholique en Nouvelle-Calédonie » (P. Delbos), n° 302, p. 132-133, « Le Pays du non-dit », (J. Barbançon), p. 258 ; **1995** : « Pouébo. Histoire d'une tribu canaque sous le second empire » (J. Dauphiné), n° 306, p. 125 ; « le Bambou gravé kanak » (R. Boulay), n° 308, p. 371-372, « Le Masque kanak » (E. Kasarherou), p. 375, « L'évadé, roman canaque » (H. Rochefort), p. 376-377, « La Crise calédonienne. Rémission ou guérison » (D. Dommel), p. 377 ; **1996** : « Déportés et forçats de la Commune de Belleville à Mouméa », (R. Pérennès), n° 310, p. 160 ;

« Déportation en Nouvelle-Calédonie. Des communards et des révoltés de la Grande Kabylie (1872-1876) » (G. Mailhé), n° 311, p. 157-158, ; « Les Débuts d'une colonisation laborieuse. Le Sud calédonien (1853-1860) », (J. Dauphiné), n° 312, p. 128 ; **1998** : « Expériences coloniales. La Nouvelle-Calédonie (1853-1920) » (I. Merle), n° 319, p. 174, « Mékétépoun. Histoire de la mission catholique dans l'île de Lifou au XIXe siècle » (J. Izoulet) ; n° 321, p. 126-129, « J.-M. Tjibaou. La présence Kanak », (A. Bensa & E. Wittersheim). **2000** : « Histoires de terres kanakes. Conflits fonciers dans la région de Houaïlou » (M. Naepels), n° 326-327, p. 382-384 ; « Déportés puis Calédoniens. La vie et la descendance des déportés politiques en N.-C. » (C. Cornet), ; p. 384-385 ; « Question de principes. Mémoires Tome 1 » (B. Brou), p. 386-388.

- Nouvelle Dénomination : *Outre-mers. Revue d'histoire.* **2001** : « La nouvelle politique indigène en Nouvelle-Calédonie » (J.-M. Lambert), n° 330-331, p. 372-373 ; **2005** : « Histoire et anthropologie du Pacifique » (I. Merle & M. Naepels dir.).
- Compte rendu dans le *Journal of Pacific History*, **2004** : « Le Mwa Tea Mwalebeng et le fils du soleil » (J.-M. Pidjo), Vol.39, n° 3, p. 280 à 281.
- Compte rendu dans la *Revue d'Histoire de l'Église de France* : **1995** : « Le Bulletin de la Société d'Études Historiques de la Nouvelle-Calédonie n° 94-97, 1993 ; n° 98-101,1994 », n° 207, p. 573-574.
- Compte rendu dans *L'archéologie industrielle en France*, (Vannes). **1997** : « SLN Retro » (Anonyme), n° 30, p. 73-74.
- Compte rendu dans le *Bulletin de la Société d'Études Mélanésiennes* (Nouméa), **1996** : « Déportation en Calédonie. Des communards et des révoltés de la Grande Kabylie (1872-1876) » (G. Mailhé), n° 30, p. 102-103.
- Comptes rendus dans la *Revue Juridique, Politique et Économique de la Nouvelle-Calédonie,* **2004** : « Histoire du bagne de Nouvelle-Calédonie » (L.J. Barbançon), n° 3, p. 96 à 97 ; **2005** : « Ça plaît ou ça ne plaît pas » (J. Guiart), n° 5, p. 98 à 99.

III.5. Articles d'opinions

- « Florilège d'idées singulières » dans *Notre pays demain*, Éditions Niaouli, Nouméa, 1996, 224 p., p. 11 à 42.
- « Le Peuple kanak est au milieu de la rivière ou à la recherche d'un destin en Nouvelle-Calédonie. Droit de réponse » dans la rubrique « Libre expression » de l'hebdomadaire *Kenu In Magazine*, n° 179, Nouméa, juillet 1998, p. 2.
- « De Matignon à Nouméa. La Calédonie vers l'émancipation » dans *Les Idées en mouvement*, mensuel de la Ligue Française de l'Enseignement et de l'Éducation Permanente, n° 61, Paris, septembre 1998, 16 p., p. 16.
- « Pourquoi je dirai oui aux Accords de Nouméa par Frédéric Angleviel (historien) » dans *Kenu In Magazine*, n° 196, Nouméa, 6 novembre 1998, p. 2.
- « La Nouvelle-Calédonie à travers le regard « testamentaire » de deux chercheurs engagés, l'anthropologue Jean Guiart et l'historien Bernard Brou » dans *Journal de la Société des Océanistes*, Miscellanées, n° 117, Paris, 2003, p. 329 à 339.

IV. Publications en cours

- « Historical colonial literature and New Caledonia (1853-1945), or how a settlement colony generates hagiographic writings » in *International Journal of Francophones Studies*, Canada, 2005, 10 p.
- « Du pays du non-dit à une libération de la parole. L'histoire comme enjeu culturel en Nouvelle-Calédonie » dans *L'Outre-mer et la mondialisation. Enjeux et stratégies culturelles en Polynésie et en Nouvelle-Calédonie*, Éditions du CNRS, Paris, 2006, 12 p.
- « Paroles missionnaires de Mélanésie : correspondances libres, témoignages hagiographiques et histoires commémoratives » dans *Anthologie missionnaire*, Karthala, Paris, 2005, 14 p.
- « Électoral Micro-history of New Caledonia. The provincial elections of 2004 or the autopsy of an « impossible » defeat » dans *Political culture, representation and electoral systems in the Pacific,* University of the South Pacific, Suva, 2005, 12 p.
- « Les Indiens de Nouvelle-Calédonie » dans *Encyclopedia of indian in the Pacific*, ANU, Canberra, 2006, 2 p.

Bibliographie succincte de l'histoire de la Nouvelle-Calédonie

Cette bibliographie n'a pas pour but de présenter l'ensemble de la production historique concernant la Nouvelle-Calédonie[1], mais de proposer des ouvrages clés permettant une pluralité d'approches. Elle n'est donc pas « succincte » au sens commun, la plupart des auteurs n'incorporant dans leurs bibliographies que les principaux ouvrages partageant leurs analyses historiques ou politiques. En raison de la complexité de la situation calédonienne et de la loi de subjectivité en sciences humaines et sociales, nous militons pour que chaque acteur de la recherche reconnaisse l'Autre à travers l'étude des publications des différentes écoles historiques.

Nous avons fait le choix de sélectionner uniquement des ouvrages publiés durant les trente dernières années et d'ouvrir cette bibliographie aux faits culturels, ethnographiques, sociaux, géographiques ou économiques.

Sur le plan technique, nous avons privilégié une présentation simple reprenant le nom et le prénom du ou des auteurs, le titre, l'éditeur, le lieu d'édition, l'année et enfin le nombre de pages. Lorsqu'un chercheur bénéficie de plusieurs références, nous avons remplacé son nom par un astérisque pour les références suivantes.

On notera l'importance de la production locale, proportionnellement bien plus féconde que dans la plupart des autres régions françaises. Ce phénomène s'explique par l'existence d'une parole longtemps contenue qui grâce aux Accords de Matignon et de Nouméa trouve enfin à s'exprimer, par les progrès techniques du monde de l'édition et par l'ouverture il y a déjà dix-sept ans de l'Université Française du Pacifique, aujourd'hui Université de la Nouvelle-Calédonie.

1. Ceci sera l'objet d'une publication à venir. Angleviel F. : *Bibliographie historique de la Nouvelle-Calédonie (1853-2005)*, Les Indes Savantes, Paris, 2006, 200 p.

I. Ouvrages de référence

I.1. Outils de recherche

- Angleviel F. : *Historiographie de la Nouvelle-Calédonie ou l'émergence tardive de deux écoles historiques antipodéennes*, Publibook, Paris, 2003, 360 p.
* : *Les fondements de l'histoire de la Nouvelle-Calédonie. Définition, périodisation, sources*, Centre de Documentation Pédagogique, Collection Université, Nouméa, 2004, 201 p.
- Collectif : *Sagas calédoniennes. Tome I & II. 50 grandes familles*, Dimanche Matin, Nouméa, 1999 & 2000, 235 p. & 205 p.
- Koce Léon, *En cheminant de Hnaenedr à Pakada ou comment écouter les lieux des ancêtres*, Éditions Grain de sable et Centre culturel Yeiwéné-Yeiwéné, Nouméa, 1996, 56 p.
- Malausséna Gérard, Poagnidé Noël & Trompas Véronique, *A Nimihi Nando. La mémoire des vieux*, Province Nord, Nouméa, 1993, 46 p.
- O'Reilly Patrick : *Bibliographie de la Nouvelle Calédonie*, Publication de la Société des Océanistes n° 4, Paris, 1955, 361 p., 4181 titres.
- Pisier Georges : *Bibliographie de la Nouvelle Calédonie 1955-1982*, Publication n° 34, Société d'Études Historiques de la Nouvelle Calédonie (SEHNC), Nouméa, 1983, 350 p., 3338 titres complémentaires.

II.2. Ouvrages généraux.

- Angleviel Frédéric, Capecchi Bernard et Douyère Christiane (dir.) : *Histoire de la Nouvelle-Calédonie, CM*, CTRDP, Nouméa, 1992, 64 p.
- Angleviel F. (dir.) : *101 mots pour comprendre l'histoire de la Nouvelle-Calédonie*, Île de Lumière, Nouméa, 1997, 225 p. 15 notices.
* : (dir.) : *Une histoire en cent histoires, l'histoire calédonienne à travers 100 destins hors du commun*, Bambou édition, Nouméa, 2004, 110 p.
- Bensa Alban : *La Nouvelle-Calédonie. Un paradis dans la tourmente*, Gallimard, Paris, 1990. Réédition 1998, *Nouvelle-Calédonie vers l'émancipation*, 198 p.
- Collectif : *Chroniques du pays kanak*, 4 tomes, Planète Mémo, Nouméa, 1999.

- Collectif : *Le Mémorial calédonien*, Nouméa diffusion puis Éd. d'art Calédoniennes puis Planète Mémo, Nouméa, 1975-1998, 10 tomes.
- Collectif : *Atlas de la Nouvelle Calédonie*, ORSTOM, Paris, 1981, 53 planches.
- Collectif : *Atlas de Nouvelle-Calédonie*, Éd. du Cagou, Nouméa, 1989, Réédition 1992, 91 p.
- Mathieu Jean-Luc : *La Nouvelle-Calédonie*, PUF, Paris, 1989, 126 p.
- O'Reilly Patrick : *Néo-calédoniens*, Société des Océanistes, Paris, réédition 1980, 416 p., près de 3500 notices.
- Actes des dix-sept premiers colloques CORAIL, Université de la Nouvelle-Calédonie.

I.3. Revues

- *Annales d'Histoire Calédonienne*, Paris, revue annuelle créé en 2004.
- *Bulletin de la Société d'Études Historiques de la Nouvelle-Calédonie*, Nouméa, trimestriel créé en 1969.
- *Études Melanésiennes*, Nouméa, semestriel créé en 1938.
- *Journal de la Société des Océanistes*, Paris, semestriel créé en 1945.
- *Journal of Pacific History*, Canberra, semestriel créé en 1966.
- *Revue Française d'Histoire d'Outre-Mer*, Paris, semestriel créé en 1913.
- *Revue Juridique, Politique et Économique de Nouvelle-Calédonie*, semestriel créé en 2003.

II. Chronologie de l'histoire de la Nouvelle-Calédonie

II.1. Préhistoire et société kanake

- Ammann Raymond : *Danses et musiques kanak*, ADCK, Nouméa, 1997, 290 p.
- Angleviel Frédéric & Lextreyt Michel (dir.) : *Hommes et Espaces d'Océanie, 6e*, CTRDP, Nouméa, 1994, 64 p.
- Anonyme : *Mélanésiens d'aujourd'hui*, SEHNC Nouméa, n° 11.
- Bensa Alban : *Chroniques kanak*, Ethnies, Paris, 1995, 350 p.
- Bensa Alban, Kohler Jean Marie, Saussol Alain & Tissier Jean : *Comprendre l'identité kanak*, l'Abresle, Centre Thomas More, 1990, 75 p.
- Boulay Roger : *La Maison kanak*, ADCK, Nouméa, 1989, 383 p.
- Boyer Philippe & Lextreyt Michel (dir.) : *Hommes et Espaces d'Océanie, 5e*, CTRDP, Nouméa, 1995, 64 p.
- Collectif : *Sous la grande case de l'histoire*, numéro spécial de *Mwà Véé*, revue culturelle kanak, n° 44, Nouméa, 2004, 62 p.
- Dubois Marie-Joseph : *Gens de Maré*, Anthropos, Paris, 1984, 356 p.
- Guiart Jean : *Structure de la chefferie en Mélanésie du Sud (N.C.)*, thèse, Institut d'ethnologie, Paris, 1964, réédition 1993, 680 p.

* : *Sociétés Canaques, idées fausses, idées vraies*, Le Rocher-à-la-voile, Nouméa, 2001, 295 p.

* : *Et le masque sortit de la mer. Les pays canaques anciens de Hienghène à Témala, Gomen et Koumac*, Le Rocher-à-la-voile, Nouméa, 2002, 200 p.

- Ihage Weniko : *La Tradition orale à Lifou*, Éditions du niaoulis/ ADCK, Nouméa, 1992, 127 p.
- Illouz Charles : *De Chair et de pierre, essai de mythologie kanak (Maré, îles Loyauté)*, Maison des sciences de l'Homme, Paris, 2000, 189 p.
- Lafargue Régis : *La Coutume judiciaire en Nouvelle-Calédonie*, Presses universitaires d'Aix-Marseille, Aix, 2003, 305 p.
- Leenhardt Maurice : *Les Gens de la grande Terre*, Gallimard, Paris, 1953, 228 p.
- Leenhardt Maurice : *Notes d'ethnologie néo-calédonienne*, Institut d'ethnologie, 1930, réédition 1980, Paris, 280 p.

– Leenhardt Raymond : *Au Vent de la Grande Terre, Les îles Loyauté.* Encyclopédie d'Outre-Mer, Paris, 1957, 312 p.
– Marchal H (dir.) : *De Jade et de nacre. Patrimoine artistique kanak,* Réunion des musées nationaux, Paris, 1990, 246 p.
– Metais Éliane : *Au commencement était la terre... Réflexions sur un mythe canaque d'origine,* Presses universitaires de Bordeaux, Bordeaux, 1988, 356 p.
– Missotte Philippe et Tjibaou Jean Marie : *Kanaké, Mélanésien de Nouvelle-Calédonie,* Éd. du Pacifique, Papeete, 1976, 120 p.
– Nekoeng Jules : *Les Paysans kanak et leur espace à Lifou (îles Loyauté),* Dossiers de géographie alpine, Grenoble, 1990, 85 p.
– Pidjo Jean-Marc : *Le Mwa Tea Mwalebeng et le fils du soleil. Organisation de l'espace foncier kanak en pays Mwalebeng,* préface de Jean Guiart, Le-Rocher-à-la-voile et les éditions du Cagou, collection Essais pour servir à l'intelligence de notre temps, Nouméa, 2002, 207 p.
– Salomon-Nekiriaï Christine : *Savoirs et pouvoirs thérapeutiques kanaks,* PUF, collection Ethnologies, Paris, 2000, 160 p.
– Sand Christophe : *« Le Temps d'avant ». La préhistoire de la Nouvelle-Calédonie,* L'Harmattan, Paris, 1995, 356 p.
– Sand Christophe, Jacques Bolé & André Ouétcho : *Traces. 3000 ans de patrimoine archéologique calédonien,* numéro spécial des *Cahiers de l'archéologie en Nouvelle-Calédonie,* Volume 8, Nouméa, 1998, 58 p.

II.2. Protohistoire (soit de la « découverte » à 1853)

– Brou Bernard : *Les Temps modernes : 1774-1925,* SEHNC n° 4, Nouméa, 1973, 321 p.
– Douglas Brownen : *Across the Great Divide. Journeys in History and Anthropology,* Harwood academic publishers, Amsterdam, 1998, 358 p.
– Dunmore John : *Les Explorateurs français dans le Pacifique,* 2 Tomes, Éditions du Pacifique, Papeete, 1983, 389 et 378 p.
– Howe Kerry : *Les Îles Loyauté, histoire des contacts culturels de 1840 à 1900,* SEHNC n° 19, Nouméa, 1978, 251 p.
– Pisier Georges : *La Découverte de la Nouvelle-Calédonie,* SEHNC n° 5, Nouméa, réédition 1983, 195 p.

– Pisier Georges : *Le Témoignage de Ta'unga ou la N.-C. vue par un teacher polynésien avant l'implantation européenne*, SEHNC n° 25, Nouméa, 1980, 153 p.
– Rozier Claude : *La Calédonie ancienne*, Fayard, Paris, 1991, 322 p.
– Shineberg Dorothy : *Ils étaient venus chercher du santal*, SEHNC n° 3, Nouméa, 1973, 452 p

II.3. La Nouvelle-Calédonie coloniale, 1853-1945

– Angleviel F. (dir.) : *La Nouvelle-Calédonie. Terre de métissages*, Annales d'histoire calédonienne, n° 1, Nouméa, 2004, 274 p.
– Barbançon Louis-José : *L'archipel des forçats. Histoire du bagne de Nouvelle-Calédonie (1863-1931)*, Septentrion Presses universitaires, Collection histoire, Lille, 2003, 445 p.
– Bogliolo François, Labarbe Johanne & Letierce Lucette : *Jours de colère, jours d'Ataï. L'insurrection de 1878 d'après les correspondances des pères maristes*, Île de lumière, Nouméa, 2000, 293 p.
– Boyer Sylvette : *De la Première Guerre mondiale en Océanie. Les guerres de tous les Calédoniens, 1914-1919*, ANRT, Lille, 2003, 883 p.
– Brou Bernard : *Espoirs et réalités. La N.C. de 1925 à 1945*, SEHNC n° 9, Nouméa, 1975, 315 p.
– Bullard Alice : *Exile to paradise. Savagery and Civilization in Paris and the South Pacific, 1790-1900*, Stanford university press, Stanford, 2000, 380 p.
– Buttet Catherine : *Histoire d'un échec ? Mise en valeur et pouvoirs publics en Nouvelle-Calédonie de 1870 à 1914*, Septentrion presses universitaires, Lille, 1999, 581 p.
– Clifford James : *Maurice Leenhardt. Personne et mythe en Nouvelle-Calédonie*, Éditions Place, Paris, 1987, 269 p.
– Connell John : *New Caledonia or Kanaky ? The political history of a French colony*, National centre for Development studies, monograph n° 16, Canberra, 1987,493 p.
– Coquilhat Georges : *La Presse en Nouvelle-Calédonie au XIXe siècle*, SEHNC n° 38, Nouméa, 1987, 231 p.
– Cormier Manuel : *La Colonisation pénale*, CTRDP, 1993, 100 p.
– Cornet Claude : *La Grande révolte, 1878*, Éditions de la boudeuse, Nouméa, 2000, 313 p.

– Daly Henry : *Nouvelle-Calédonie. Porte-avion américain dans les mers du Sud*, À compte d'auteur et SEHNC, publication n° 60, Nouméa, 2002, 321 p.
– Dauphiné Joël : *Chronologie foncière et agricole de 1853 à 1903*, L'Harmattan, Paris, 1987, 159 p
* : *Les Spoliations foncières en Nouvelle-Calédonie (1853-1913)*, L'Harmattan, Paris, 1989, 346 p.
* : *Les Débuts d'une colonisation laborieuse. Le sud calédonien (1853-1860)*, L'Harmattan, Paris, 1995, 185 p.
– Deckker (de) Paul (dir.) : *Le Peuplement du Pacifique et de la Nouvelle-Calédonie au XIXe siècle*, UFP & L'Harmattan, Paris, 1994, 431 p.
– Delbos Georges : *L'Église catholique en Nouvelle-Calédonie. Un siècle et demi d'histoire*, Desclée, Paris, 1993, 450 p.
– Dousset-Leenhardt Roselène : *Colonialisme et contradictions, étude sur les causes socio-historiques de 1878 en N.C*, l'Harmattan, Paris, 1970, 208 p.
– Fustec Bernard : *La Mémorial de Nouméa. 1859-1999 à travers 140 ans d'histoire du conseil municipal*, Planète Mémo, Nouméa, 1999, 366 p.
* : *Le Mémorial de la côte ouest. Des pionniers à nos jours*, Planète Mémo, Nouméa, 2000, 360 p.
– Fustec Bernard, Pinçon Jean-Dominique, Barbançon Louis-josé & Boyer Sylvette : *Bourail. Il était une fois... Histoire singulière, histoires plurielles*, Éd. Darras, Nouméa, 2004, 354 p.
– Gascher Pierre : *La Belle au bois dormant, regards sur l'administration coloniale en N.-C. de 1874 à 1894*, SEHNC, n° 8, Nouméa, 1975, 298 p.
– Goubin Benjamin : *Lifou, Pacifique-Sud, une chronique de la N.-C. de 1876 à 1916 d'après la correspondance de B.G., missionnaire et ardéchois*, Éd. à compte d'auteur par J.L. Chaulet, Annonay, 1985, 237 p.
– Guiart Jean : *Maurice Leenhardt. Le lien d'un homme avec un peuple qui ne voulait pas mourir*, Le Rocher-à-la-voile, Nouméa, 1997, 155 p.
* : *Bwesou Eurijisi. Le Premier écrivain canaque*, Le Rocher-à-la-voile, Nouméa, 1998, 154 p.
* : *La Terre qui s'enfuit. Les pays canaques anciens, de La Foa à Moindou, Bourail et Kouaoua*, Le Rocher-à-la-voile, Nouméa, 1998, 168 p.
* : *Heurs et malheurs du pays de numea ou du péché originel*, Le-Rocher-à-la-voile, Nouméa, 1999, 160 p.

– Ihage Weniko (dir.) : *Temps et mémoires du pays kanak. Du malentendu originel à la communauté de destin*, Comité du 150e 1853-2003, Nouméa, 2003, 97 p.
– Izoulet Jacques : *Mékétépoun. Histoire de la mission catholique dans l'île de Lifou au XIXe siècle*, L'Harmattan, Paris, 1996, 191 p.
– Kasarherou Christiane : *Contribution à l'étude de la démographie historique de la Nouvelle-Calédonie, 1853-1920*, CTRDP, Nouméa, 1988, 125 p.
– Krakovitch Odile : *Les femmes bagnardes*, O. Orban, Paris, 1990, 296 p.
– Latham Linda : *La révolte de 1878*, SEHNC n° 17, Nouméa, 1978, 72 p.
– Merle Isabelle : *Expériences coloniales. La Nouvelle-Calédonie (1853-1920)*, Belin, Paris, 1996, 478 p.
– Naepels Michel : *Histoires de terres kanakes. Conflits fonciers et rapports sociaux dans la région de Houaïlou (Nouvelle-Calédonie)*, Belin, Paris, 1998, 380 p.
– Palombo Philippe : *La Présence japonaise en Nouvelle-Calédonie (1890-1960)*, ANRT, Lille, 2003, 583 p.
– Pisier Georges : *Kunié ou l'île des Pins, essai de monographie historique*, SEHNC, n° 1, Nouméa, 1971, 389 p.
– Reuillard Michel : *Les Saint-simoniens et la tentation coloniale. Les explorations africaines et le gouvernement néo-calédonien de Charles Guillain, (1808-1875)*, L'Harmattan, Paris 1995, 580 p.
– Salaün Marie : *L'École indigène. Nouvelle-Calédonie. 1885-1945*, Presses universitaires de Rennes, Rennes, 2005, 280 p.
– Saussol Alain : *L'Héritage, essai sur le problème foncier mélanésien en N.C*, Société des Océanistes », Paris, 1979, 493 p
– Sénès Jacqueline : *La Vie quotidienne en Nouvelle Calédonie de 1850 à nos jours*, Hachette, Paris, 1985, 363 p.
– Shineberg Dorothy : *La Main-d'œuvre néo-hébridaise en Nouvelle-Calédonie, 1865-1930*, SEHNC, n° 61, Nouméa, 2003, 430 p.
– Van Mai Jean : *Chan-Dang*, SEHNC n° 24, Nouméa, 1980, 387 p.
* : *Le Fils de Chan-Dang*, Éditions de l'Océanie, Nouméa, 1983, 292 p.

II.4. La période contemporaine

- Agniel Guy : *De la collectivité humaine à la collectivité locale de droit commun. L'évolution vers la structure communale en Nouvelle-Calédonie (1853-1977)*, SEHNC, publication n° 51, Nouméa, 1993, 252 p.
- Angleviel F. : « *The Bet on Intelligence » : Politics in New Caledonia, 1988-2002*, Discussion papers, n° 2003/04, State, Society and Governance in Melanesia, Australian National University, Canberra, 2003, 11 p.
- Anonyme : *La Réforme foncière en Nouvelle-Calédonie 1978-1998*, Adraf, Nouméa, 2000, 115 p.
- Arréghini Louis & Waniez Philippe : *La Nouvelle-Calédonie au tournant des années 1990. Un état des lieux*, Reclus-La documentation française, Paris, 1993, 236 p.
- Barbançon Louis-José : *Le Pays du non-dit. Regards sur la Nouvelle-Calédonie*, à compte d'auteur, Paris, 1991.

* : *Le Javelot brisé. Trois pamphlets*, à compte d'auteur, Nouméa, 1997, 24 p.

- Bencivengo Yann (Dir.) : *101 mots pour comprendre la mine en Nouvelle-Calédonie*, Île de Lumière, coll. 101 mots pour comprendre, n° 2, Nouméa, 1999, 268 p.
- Bensa Alban & Leblic Isabelle : *En pays kanak*, Édition de la maison des Sciences de l'Homme, Mission du Patrimoine ethnologique, Collection Ethnologie de la France, Cahier 14, Paris, 2000, 366 p.
- Brou Bernard : *Nos lendemains chanteront-ils ? La Nouvelle-Calédonie de 1957 à 1999*, L'auteur & Association Histoire en Nouvelle-Calédonie, Nouméa, 2002, 305 p.
- Cazaumayou Jérôme & De Deckker Thomas : *Gabriel Païta, témoignage kanak*, L'Harmattan, Paris, 2000, 273 p.
- Collectif : *Être Caldoche aujourd'hui*, Îles de Lumière, Nouméa, 1994, 256 p.
- Christnacht Alain : *La Nouvelle-Calédonie*, La documentation française, Coll. études, Paris, 2004, 174 p.
- Colombani Jean-Marie : *Double Calédonie : d'une utopie à l'autre*, Denoël, Paris, 1999, 266 p.
- David Gilbert (dir.) : *La Nouvelle-Calédonie à la croisée des chemins*, Société des Océanistes & IRD, Paris, 1999, 324 p.

- Doisy Isabelle : *Chroniques des années de cendres. Nouvelle-Calédonie (1984-1986)*, J. Picollec, Paris, 1988, 270 p.
- Dommel Daniel : *La crise calédonienne. Rémission ou guérison ?*, L'Harmattan, Paris, 1993, 254 p.
- Dormoy Myriam : *Politics in New Caledonia*, Sydney university press, Sydney, 1984, 302 p.
- Dubois Jean Marie : *Aventurier de dieu*, Anthropos, Paris, 1986, 222 p.
- Doumenge Jean Pierre : *Du terroir à la ville, les Mélanésiens et leurs espaces en Nouvelle-Calédonie*, CEGET, Bordeaux, 1982, 488 p.
- Doumenge Jean Pierre (dir) : *Occupation de l'espace en Nouvelle Calédonie* », CRET, Bordeaux, 1986, 116 p.
- Douyère Éric : *Nouvelle-Calédonie : quel avenir pour l'indépendance ? du rééquilibrage des idées*, île de lumière, Nouméa, 1997, 94 p.
- Faberon Jean-Yves : *L'Avenir statutaire de la Nouvelle-Calédonie. L'évolution des liens de la France avec ses collectivités périphériques*, Documentation française, Paris, 1997, 276 p.
- Faberon Jean-Yves & Garde François : *101 mots pour comprendre les institutions de la Nouvelle-Calédonie*, Île de lumière, Nouméa, 2002, 240 p.
- Freyss Jean : *Économie assistée et changement social en Nouvelle-Calédonie*, IDES, Paris, 1995, 452 p.
- Garde François : *Les Institutions de la Nouvelle-Calédonie*, L'Harmattan, Paris, 2001, 350 p.
- Guiart Jean : *Les Mélanésiens devant l'économie de marché. Du milieu du XIXe siècle à la fin du millénaire*, Le Rocher-à-la-voile, Nouméa, 1998, 192 p.

* : *Autour du Rocher d'Até. L'axe Koné-Tiwaka et les effets d'un siècle de résistance canaque*, Le Rocher-à-la-voile, Nouméa, 1999, 191 p.

- Guiart René : *Le Feu sous la marmite*, Le Rocher-à-la-voile, Nouméa, 2001, 366 p.
- Kohler Jean-Marie : *Colonie ou démocratie. Éléments de sociologie politique sur la Nouvelle-Calédonie*, Edipop, Nouméa, 1987, 68 p.
- Kurtovitch Ismet : *La Vie politique en Nouvelle-Calédonie : 1940-1953*, Septentrion presses universitaires, Lille, 2000, 690 p.
- Lafleur Jacques : *L'Assiégé : 25 ans de vie politique. Une histoire partagée avec la Nouvelle-Calédonie*, Plon, Paris, 2000, 265 p.

- Lagadec Gaël & Perret Cécile : *Enjeux économiques pour la Nouvelle-Calédonie. Théorie et illustrations*, CDP, coll. Université, Nouméa, 2000, 165 p.
- Leblic Isabelle : *Les Kanaks face au développement : la voie étroite*, ADCK, Nouméa, 1993, 411 p
- Michalski Cédric : *L'Assaut de la grotte d'Ouvéa. Analyse juridique*, L'Harmattan, Paris, 2004, 320 p.
- Mokaddem Hamid : *L'Échec scolaire calédonien*, L'Harmattan, Paris, 1999, 165 p.
- Perret Cécile (dir.) : *Perspectives de développement pour la Nouvelle-Calédonie*, Presses universitaires de Grenoble, Grenoble, 2002, 160 p.
- Pitoiset Anne : *Nouvelle-Calédonie. Horizons pacifiques*, Autrement, n° 114, Paris, 1999, 280 p.
- Robineau Paul : *Paras calédoniens de la France Libre*, Éditions du cagou, Nouméa, 1989, 146 p.
- Rollat Jean : *Tjibaou le Kanak*, La manufacture, Lyon, 1989, 301 p.
- Wenehoua Macate (dir.) : *Notre pays demain. Réflexion philosophique et politique sur l'avenir de la Nouvelle-Calédonie*, Éditions du niaouli, Nouméa, 1996, 224 p.

Table des matières

DEUXIÈME PARTIE
le temps colonial

TROISIÈME PARTIE
la Nouvelle-Calédonie contemporaine

635833 - Décembre 2015
Achevé d'imprimer par